文化 名 家 暨
"四个一批"人才作品文库
出 版 界

出版转型中的实践与思考

陈纯跃 著

中华书局

图书在版编目(CIP)数据

出版转型中的实践与思考/陈纯跃著. —北京:中华书局,
2014.7

(文化名家暨"四个一批"人才作品文库)
ISBN 978 - 7 - 101 - 09983 - 6

Ⅰ.出… Ⅱ.陈… Ⅲ.出版工作 - 中国 - 文集
Ⅳ.G239.2 - 53

中国版本图书馆 CIP 数据核字(2014)第 023570 号

书　　名	出版转型中的实践与思考	
著　　者	陈纯跃	
丛 书 名	文化名家暨"四个一批"人才作品文库	
责任编辑	吴爱兰	
出版发行	中华书局	
	(北京市丰台区太平桥西里 38 号　100073)	
	http://www.zhbc.com.cn	
	E-mail:zhbc@zhbc.com.cn	
印　　刷	北京瑞古冠中印刷厂	
版　　次	2014 年 7 月北京第 1 版	
	2014 年 7 月北京第 1 次印刷	
规　　格	开本/700×1000 毫米　1/16	
	印张 20¾　插页 4　字数 280 千字	
国际书号	ISBN 978 - 7 - 101 - 09983 - 6	
定　　价	62.00 元	

出 版 说 明

实施文化名家暨"四个一批"人才工程，是宣传思想文化领域贯彻落实人才强国战略、提高建设社会主义先进文化能力的一项重大举措。这一工程着眼于对宣传思想文化领域的优秀高层次人才的培养和扶持，积极为他们创新创业和健康成长提供良好条件、营造良好环境，着力培养造就一批造诣高深、成就突出、影响广泛的宣传思想文化领军人才和名家大师。为集中展示文化名家暨"四个一批"人才的优秀成果，发挥其示范引导作用，文化名家暨"四个一批"人才工程领导小组决定编辑出版《文化名家暨"四个一批"人才作品文库》。《文库》主要收集出版文化名家暨"四个一批"人才的代表性作品和有关重要成果。《文库》出版将分期分批进行，采用统一标识、统一版式、统一封面设计陆续出版。

文化名家暨"四个一批"人才

工程领导小组办公室

2012年12月

陈纯跃

　　1958 年 11 月生于浙江杭州。 1989 年毕业于杭
州大学，获文学学士学位；2011 年获清华大学 EMBA
硕士学位。现任浙江出版联合集团副总裁，兼任浙
江省出版物发行业协会会长、浙江省版权协会副会
长，编审。曾任浙江少年儿童出版社社长兼总编，期
间主持出版的图书多次获得中宣部精神文明建设"五
个一工程"奖、中国出版政府奖等国家级、省部级
奖项，在全国少儿类图书市场的占有率居于前列；主
编的期刊被评为"全国百种重点社科期刊"，入选"中
国期刊方阵"；出版社在保持"全国优秀出版社"荣
誉的同时，先后被评为全国"讲信誉、重服务"出版
社、全国新闻出版系统"优秀青少年维权岗"、首届
中国出版政府奖先进出版单位奖。曾获"全国百佳出
版工作者"称号，是全国新闻出版行业领军人才，享
受国务院颁发的政府特殊津贴。

目　录

一、优化结构　塑造品牌

二、立足市场　强化营销

三、深化改革　加快发展

四、引进优资　走向海外

五、重视人才　完善机制

六、访　谈

一、优化结构 塑造品牌

抓住机遇，开创少儿期刊工作新局面

　　近一个时期以来，少儿期刊引起了出版界广泛的关注。1997 年 11 月，中宣部和新闻出版署在北京联合召开了全国少儿期刊工作会议，中宣部副部长龚心瀚、新闻出版署署长于友先等出席并作了重要讲话。12 月，浙江省新闻出版局(出版总社)在绍兴举行的党组理论学习扩大会上，提出把少儿期刊作为社办期刊中扶持和发展的重点。应该说，少儿期刊面临着极好的发展机遇。如何抓住机遇，趁势而上，开创少儿期刊工作的新局面，我觉得应从三个方面入手：一是把握导向，注重定位；二是转变观念，改革机制；三是增强三种意识，提高自身素质。

一、把握导向，注重定位

　　正确的导向是出版工作的灵魂。对少儿期刊工作同样如此。一方面，少儿期刊的读者对象是未成年人，他们的思想品德、行为习惯不是从天上掉下来的，而是在后天的教育、熏陶中逐步养成的，就像一张白纸，涂上什么颜色都容易，有很强的可塑性。另一方面，少儿期刊因其题材广泛、内容丰富、形式生动，又是定期、连续出版，受到小读者的普遍欢迎，成为我国少儿接触最多的四大媒介之一(另三种是图书、报纸和广播电视)。可见，少儿期刊的影响力不可低估。少儿期刊工作者一定要树立强烈的责任感和使命感，始终坚持正确的出版导向，并将这种导向贯穿于各个方面、各个环节。

　　把握导向，最重要的是思想政治导向。要通过我们的刊物，向小读者灌输爱祖国、爱人民、爱劳动、爱科学的思想，在潜移默化中养成良好的道德观念和意志品格。同时，还要注意把握知识、情趣、行为等导向。近年来，在一些少儿刊物的个别篇目中,确也存在导向上的偏差。如有的不加选择和分析地暴露社会阴暗面,有的过分渲染打斗和凶杀,还有的一味迎合部分城市孩子的贵族化倾向等等。这些偏差在琳琅满目、精彩纷呈的少儿刊物中,只占了极小的分量,但带来的消极影响却不容忽视。这些年来,浙江少年儿童出版社的两个刊物,在把握导向上做得比较好。但上面提到的问题,在个别来稿中还是存在的,因而必须认真把好关,决不让消极不健康的东西流传开去,贻害孩子。

当然,我们说的坚持导向,并不是把刊物都办成千篇一律的说教式的读物。恰恰相反,少儿期刊从内容到形式都应该是生动活泼、富有情趣的,应该适合孩子的年龄特点、认知能力和兴趣爱好,使他们喜欢看,乐于接受。这就要求我们充分重视刊物的准确定位和鲜明的特色。这种定位主要包括:年龄定位,给哪个年龄段的孩子看;类型定位,是文学类,科普类,还是教辅类,等等;表现形式定位,是绘画本,还是文字本,或者图文并茂。只有定位准确,才能显出特色,才能吸引小读者,形成相对固定的读者群体,从而在全国那么多的少儿刊物中脱颖而出。浙江少年儿童出版社的《幼儿智力世界》定位是比较成功的,适应了现在家长十分重视幼儿的智力开发的趋势,也符合幼儿自己喜欢画面醒目生动、故事简洁有趣这样的特点,因此发行量一直名列同类刊物的前茅。

二、转变观念,改革机制

长期以来,期刊在出版社并不受到重视。出版社领导和工作人员重书轻刊的思想观念是比较普遍的,主要精力都放在了抓重点图书、双效图书上,有意无意地将刊物放在了图书的从属位置。同时,在对期刊的管理上,也没有尊重它的特有规律,而是套用图书的管理办法,使刊物失去了应有的活力。要改变这种状况,推动期刊工作上一个台阶,就必须转变观念,改革机制。具体地说,要做好以下几方面工作。

一是重视期刊在出版产业中的地位和作用,做到书刊并重、相互促进、共同繁荣。统计资料表明,在许多发达国家,出版产业构成中期刊的份额(销售额)都超过了图书。我国虽未达到这一步,但这种趋势已经显现出来。在许多少儿出版社中,期刊已经成为主要经济支柱。就浙江少年儿童出版社而言,随着教辅类图书的逐步失去,期刊的利润在整个利润结构中已占据了半壁江山。因而我们没有任何理由再轻视期刊,而应该充分利用出版社在人才、资金和管理上的优势,下大力气发展期刊,形成书刊并重、共同繁荣的格局,使自己在未来的出版竞争中站稳脚跟。

二是理顺社刊关系,把期刊推到市场竞争的第一线去。比较现实可行的做法是,对期刊编辑部采取二级核算的方式,即:在社里的宏观指导下,具有相对的经营自主权,做到责、权、利统一,实行确定基数、单独建账、超额分成的目标管理办法。具体地说,要给期刊制定一个合理的目标,包括质量目标(一级期刊、优秀期刊等)、发行目标(期发数)、效益目标(利润总额、利润率等)。在此基础上制定相应的奖惩办法。同时赋予一定的用人和经营自主权,使其能在核定的编制数内聘用或解聘人员,可以根据营销的需要确定折扣与费率、开支业务活动费及日常费用。期刊内部也要建立和完善各项机制,如质量管理、财务、营销等制度。这样就改变了出版社对期刊大包大揽和管得过死的状况,让期刊能以相对独立的身份去参与激烈的市场竞争,把办刊人员的积极性和创造力充分地释放出来。

三是加大对期刊的支持和管理力度。期刊实行内部二级核算,决不意味着出版社可以放弃对它的支持和领导。这种转变,应该体现在支持和管理的方式上,力度则需要加强。社里要更多地从宏观上对期刊的定位、导向等问题进行指导、把关,制定期刊创精品、创名牌、创效益的战略性措施,并推动实施。同时,积极支持和鼓励期刊根据自身优势和特长,以刊为中心,不断开拓包括图书出版、广告经营、咨询服务在内的新领域,争取多方位发展,不断壮大实力。

三、增强三种意识,提高自身素质

抓住机遇,开创少儿期刊工作新局面,关键在人。从事少儿期刊工作的同志,在新的形势下,要努力增强责任意识、精品意识和市场意识。

责任意识,就是要求我们有一种神圣的使命感,当好"灵魂工程师",本着对社会、对孩子极端负责的态度,把握好每一篇稿子、每一个版面。要认真学习、深刻领会党的十五大对新闻出版工作提出的要求,把自己从事的工作与培养"四有"公民、为我国实现跨世纪腾飞提供人才保证的伟大事业联系起来，期刊应坚持正确的思想、知识、情趣、行为导向，为营造一个有利于下一代健康成长的良好的思想文化舆论环境尽心尽职。

精品意识，就是要求我们始终把刊物的整体质量当作生命，做到内容与形式的完美统一。对少儿期刊的质量应当以精品的标准来衡量，除了导向正确，还必须贴近少儿生活，有浓厚的时代气息，尽量消除"代沟"；表现形式生动活泼，使孩子乐于接受；编校、装帧、印制都力求精当、精致、精美。此外，还应具有自己的个性特色，以及在保持特色前提下的不断创新，包括内容、版式、栏目和技术手段上的创新，使刊物随着时代发展焕发出旺盛的生命力和强大的吸引力。

市场意识，就是要求我们在把握导向、提高质量的同时，努力增强刊物的辐射力，扩大发行量。一定的发行量是期刊实现两个效益的基本前提。为了扩大发行量，就应去了解市场，按市场运行规律办事。这方面要做的工作很多，如开展经常性的读者调查、市场调查，及时掌握刊物的读者反映和市场情况；建立高效顺畅的发行网络，实行灵活多变的营销手段；加大宣传力度，扩大刊物影响等等。

这些意识增强与否，取决于办刊人员自身素质的高低，尤其是思想水平、业务能力和道德修养的高低。从事少儿期刊出版的同志，由于职业的特殊性，素质要求应该更高一些。要有崇高的思想境界、良好的道德素养、娴熟的业务技术。惟有如此，才不致愧对我们的小读者，愧对"灵魂工程师"的称号。

关于少儿期刊的发展，中宣部和新闻出版署已提出了明确目标，浙江省新闻出版局（出版总社）也有了切合实际的措施。只要我们努力去做，就一定能开创少儿期刊工作的新局面。

（原载《出版研究》1998 年第 1 期）

调整结构，扶持重点，多出精品

　　浙江少年儿童出版社建社 15 年来，出版了大量的优秀少儿读物，取得了良好的社会效益和经济效益，在读者中享有较高的声誉。但是，随着社会的发展、形势的变化，我们面临的任务越来越重，压力也越来越大。一方面，由于全社会对孩子综合素质的培养越来越重视，读者和上级部门对少儿读物的质量提出了更高的要求；另一方面，来自国内外、行业内外的竞争也日趋激烈，需要通过调结构、出好书来参与竞争。在这种新的形势下，如何贯彻中央关于多出优秀少儿读物的指示，通过调整选题结构、改革内部机制、扶持重点图书，推动少儿精品读物出版，的确需要我们作认真的思考和积极的探索。

　　应该说，近年来我们在这方面已经做了一些工作，并取得了初步的成效。现将有关情况汇报如下。

　　一、加大原创少儿读物的出版力度

　　一个时期以来，少儿读物出版中普遍存在"吃洋人"、"吃古人"的现象，选题撞车、改编成风，而原创的作品奇缺，严重影响了少儿读物质量的提高。为了繁荣少儿文学创作，为今天乃至今后的孩子们提供反映现时代生活和思想情感的优秀作品，我们从优化选题结构入手，加大原创少儿文学作品的出版力度。在讨论制订 1998 年选题计划时，我们同时启动了三套儿童文学类图书："中国幽默儿童文学创作丛书"（12 种）、"寄小读者散文丛书"（8 种）、"红帆船诗丛"（6 种）。这几套书均以原创为主，约请老中青三代实力作家写成，从不同的角度，用不同的体裁，切入当今少年儿童的生活和思想情感，努力做到思想性、艺术性和可读性结合。

与此同时，我们还加强了少儿科普创作读物的出版。如为了配合"国际海洋年"而出版的"走向海洋丛书"（6种），由国内从事海洋研究、科学考察的著名科学家执笔写就；"小海豚科学丛书"（3辑24册），是著名科普作家的精心之作。这些科普读物，不仅介绍了大量的、最新的科学技术知识，还向小读者传播了科学精神和科学方法，可使孩子们获益良多。

上述几十种书近期将陆续上市。以这样的阵容和水准，推出原创少儿读物，这在我社历史上还是第一次。通过优化选题结构，提高了图书的品位和质量，给广大的少年儿童提供了丰富的精神食粮，也有力地推动了多种体裁的少儿读物创作。

二、形成新的"双效"增长点

为了适应新的出版形势，保持和提高出版社的社会效益和经济效益，必须增强出书阵容，寻找并且形成新的增长点。基于这样的思考，我们于1997年3月份，对原有的编辑室进行了调整，将图书编辑室由原来的3个增加到5个。新增的两个编辑室配置了精干的人员，社里要求他们白手起家、从无到有，形成新的选题阵容，尽快成为我社两个效益的新的增长点。

经过一年多时间的努力，两个室分别推出了多个系列的图书。其中文学读物编辑室在原创作品方面异军突起，形成了较强优势。他们做的书，一套属于国家"九五"重点图书，另两套分别被列入我省向庆祝十一届三中全会20周年和新中国成立50周年献礼图书。综合编辑室，一方面迅速开发了一批"短平快"的选题，抢占少儿图书市场。在不到一年的时间里，出书30余种，码洋1300多万元。其中"新世纪小小百科"（20种），初版印3万套，两个月后又重印1万套；《儿童版唐诗三百首》1997年11月出版，不到一年重印6次，印数达14万。另一方面，积极提出中长线和重点书选题，其中《绘画本百年巨变》被新闻出版署列入新中国成立50周年献礼图书，"走进博物馆丛书"（6种）将成为我社在世纪之交出版的重头书。

三、激发员工的积极性和创造力

对现行的用人和分配制度进行改革，使其适应社会主义市场经济条件下出版工作的要求,是我们一直在思考和探索的。今年上半年以来,我们在学习党的十五大报告的基础上,根据许多出版社的先进经验,结合本社实际,迈出了较大一步。

在用人上,实行了全员聘用。具体办法是"按需设岗、竞争上岗、双向选择、全员聘用、定期考核、动态管理"。根据工作需要设置岗位,对非生产性、无定额指标的岗位,能压缩的尽量压缩,充实编辑和营销队伍。室主任由社里招聘上岗,其他人员与各室进行双向选择后由社里出面聘用、签订聘约。落聘者根据不同情况,由社里分别作调动、挂靠、内部待岗和退养等安排。同时建立和健全考核制度,按考核情况决定是否续聘、高聘或低聘。这样做,使出版社的用人制度更加公正、规范,更具激励作用,增强了职工敬业爱岗的自觉性。

在分配上,以两个效益最大化为目标,建立按效分配的考核激励机制。我们将原有个人收入分成6个部分,分别兑现。其中的60%以上与工作业绩等挂钩,实行"上不封顶、下保底",切实体现了"效益优先、兼顾公平"的原则。

经过一段时间的运行,这两项改革明显调动了广大职工的积极性和创造力,对出版社多出好书、降低成本、提高效益,有极大的促进作用。

四、扶持和推动重点图书出版

重点图书是一个出版社的标志性产品,是品牌和实力的体现。为了保证重点书出版,鼓励编辑和有关人员在重点书上多动脑筋、多出力气,社里制定了有关扶持的政策。在做到重点书"五落实"的同时,社里每年安排150万左右的资金,专门用于重点书出版;在编辑考核上,向重点书责编倾斜,使他们在分配上不吃亏;对重点书进行倒计时管理,并在每月的工作例会上检查进度情况;对重点书增加一个校次和印前审读,保证编校质量等等。由于政策措施到位,今年我社列入省局的5套重点图书,均可如期完成。

以上是我社近两年来,在改革内部机制、调整出书结构、促进精品少儿读物出版方面所做的一些工作。这些工作与上级部门的要求、兄弟出版社的经验相比,肯定还有不小的差距。我们要继续深入学习、贯彻党的十五大精神,遵照江泽民同志"出版更多优秀作品,为少年儿童提供优秀精神食粮"的指示和中宣部、新闻出版署第五次少儿读物工作会议的要求,以"双效"为目标,以改革为动力,推进我社各项工作的开展,为繁荣社会主义出版事业、培养"四有"新人,作出自己应有的贡献。

（1998 年 10 月 26 日）

贵在创新

　　跨入 1999 年,浙江少年儿童出版社迎来了自己 16 周年社庆。16 年来,浙少社从地方人民社的一个编辑室,发展成为具有鲜明的个性特色、较强的经济实力和一定的市场份额的专业少儿社。这中间,有许多可圈可点的经验和体会,但我觉得有一条是特别可贵的,那就是浙少人不懈的创新精神。

　　浙少人的这种创新精神,就是不断超越自我、追求卓越,努力把更多更好的少儿读物奉献给小读者。从具体的选题策划,到图书结构的调整,再到内部机制的完善,都贯彻了这样一种精神,从而推动各项工作向前发展,在服务社会的同时壮大了自己。

一、选题创新,形成鲜明的个性特色

　　浙少人的创新精神,首先体现在选题的创新上。这是我们不断推出在全国有影响的图书,逐渐形成自身的出书特色的根本原因。

　　"半小时系列"是我社对低幼读物进行创新的一个有益尝试。与传统的幼儿家庭教育类图书相比,它从书名到内容以及编排形式,都有独到之处,令人耳目一新。"绘画本世界童话名著系列",以 32 开本连环画的形式出儿童读物,这在当时也是走在前面的。由于这种形式容量大、制作精,一改传统儿童读物单一的小开本、薄本子的面貌,受到读者的欢迎。"绘画本通史系列"则更进了一步,将珍贵的历史文物图片、文字资料与历史事件连环画相结合,大大增加了绘画本的表现力,使其更为生动、真实。这套书出版后,曾在杭州少年儿童中掀起"不要压岁钱,要压岁书"的活动,可见其受欢迎的程度。

　　正是凭着选题思路上的这种人无我有、人有我精的理念,浙少版图书一次又一次成为关注的焦点。其中绘画本和低幼类读物成为本社的两大特色。

近几年来,随着社会的发展进步,读者求新求变的心态更为明显,出版社之间的竞争也日益加剧。在此情况下,浙少社"以变应变",选题创新的力度也进一步加大了。主要体现在两个方面:一是内容上注重原创;二是形式上更新更美。

原创少儿文学读物是浙少社近年来抓的一项重要工程。一个时期以来,少儿读物出版中普遍存在"吃洋人"、"吃古人"现象,以致选题撞车、改编成风,而反映现时代少年儿童生活和思想感情的作品奇缺,严重影响了少儿图书质量的提高。为了改变这种状况,也为了使出版社在这方面能形成特色、积累资源,我们策划推出了一批由多种体裁、多个系列组成的原创作品。这些作品水平高、阵容强、富有时代气息。"红帆船诗丛"(6种)是在儿童诗创作比较冷落的情况下组织出版的。它涵盖了儿童诗的多种题材和体裁,作者均有丰富的创作经验,但收到这里的又都是他们的"第一本":金波的第一本十四行诗集,也是我国第一本十四行儿童诗集;雷抒雁的第一本青少年诗集……正如丛书主编金波先生在总序中所言:"'第一本',意味着新的创造、新的起点、新的开拓,也意味着儿童诗新的天地。"这套书于去年下半年出版后,我社与中国作协儿童文学委员会、鲁迅文学院、黑龙江作协等单位在哈尔滨联合举办了作家签名赠书、诗歌朗诵会、儿童诗创作研讨会等系列活动,引起了很大反响,被当地媒体称为"红帆船现象"。稍后出版的"中国幽默儿童文学创作丛书"(12种),集中了我国儿童文学老中青三代作家,经数年精心策划、创作而成。这套书就总体水平而言是该领域目前国内最高的,而且吻合了当代儿童的阅读兴趣(据最新的调查资料显示,在所列41种儿童读物类别中,小读者对幽默故事的偏好位居第一)。"寄小读者散文丛书"(8种)则是一套规模型的少儿散文读物,它以独特的感悟、深远的意境、醇美的语言,带给孩子一个色彩斑斓的世界,引导他们进入一个较高层次的阅读天地。这几套书的陆续出版,使浙少社在儿童文学出版领域形成了气候,占据了一席之地。

为了让孩子从小接受科学知识、学会科学的思维方式,我社先后出版适合不同年龄段孩子阅读的科普图书。如给高段孩子的"看北极丛书"和"走向海洋丛书"。前者以一位中国记者的眼光审视和把握那个遥远而神秘的世界,向小读者讲述了它的特殊的地理和人文知识,以及它对全球环境的巨大影响;后者则是几位从事海洋研究的科学家根据自己在大洋、极地、岛屿、海底考察和历险的亲身经历写成,展现了趣味无穷的海洋世界和中国科学家勇于探索、积极进取的崇高品质。给中高段孩子的有"小海豚知识丛书",由卞德培、林之光、陈天昌等 20 多位著名科普作家、专家撰写,涉及多个学科;还有《小学生知识快车》,图文并茂,生动鲜活。给低幼孩子的是彩色 24 开的"新时代卡通——科学之谜",分 4 个系列 16 册。它从孩子特别感兴趣的知识点切入,用卡通形象来贯穿,把最新的科技用通俗的语言、生动的画面灌输给孩子,从而将科普读物的对象降到了幼儿园和小学低年级。

绘画本原本是浙少社的强项。这几年,随着人们阅读、欣赏趣味的变化,传统的连环画已不能满足读者的需求,绘画本形式上如何创新成为出版界关注的问题。浙少社在这方面也是走在比较前面的,进行了一系列有益的探索:一是卡通读物。《龙蝙蝠》在绘画上既继承了中国传统的连环画技法,又吸收了国外动画的表现形式,并较早采用了电脑着色,使画面更加富有表现力。《的笃小和尚》一改过去文画作者分离的创作形式,由作者自己创意、自编自画,使想象与表现、文与画十分融洽地结合起来。还将思想品德教育、科普类题材引入卡通读物,策划推出了"爱国主义教育故事画库"和"科学之谜"等丛书。二是图文读物。根据当今小读者追求真实、生动的特点,在这类图书中采用了更为逼真的绘画形式,或者干脆使用了照片。《绘画本百年巨变》是一部表现 20 世纪中国三次历史性变化的图书,主题重大严肃,为了增强其立体感和史实性,采用了写实水墨画与珍贵的历史照片结合的方法,生动真实地再现了百年中国重大事件和主要人物。其他如"大图集系列"、"小小百科系列"等,均以彩色照片与文字组合,更是栩栩如生,赏心悦目。三是低幼读物。如《儿童版唐诗三百首》、《红宝箱·蓝宝箱》等,从绘画、版式到整体装帧,都讲求完美、和谐,符合现代孩子求新求美的特性。

二、结构创新,支柱产品由列入计划的教辅转为一般图书

在各少儿出版社中,浙少社是较早断计划之奶的单位之一。7 年前,出版社赖以生存和发展的主要经济支柱,列入教辅目录的"练习册",开始被逐年抽走。经过六年时间,这一块已完全失去。在这种情况下,浙少社不等不靠,走了一条调整产品结构、加大一般图书出版力度、形成新的经济支柱的路子。经过几年努力,浙少社一般图书的份额不断扩大,全社发行码洋及各项经济指标不但没有下跌,反而逐年上升,较为顺利地完成了产品结构的更新换代,并为下一步的竞争和发展打下了良好基础。

调整产品结构,我们主要做了以下几个方面的工作:

第一是增强一般图书的出书阵容,丰富可供书目。这是调整结构的基础。一个时期以来,浙少社好书虽推出不少,但就一般图书总体阵容而言,还不是那么强,甚至对省局下达的每年出 100 种新书的任务都难以完成。这对提高浙少版图书的整体优势和规模效应,扩大市场份额是不利的。为改变这一状况,我们从出书思路、选题计划到编辑力量都作了调整,把主要精力转移到出一般图书上,使可供品种不断增多。现每年在重印率保持 50% 以上的前提下,新书达到 200 余种,可供品种保持在 600 多种,既符合市场要求,也适应现有编辑力量配置。当然,这里说的阵容和品种绝不是粗制滥造的,而是多层次、多形式的优秀少儿读物。从经济学的角度看,这也是抵御市场风险的重要手段。

第二是优化一般图书的结构。针对本社一般图书结构上存在的缺陷,做了这样几点努力:1. 提高重点图书的出书比例。重点书是出版社的标志性产品,也是出版社编辑实力的体现,适当加大重点书比例对出版社提升图书品质、提高市场占有率都有意义。因此,这几年社里每年都有五至六套几十册列入国家、省重点规划的图书推出,成为全社图书销售和宣传的重头和亮点。2. 提高原创作品的出书比例,推动少儿文学创作,加快出版资源积累。从长远看,抓住出版资源,抓住专有出版权,也就是抓住了竞争的主动权。3. 加强中高段读物。这主要是针对原先出书过多集中在低幼读物,而中高年龄段顾及不多的情况。这样重要的领域不能忽视,应该有所作为。对重文轻理的状况也作了必要改变,加强了科普图书的出版。

第三是注重特色,形成系列。在特色方面,我们强调既要保持和发展原有的特色,又要发现和形成新的特色。只有这样,才能使自己的书不至于在每年十几万个品种的书海里被淹没,才能使出版社在激烈的市场竞争中脱颖而出。注重特色又与形成系列有着密切关系。一般来说,一两本书可以有特色,但毕竟有其偶然性,只有形成系列才能不断强化,成为出版社相对稳定的特色。这几年,浙少社比较重视,也采取了一些策略。对于两个效益方面有把握的,我们采用一次性的规模化推出。如前面提到的几套儿童文学创作读物。对于把握不大的,则先试探性出一两本,一旦成功便尽快成为系列。如"儿童诵读三百系列"、"大图集系列",就是在《儿童版唐诗三百首》《世界动物大图集》获得较好反响后,不断跟进形成系列的。

为了保证产品结构调整的顺利进行,社里在机构和人员配置上也作了相应的变动。1997 年初,我们将图书编辑室由 3 个增加到 5 个,从而使各编辑室的出书范围涵盖了少儿读物的几个主要领域。其中文学读物编辑室成立后,经过深入调研、周密策划,形成了原创儿童文学选题群落。在不到两年的时间里,他们推出了包括"中国幽默儿童文学创作丛书"、"红帆船诗丛"、"寄小读者散文丛书"等在内的一批有冲击力的作品,提高了我社这个领域的知名度和竞争力。综合室则一方面白手起家开发了一批"短平快"的畅销书,迅速成为社里创经济效益最高的编辑室;另一方面组织策划了重点选题,除了前面提到的《绘画本百年巨变》等书之外,"走进博物馆丛书"(6 种)等重点书正在加紧操作,将成为我社献给新世纪孩子的一份厚礼。我们还从应届毕业生中择优充实到编辑岗位,以适应出书结构调整的需要,增强发展后劲。

《幼儿智力世界》和《幼儿故事大王》是我社主办的两个低幼期刊。由于这几年期刊市场波动,加之出版社内部长期存在的重书轻刊的思想观念和管理方式影响,订数一度呈下滑趋势。为了稳住订数,争取回升,使刊物在出版社经济格局中发挥更重要的作用,我们采取了一系列措施。其一是在观念上作调整,重视社办期刊,努力做到书刊并举、共同发展;其二是针对期刊的特殊性,实行内部二级核算,给予一定的经营自主权;其三是将一室办两刊改为一室办一刊,以明确职责、集中精力办好各自的刊物;其四是调整编辑方针和营销策略,使刊物更具特色,发行手段更为灵活。经过努力,两家期刊均做到了止跌回升,今年一期的增幅分别为 8% 和 25%。

我们觉得,根据我社的编辑构成和出版资源,还应该进一步优化结构:一方面,把少儿出版的几个主要领域文章做足,横队推进,整体发展;另一方面,力争在一个或几个领域重点突破,形成特色,占领制高点。

三、机制创新,在市场竞争中求发展

改革开放 20 年来,少儿出版业得到了长足发展,少儿图书的品种和质量

都达到了前所未有的程度,随之而来的市场竞争也越来越激烈。怎样面对这种新的市场竞争的局面? 怎样在为大局服务的同时不断发展壮大自己? 从很多出版社的实践来看,必须深化出版改革,建立一种既符合精神文明建设要求和出版规律,又适应市场竞争和经济规律的内部机制。

在不断学习和实践的基础上,浙少社逐步形成了用人、分配和内部运行等方面新的机制。

用人上,实行按需设岗、竞争上岗、双向选择、全员聘用、定期考核、动态管理。按需设岗就是根据工作需要设置内部机构和岗位。非生产部门本着精简、高效的原则,设岗定编,尽量做到一人多岗,避免人浮于事;生产部门则按实际需要,适当灵活,但增人要增效。每个岗位都有相应的任职要求、岗位职责和工作目标。在此基础上,室主任实行竞争上岗。凡个人志愿、符合基本任职条件的本社职工,均可报名参与,向社委会阐明自己的任职目标和具体措施。社委会在广泛听取意见、分析比较的基础上讨论决定。室主任确定后,再与其他同志进行双向选择,社里不搞"拉郎配",以形成良好的人员结构与和谐的人际关系。所有人员均与社里签订聘约,并依据聘约进行考核、管理。落聘者视情况分别作挂靠、调离、内部退养等处理。

分配上,遵循效率优先、兼顾公平的原则,上不封顶、下保底,出工拿工资、出效拿奖金。社里将整个收入分解成六个部分,根据所在岗位及考核情况分别兑现。其中,基础工资,按国家和省里的有关政策发放;内部职务津贴,按所聘行政或专业技术职务发放;考勤奖,按社里制订的考勤制度兑现;综合考评奖,按德能勤绩诸方面综合考评情况兑现;部门奖,对团结协作、开拓进取、双效明显科室兑现;单项奖,对出好书、创效益、超定额、有突出贡献者分别奖励。这样,纳入浮动考核的占了全部收入的 60% 左右。在此框架中,再根据各个部门、岗位各自的职责和特点,设计具体的实施细则。

在选题管理和重点书操作上,也作了有益的探索。对选题实行动态管理。社里有一个相对稳定,代表本社出书发展方向、特色和结构的中长期规划和年度计划,但又不完全拘泥于这样的规划。选题和出书结构要随市场和自身情况的变化作必要的调整。将那些不合时宜的选题及时下马,新冒出的有较高文化价值或经济效益的项目不断补充,在动态中平衡,在变化中提高。为了尽快将选题优势转化为市场优势,还实行了瞄准春秋两季少儿图书订货会的"倒计时操作",提高了选题实现率,加速了产品更新,扩大了市场份额。对重点书,除了做到"五个落实"之外,还制订了倾斜政策。凡列入各类重点规划,或是有一定文化价值和市场潜力的中长线产品,以及社里确定的其他重点项目,风险由社里承担,利益计入责任人名下,从而鼓励大家大胆创新,开发重点产品和中长线产品,保证出版社可持续发展。

上述机制上的改革和调整,激发了全社同志的积极性和创造力,增强了市场意识、精品意识和成本意识,促进了两个效益的不断提高。近年来,尽管图书市场疲软,少儿图书呈下滑趋势,浙少版图书仍保持上升势头,优秀图书、畅销图书不断推出,销售收入、利润等主要经济效益指标连年增长,浙少社在原有的工作基础上又有了新的提高。

发展无止境,创新也无止境。浙少人决心贯彻"出版更多优秀作品,鼓舞少年儿童奋发向上"的要求,继续以两个效益为目标,以改革为动力,开拓进取,扎实工作,争取把一个好的出版态势、一种好的机制、一支好的队伍带入21世纪。

（原载《出版发行研究》1999 年增刊《探索优秀出版企业成功之路》）

选题策划与市场营销

——在全省青年编辑培训班上的讲课材料

这是一个很重要也很难讲的题目。

说它重要,因为选题策划与市场营销是市场经济条件下出版社生存、发展的两个基本支柱,是推动出版社前进的两个驱动轮,也是出版社工作流程中的两个关键环节。

说它难讲,一是因为我们的出版业,长期以来在计划体制下运行,具有强烈的意识形态色彩,它在市场经济下的很多内在规律,还没有被认识和掌握,还在摸索过程中。二是本人的经历和学识所限,尽管在出版系统 20 年,但真正在市场竞争情况下的出版工作时间不长;到少儿社后,主要在社的层面上主持和协调,具体和直接的选题策划、市场营销经历并不多。

因此,只能是联系当今的出版工作实际,谈一些认识和体会,算是一次情况交流。

一、关于选题策划

1. 广义的策划

广义的策划,就是对未来活动的安排、谋划。运用在现代管理上,按照"哈佛管理丛书"作者菲利普·科特勒的表述,"策划是一种程序,在本质上是一种运用脑力的理性行为"。一位日本管理学家认为,"策划是通过实践活动获得更佳成果的智慧,或智慧创造行为"。

2. 选题策划

选题策划是出版工作者为了使自己的图书达到预期的社会效益和经济

效益目标而进行的一系列贯穿于图书生产与销售全过程的智力行为。它既包含了对图书内容的价值判断,也包含了图书的物质体现形式,以及对阅读与销售图书的分析。

选题策划不等同于人们常说的"点子",那种以为只提出一个书名就是选题策划,显然是走入了误区。选题策划有以下特征:

(1)它是一门思维的科学。选题策划要求定位准确,审时度势,辩证地、客观地、动态地把握各种资源。其内涵非常丰富,如"定位"既包括了目标市场定位(细分市场),读者定位(包括年龄、文化程度、经济收入、性别、职业、地域等等),也包括作者定位、价格定位、宣传诉求点定位等等。"资源"也是如此,有国内的、国际的资源,也有政策的、环境的资源,等等。

(2)它也是一门设计的科学。选题策划必须根据出版社所追求的社会效益和经济效益需要来设计项目,包括项目的目标、内容、工作程序安排等。

(3)它还是一门监理的科学。选题策划应该是覆盖编辑出版全流程的,就是要在事先设计好的前提下,对项目的实施进行持续的监督和管理。

就一本图书而言,它的选题策划至少包括了这样几个方面:一是编辑在选题申报论证阶段提出的选题构想,包括选题的框架结构、编排体例和作者选定等。这是图书的虚拟形态的策划。二是选题成形中图书书装形态以及印制成本等方面的策划。这是图书实物形态的策划。三是图书成形前后宣传诉求点,以及成形后发行营销的策划。这是宣传营销的策划。

这种选题策划的理念与传统意义上的选题策划是不同的。过去的选题策划,主要指提出选题,目的是完成出书任务。现在是所谓"全程策划",既要完成出书,还要让书卖得出去,获得"双效益"。由此带来了需要编辑考虑的一系列问题,特别是原先编辑根本不考虑,或者考虑不多的问题:装帧设计、印刷成本、发行宣传等等。

所以说选题策划是贯穿于图书生产与销售全过程的智力行为。当然,它的工作重心还是在开发产品(图书)上。

3. 选题策划的意义和作用

首先要了解出版社靠什么生存和发展。出版社是靠它的出版物能够为广大读者接受,来实现生存和发展的。换言之,就是在市场上能够实现销售,回笼资金,进行再生产。它的运作方式与企业是一样的。当然,出版社要十分注重社会效益,把握正确的出版导向。在坚持社会效益和出版导向的前提下,出版社的两个效益应该是统一的。也许有人会说,不可能每本书的两个效益都结合得那么紧密。特别是一些学术专著,读者面很窄,市场销售有限。如季羡林先生研究的古印度语(梵文、吐火罗文),世界上都极少有人懂;姜亮夫先生研究的敦煌学,也是比较冷僻的。尽管如此,从积累和传承文化的角度,从繁荣学术的角度,这样的书还是要出的。而且出这样的书,也是出版社塑造品牌、凝聚作者的一大策略,况且不少还可以获得各种基金资助、重点书补贴等。但就一个出版社整体出书状况而言,两个效益不应当是背离的,一个出版社的产品如果没有必要的市场依托,那么这个社连生存都会产生困难,更谈不上发展,也就不可能为社会、读者提供优秀的精神食粮,两个效益都会落空。

那么,决定出版物市场的最根本的要素是什么呢?是选题策划。一本书能否销出去,根本在于它的选题是否针对了社会广大读者的需要。选题针对性强,就能切准读者脉搏,这样的图书也就有了营销的基础。因此,对出版社来说,选题策划能力实际上就是产品开发能力、市场创新能力,是它的核心竞争力的体现。同时,选题策划也是编辑工作的基础。

最近一期《中国图书商报》有一篇美国乔西巴斯出版社总编辑艾伦的专访。记者问:"在这些成功的例子里,文化判断、市场调查和营销,哪个因素是导致成功的最重要的因素?"艾伦答:"文化判断最重要,绝对是这样。因为就算你做了很多营销的努力,而人们不喜欢这本书,那怎么营销也没有用。因此,编辑必须对文化趋势和社会趋势保持真实的接触。"同样的观点,国际出版巨头贝塔斯曼的表述是:"内容是王。"

由于图书具有双重属性,既是传播和积累知识、文化,产生一定的社会舆论导向作用的精神产品,又是能在投入、产出中为出版社带来经济效益或者产生经营风险的物质产品。因此,选题策划关乎出版社的生存与发展,是出版社各项工作的重中之重。

4. 选题策划的立足点与目标

(1)立足点——读者方面的价值实现。即:策划选题要从满足读者积极健康的精神文化需求出发。这是出版工作的根本宗旨。

这种价值实现通常为三层意思:一是图书使读者增长知识,这是图书作为知识产品的最大价值。二是图书中的知识启发了读者的创造性,或教会了某种技能,使之转化为物质或精神产品。三是图书能满足人的多种目的,除了学习和应用外,还有娱乐、审美、收藏、馈赠等。也有人这样定义"阅读需求":一是"消遣需求",读书是为消遣、娱乐;二是"知识需求",读书是为了掌握知识、释疑解惑;三是"深层需求",读书是为了体味精神共鸣、思想结晶。无论如何,你做的书总要让读者有所得。

(2)目标——出版者方面的价值实现。出版社作为一个自负盈亏、企业化管理的机构,在经营方式上与其他企业一样,都是在产品的投入、产出所获得的市场回报中,创造增加值,获得利润,不断扩大再生产,得到发展。因此,出版者策划选题的目标,应当是在市场上实现其交换的价值,实现销售,获得利润。

上述立足点与目标,或者说读者的价值实现与出版者的价值实现是相互关联的:第一,交换价值实现是使用价值实现的前提。对图书这种信息商品来说,卖不出去,其价值等于零,还意味着出版社经营亏损和社会资源的浪费。目前全国图书库存471亿元,其中不合理库存达300亿,占用资金约100亿,是个不小的数目,而且还在增长。第二,使用价值存在与否是交换价值能否实现的决定因素,也就是说图书必须具备能满足读者需求的使用价值,否则就不可能实现交换价值。第三,让读者认识并相信使用价值的存在,是交换价值实现的途径,这就离不开营销了。

从这些关于选题策划的出发点、目标,以及二者关系的论述中,可以得出这样的结论:

——编辑的选题策划既是一种文化选择、价值判断,也是一种市场选择、经营行为。

——好的选题策划是要让图书具有为读者所需要的使用价值,并且要使这种使用价值被读者认识和相信。

5. 选题策划的若干原则

(1)导向原则。必须坚持正确的出版导向,这既是我们的社会责任,也是一切出版行为的前提。出版工作中有几条"高压线"是千万要当心的:如政治问题、民族宗教问题、伪科学问题等,选题策划中凡是涉及这些问题的,都要十分小心。

（2）创新原则。有人说创新能力是未来成功者的核心能力。不管是谁，不管在什么领域，要获得大的成功，关键在于创新。创新是出版发展的动力，也是出版社赢得市场的关键。出版创新的核心是选题创新。

选题策划的创新：一是理念或立意的创新。如《学习的革命》一书，宣称是对学习方法的一次革命性变革，能提供一套新颖的、既有效又快速的学习方法。在1998年全民学习的大背景下，在人们对学习充满渴望和学习中遇到困惑的情况下，这种"新的学习方法"自然引起了关注。《大败局》从知名企业家失败的案例切入，也是一种创新。二是内容创新。强调内容的原创性，更贴近时代发展，贴近当今读者的生活和思想情感，是赢得读者、赢得市场的重要手段。同时，原创作品还意味着对出版资源的控制，可以提高出版竞争力。早几年，少儿出版一直被人批评为"吃洋人"、"吃古人"，缺少原创作品。这几年情况有所改观。三是形式创新。这里说的形式创新，不是简单的封面装帧设计形式的变化，更多的指编辑形式的变化。现在的青少年读者，经历了20世纪80年代以来电视传媒的冲击、90年代后半期以来网络（第四媒体）的冲击，阅读习惯和接受方式都发生了很大的变化。因而图书（尤其是大众读物、知识性读物）在编写、编排形式上的要求发生了新变化，不仅要有清新、优美的文字，还要有精美的图片；不仅要有一般的文字表述，还要有事件评述、人物介绍，有资料配备、知识背景和提要性介绍。也就是说，它不应该是单一的叙述，而应该是综合的、组合性的表述。少儿读物就更强调形式感，求新、求变、求视觉吸引力。

（3）市场原则。好的选题策划来自对市场的了解、把握，并能够为市场所接受。除了个别确有文化积累作用和重要学术价值的，应该都能走市场，或是有市场潜力。当然，这种判断是有难度的，这就需要编辑下功夫，对宏观的、中观的、微观的市场都有分析，对今天的、明天的市场都有把握和预测。按照艾伦的说法，所谓的市场预测，实际上是"科学的市场调查+主观感觉"。

6. 选题策划对编辑素质的要求

前面已经提到，现在的"选题策划"与传统的"选题策划"理念上已经有了很大的变化。从编辑功能上考察，编辑工作的主动性、整体性、创造性强化，改变了传统意义上"剪刀加浆糊"的"编辑匠"形象，改变了"等米下锅"、"来料加工"的被动地位，而使编辑工作更具挑战性，更富创造力。由此，也对编辑素质提出了新的要求。我觉得现在的编辑更应从以下几个方面努力：

（1）优化自己的知识结构。原来提倡编辑要当"杂家"，现在看来光"杂"是不行的。编辑的知识结构应该是"专"与"通"的结合，就是既要有扎实的基础知识，又要有专深的核心知识。鲁迅先生有句名言："博识家的话多浅，专门家的话多悖。"所谓"通"，并不是样样精通，而是要通达，旁搜博览。学文的要懂点理，学理的要懂点文，这样才不至于狭隘、局限。所谓"专"，要在某一个或几个领域有深入的研究，形成自己的专业特色。在这个领域你能够有发言权，你能够站在前沿，你能够与专家对话，从而约到最好的稿子。这就是"T型结构"，或"金字塔结构"。同时要不断学习新的知识，不断充电。因为新知识在不断涌现，原有的知识在加速老化，而出版又是新知识的前沿——出版的内容是新知识，出版的技术手段是新知识的应用，如数字技术、网络技术等。

（2）加强信息的收集和加工能力。选题策划所需的信息内容十分广泛，不仅是读者方面、市场方面，以及印装材料、技术手段等方面，还有作者、研究者等方面。这些信息既有有价值的，也有无价值的，要去粗取精、去伪存真，提高可信度，使之条理化、精约化。信息是一种资源，选题策划在某种意义上就是将这种资源转化成出版生产力、市场控制力。

（3）勇于实践。毛泽东没进过一天军校，何以能统帅千军万马，运筹帷幄、决胜千里，由一个门外汉成为大军事家？法宝就是他的8字妙诀——"从战争中学习战争"。工作是最好的学习。过去走出校门就意味着学习生涯的结束，现在则意味着新的学习的开始。有一个未经精确论证的人生定律，说学校里学到的东西有用的不到20%，80%的用不上，只能归于人生的基础素养；相反，工作中80%的知识与技能需要在职业岗位和工作目标确立后通过培训和自修学得，在实践中学得。哈佛的MBA（工商管理硕士）是世界上最热门、最有价值的学位，这与它的案例教学有关，就是用尽办法将学生置于一个实际经营者的位置，来解决案例中的实际问题。欧洲还出现了"实习公司"，公司的口号是："犯了错误，不会招致后果，不会让你付出高昂的代价。"曾经有个企业家这样对他的员工说："不管企业是否你的，你都要把它当作自己的去干。不要认为自己是在为老板打工，要把它当成是培养自己的一个机会，你拿别人的钱练手，培养自己、完善自己。"李嘉诚、吴士宏都没有经过专业学习,都是在实践中成长为自己领域的佼佼者的。选题策划也是如此,要在实践中学,不要怕失败。最近,浙少社正在制定明年(2002)的选题,我们鼓励新编辑能够上选题,就是让他们多练手。成功是一种财富,失败更是一种财富;顺境能丰富阅历,逆境更能丰富阅历。在这个问题上,个人和社会都要有一种积极的心态。邓小平如果没有"三起三落",就不可能有后来的改革开放。据说硅谷更欢迎曾经失败的人,也是这个道理。

　　成功的选题策划,往往是"长期积累,得之偶然"。只有不断地增长知识、收集信息、实践锻炼,才能有丰厚的积累,而后才可能因为某个瞬间的思想火花,或是不经意的一次谈话,激发起你的灵感,产生出好的选题。

二、关于市场营销

　　前面谈了"选题策划",接下来谈"市场营销"。二者是相互关联又有所区别的。所谓关联,指它们是出版社工作流程中的两个重要环节,相互依存、相互渗透,你中有我、我中有你,"整合"的趋向越来越明显。所谓区别,是指前者的中心是开发产品,后者的中心是销售产品;前者的职能主要由编辑部承担,后者的职能主要由市场部(发行部)承担。

1. 广义的市场营销

　　市场营销简称"营销",指企业围绕满足消费者需求和获得最大利润开展的经营销售活动。

　　市场营销的基本内容包括:市场调查、预计和分析,目标市场选择,市场营销环境研究,消费者购买行为分析,新产品开发,价格制度,销售渠道选择,促销措施运用,售后服务及消费者信息反馈等。

　　经典的营销理论:即"4P"理论,就是指"产品、价格、销售渠道、促销方式",企业可以控制的各种市场手段的综合运用,又称"营销组合"。这是美国管理学家20世纪50年代末提出的,至今仍广泛应用。20世纪80年代以来,又有人提出"4C"理论、"4R"理论,但"4P"理论的经典地位仍未动摇。

2. 图书的市场营销

　　图书出版发行单位,为了满足读者阅读需求和获得应有利润开展的经营销售活动。

　　图书作为一种商品,它的营销的内容与一般商品没有本质的区别。图书也需要营销,让人家知道它的使用价值。一般商品的营销的理论也适用于图书。

同时,由于图书产品的丰富多样性,由于图书还是精神文化产品,因而它的营销意义比之许多其他商品更加重要,营销的内容也更加丰富多彩。

3. 图书营销的若干原则

(1)诚信原则。诚实守信是市场营销的首要原则,也是市场竞争最好的手段。市场经济条件下,法律与信誉是维持市场有序运行的两个基本机制。与法律相比,信誉机制的成本更低、效率更高。北大教授张维迎举过一个例子:你在家门口的小卖部付钱买了一罐饮料,当你要出门时,店主说:"回来,你还没付钱!"你说已付过。法官没有办法判断谁说的是真话。(除非以后在店里装摄像机,这样成本又太高)为什么这样的事情不大可能发生? 道理很简单:如果你付了钱而店主说没有付,这次吃个哑巴亏,但下次你就不再去这个店里了。邻居们知道后,也都不敢去了。这个店就得关门! 正是因为店主害怕失去以后的生意,才不敢要赖。这就是信誉机制。任何一个企业,要想在市场上站稳脚跟、持续发展,都离不开"诚信"二字。在营销中,不能浮夸、不能欺诈,讲信誉,重承诺,才能赢得市场。否则,可能得利于一时,但绝对长久不了。许多营销书上,将"把冰卖给爱斯基摩人"作为营销奇迹,用"味精瓶加开4个孔"、"牙膏口增加一毫米"作为营销创意,现在看来也有"愚弄"消费者之嫌。图书是一种特殊商品,读者对其有特别的信任,因此对图书的宣传营销更要诚实守信,不要浮夸,更不能虚假。

(2)创新原则。营销的内容、手段要富有创意。美国有一种高原苹果,冰雹打过后留有疤痕,一开始卖不掉,后经宣传,这种疤痕成了高原苹果(绿色环保食品)的标志,畅销不衰。这就是创意,把缺陷转化为特色。图书营销有一个经典的笑话:一位滞销书的销售商去找总统,让总统对他的书做一评价。总统并未仔细看,只是出于礼貌,说了句"很好"。于是广告出来:"现有总统喜欢的书出售。"马上销售一空。第二次又找总统,总统吸取教训,说"这书不好。"于是广告上说:"总统认为很差的书出售。"又卖光。第三次,总统干脆什么也不说。于是广告又说:"现有总统都不能评价的书出售。"又抢空。这也是创意,用了"名人效应"来促销。

美国《发行管理》杂志每年要评"杂志发行奖"。评选的标准,就是看这些杂志社"采取了哪些有效而且卓越的发行策略,并将发行量逐步推升到甚至超过预期水平"。关键是看有否创新的营销策略。最近一次评出的金奖中,100 万份以上级的《时尚》杂志,2001 年预期发行 130 万份,实际发行 158万份。发行秘诀是:报摊发行先行,分割送货方式,并且开展目标读者中知名度建立。首先是增加了对报刊展示的投资,售书袋投资增加 40%;然后是分割送货,即出刊 3 周内大批量送货,确保零售商有足够存货(该刊为月刊);第三是同时在 20 个主要城市的户外广告牌、公共汽车站、商业街墙壁和贺卡上做品牌广告。《精美木工工艺》(40 万份以内级金奖)的发行秘诀是:拓展加拿大市场和增加网上订户。

《学习的革命》号称发行 1000 万册。尽管对它的评价不一,尽管它现在还惹上了官司,但它在 1998 年底、1999 年初引起的巨大反响令人难忘。它创下了中国书业营销史上的许多第一:单本书出版发行总投入第一——1 亿人民币;日营销投入第一——100 万人民币;一次印数第一——500 万册;第一次在中央电视台黄金时间为一本书做广告;谢晋第一次拍摄并出演广告;第一次在国内开通图书专项寻呼——191 呼"学习的革命";用 23 种方式发行。等等。可以说是将图书营销的创意发挥到极致。现在,热潮退去、尘埃落定,其中的确有不少值得我们汲取的创新的东西。

(3)双赢原则。李嘉诚说过,"赚了钱的买卖不一定是成功的买卖,成功的买卖是双方都满意的买卖"。不要从对方获取过多利润;在不影响自己利益的前提下给别人干点什么;确保对方的期待(示人以弱的策略:订货的样品既要达到对方要求,又不是最好的)。图书营销要努力实现社店合作、社店共赢。出版社不要企图独占利益,书店也不要期望榨干出版社。谁也离不开谁,大家有钱赚,合作才能长久,才能真诚。

4. 知识营销:营销理念的创新和发展

随着数字技术、信息技术的发展,知识经济的时代已经到来。知识经济最本质的特征就是,知识和信息取代资本和能源,成为最重要的生产要素。它带来的变化是巨大的。一方面是企业竞争环境变化:企业之间的竞争从单纯产品竞争转为以企业能力为中心的竞争;竞争者识别更难(行业边界模糊,如彩电与电脑合一,互联网与电话合一等),使竞争面加宽,同时企业更有灵活性,适应市场而变化,使潜在的竞争对手难以把握;企业竞争国际化,经济全球化、互联网广泛使用,国内国际的市场边界模糊,处于全球化竞争平台。另一方面是企业内部环境变化:企业组织结构趋向扁平化;知识型人才成为企业生存和发展之本;虚拟营运成为基本经营形式等等。

由此引发了营销观念、营销管理模式,以及营销技巧的一系列变化。比如:传统的营销管理模式是上层制定营销战略、中层设计营销策略、下层从事具体营销活动,制定与执行分离;知识型营销要求上下互动,共同制订和实施营销。传统营销模式,营销主要是企业销售部门的事,现在企业各部门都是营销的一个环节,营销是整个企业的支柱。

知识营销的方式有:

(1)学习营销:以学习为主要手段的创新营销方式。企业通过各类传播产品和信息的活动来刺激和改变消费者行为,都应当被理解为学习营销。这种营销,不是简单的占领市场,而是创造市场、主导市场。如保健品企业宣扬所谓"第三状态"、"心理感冒"(抑郁焦虑)等概念,来创造新的市场和消费。

(2)网络营销:借助互联网开展营销活动的营销方式。它的最大特点是互动性和个性化,而图书是最适合开展网络营销的商品,目前做得最大的是亚马逊书店。在德国,图书的网上销售现在虽然只占整个图书销售的2.3%,但它以每年100%的速度在高速增长。

(3)合作营销:两个或两个以上企业在资源或项目上开展一系列互利合作的营销活动方式。有横向的、纵向的、混合型的。如2001年"五一"劳动节到"六一"儿童节期间,浙少社与中少社、上少社、苏少社强强联合,在全国12个大书城开展少儿出版社"四大名社"联合展销活动。

(4)绿色营销:以常规营销为基础,强调把消费者需求、企业的经济利益和社会环保三者相统一的营销观念和方式。如"再生纸"的宣传营销。

(5)品牌营销:市场经济发育到一定程度,品牌竞争就自然会出现。品牌不仅是一种"标识",更重要的是一种"信誉",是消费者对你的质量、服务、理念的认同。它是无价的,也是最可靠的市场资源。可口可乐公司老总说过:公司即使化为灰烬,也可利用其品牌很快再造。海尔公司张瑞敏:"什么是名牌?别人卖不出去,我能卖出去;别人卖得少,我卖得多;别人卖得便宜,我卖得贵。"图书市场由卖方进入买方,出版社竞争必然由品种竞争演化为品牌竞争。这种竞争包含两个层面:一是图书(产品)品牌竞争;二是出版社品牌竞争。二者的关系是图书品牌营造和烘托出版社品牌,而出版社品牌带动和促进图书品牌。现在不少书店把供货商分成 ABC 三类,就是对出版社品牌的一种认定。

三、个案分析——从选题策划到市场营销

1."管家琪系列图书"(2001 年出版)

这是浙少社近年来开展的一次有较大影响、成果也比较满意的策划和营销活动;也是我到浙少社工作后,由我亲自主导、相关部门参与、全流程控制的一次较大规模的活动。

(1)市场分析:近年来,少儿图书呈现"低速增长、结构调整"态势,要在激烈的市场竞争中有所作为,只有不断推出新品种,并能够形成品牌优势。

(2)目标市场选定:少儿书各个细分市场呈现不同的发展状况,其中少儿文学读物在 12 个细分市场中表现较好:一方面,它所占的份额本身较大,仅次于知识科普类读物,约为 17-18%;另一方面,它还有继续上升的空间,特别是国家推行素质教育后,学生减负会给文学读物带来新的机会。

(3)竞争对手比较:1997 年我社组建文学室,此后推出了"中国幽默儿童文学创作丛书"等,使我社在这个领域的占有率逐步提高至全国第 4—5 位。位于前面的人文社,主要靠"哈里·波特"和"中学生课外必读丛书",前者带有一定的偶然性,后者则是经典名著。中少社的文学读物阵容很大,但以经典名著居多。苏少社则以单本原创作品为主。这样,如果我们利用自己较强的作者队伍、编辑和营销力量,从内容和形式上又能错开,还是能找到市场空间的,即:做原创、做系列。

(4)产品开发:当时的著名儿童文学作家都稿约缠身,约一本都不易,一个系列更难,于是把目光投到大陆以外的华文出版资源,管家琪这位台湾女作家进入了出版社的视野。接下来是选题策划、专题报批、书稿审读等一系列规范性操作。目标是做成一套品味较高、价格适中,家长和孩子都喜欢的文学读物。

(5)营销策划:打样出来后,在 2001 年 3 月的华东六省少儿社春季订货会上征订,并征求书店对这套书营销工作的意见。管家琪的特点是作品写得好,风格幽默,内容贴近孩子们的生活和情感;还有就是演讲能力强。这也是

许多台湾作家的特点。但不足也很明显,她在大陆的知名度几乎是零。书店也是这个感觉,有的书店干脆提出:搞促销活动订500套,不搞的话只订50套试试。订货会回来后,社里立即研究营销方案,编辑部、发行部、社领导一起讨论,并且征询书店意见、作者意见,最后报集团和省有关部门批准。

(6)营销活动:营销活动的方式为新书发布、演讲、签名售书;活动地点选择在全国东南西北七个城市的八个大书城;活动时间是4月下旬到5月上旬("五一"长假是少儿图书销售的黄金时间)。为了确保活动成功,先在媒体上造势。出书前先在《中华读书报》、《中国图书商报》、台湾《民生报》以及中华读书网上发消息、发书评;活动日程定下后,又在网络和报纸上公布预告,造成读者心理期待和各地媒体的关注。活动的第一站选在北京,因为北京的信息辐射力强,北京的一些媒体,特别是新华社、中央电视台、《中国青年报》等一发消息,马上就影响到全国。

(7)绩效评估:这套图书从选题策划到市场营销都取得了预期的效果,图书影响力和市场销售额迅速扩大。5月份以来,这套书中的多数品种都上了全国少儿图书零售市场分类排行榜。杭州市新华书店"六一"期间少儿图书销售排名前10的品种中,有9种是管家琪的书。从目前收集到的报道看,总共有110多篇,分别来自大陆及港澳台的媒体,包括报纸、期刊、电视、广播、网络。其中台湾《中国时报》有篇文章《台湾作家谁是"登陆"先锋》,文中列举了台湾作家在大陆的4种"走红路径":一是原本已有高知名度;二是行销策略得当;三是网络推波助澜;四是以专栏扩散影响力。其中"行销策略得当"专指管家琪,并认为她是台湾儿童文学作家中"登陆"最成功的。

(8)后续工作:这一套书的成功,使得出版社与作家之间形成了相互信任和默契的关系,顺利达成了后续的出书协议,包括她的所有作品的首选出版,以及一套作文类新书的首版。

这套书的策划、营销,基本达到了开始时设定的3个目标:推出这套书,争取形成图书品牌;扩大出版社影响力,做好浙少社的品牌;积累经验、锻炼队伍。应该说,这套书从策划到营销都较好体现了浙少社的出版理念、营销水平和活动能力。

2.《儿童版唐诗三百首》(1997年11月出版)

关于这本书选题策划的特色,一位基层新华书店经理曾经作过分析,将其归纳为 5 个要素的完美结合：书名、内容、开本、封面、装帧设计。

　　一位知名出版家曾在文章中写到,《唐诗三百首》国内许多大社名社都出过,为什么浙少社的最受欢迎,就是因为他们在形式上有创新。图书形式的创新既有装帧形式和封面设计的创意,也有编辑方法和阅读形态的出新。《儿童版唐诗三百首》是我社图书形式创新的一个成功案例。为了将这样的老选题做出新意,让今天的孩子们喜欢,一方面在选目上注重儿童阅读特点,并加了拼音和注释以方便阅读和理解,另一方面在绘画风格、开本规格、装帧效果、封面设计等方面有所突破,对孩子们有视觉上的吸引力和愉悦感。

　　营销上主要做了两个方面的工作:一是对图书的宣传推荐。当时正值中央大力提倡弘扬优秀传统文化,我们便借此东风,在媒体上宣传推荐这本书。新华社为此书发了文章,以通稿形式发往各级党报、各地晚报、海外华文报纸,形成了很大的影响力。二是进行品牌开发和延伸。以此书为基础,后来又出了《儿童版宋词三百首》、《儿童版成语三百则》等,形成"儿童诵读三百首"系列,市场销售情况都很好,并且引来了不少仿冒和盗版者。

　　这本书于 1999 年和 2000 年连续两年登上中国少儿图书销售榜榜首位置,是"哈利·波特"进入中国以前,国内最畅销的少儿类图书,引起了出版同行的高度关注和赞许。

3.《科学改变人类生活的 100 个瞬间》(2000 年 8 月出版)

　　这个选题出自《钱江晚报》新中国成立 50 周年的一组系列报道:"科学改变我们的生活。"该报请读者从新中国成立 50 周年以来众多科学成果中选出最难忘的 50 个瞬间。我们的编辑看到后,马上与报社联系,提出将选题视野由中国 50 年扩大到世界 100 年,从中选出 100 个瞬间;形式上采用图文并茂的形式,既有科学事件的评述,也有相关领域情况及前景介绍,配上珍贵资料照片;请中国科学院院长、著名科学家路甬祥先生担任该书主编并作序。

　　该书出版后先后搞过三个营销活动,一是在杭州召开发布会暨"大院士向小院士赠书"仪式;二是在北京召开座谈会;三是读书征文和知识竞赛活动。该书的市场反映不错,成为科普类读物中的佼佼者。香港、台湾都购买了版权。

　　此外,还有"世界少年文学经典文库"等选题项目的策划和营销,也是非常成功的。由于时间关系不再多讲。

结束的话

我们正处在一个变化的时代。面对互联网、电子书、即时印刷、数字化图书馆等成为新世纪出版业新的经营方式,书业人士普遍担心:我们还能干什么?

著名的麻省理工学院教授、《数字化生存》一书的作者尼古拉·庞蒂指出,在互联网时代,出版商仍然有存在的必要。他认为,在出版空前便利自由的明天,公众依然需要(也许更需要)编辑的眼光、选择和引导。届时,大多数出版商将不再有印刷厂和纸库,他们的主要职能将集中在编辑和市场营销上。出版商将作为知识产品的营销人出现。这种传统的社会角色不会改变。

因此,请大家放心,我们还是可以大有作为的,只要我们有策划和营销的本领。

(2001 年 11 月)

优化结构，塑造品牌

——新世纪少儿出版工作面临的重大课题

一、新世纪少儿社面对三大挑战

进入新世纪以来，少儿出版社迎来了诸多重大的挑战，其中最令业内人士关注的有三个方面。

一是国家对教育体制的改革、教育政策的调整。随着这种改革和调整逐步推进，出版教育读物的少儿社感受到了越来越大的压力和冲击。2000年以来，"一减双限"（减轻中小学学生负担，对教材实行限利和限价）等政策措施已陆续实施；教材编写和出版的招投标也将出台试行。对于传统上主要依赖教材、教辅生存的少儿社而言，这种挑战是十分严峻的。而这样的少儿社占了全国少儿社总数的大部分，因此对整个少儿出版业的影响将是巨大且深远的。

二是一般少儿图书领域的竞争。少儿图书的市场份额本来就不大，据新闻出版总署财务司统计，2000年少儿类图书的销售额，仅占全部图书销售额的3.3%。但由于各个图书门类的竞争都十分激烈，而少儿书制作及市场准入的难度相对较低，因此大量的非专业少儿社纷纷涌入。尤其是这一两年中，一些大社、名社依托其品牌和资源优势，大举进入少儿图书市场，迅速分割了不小的市场份额。根据最新的统计数据，2001年上半年全国少儿图书市场排行榜第一的位置，已被一家非专业的中央大社占据。而在上半年少儿畅销图书排行榜上，前18种里有10种出自非专业少儿社。这种状况不能不让专业少儿社感到担忧。

三是我国加入 WTO 后带来的影响和冲击。尽管加入世贸组织后，中国的出版业仍会受到一定的保护，但这毕竟是局部的和暂时的。应该充分估计到入世后出版业将受到的各种影响和冲击，并且少儿图书市场可能是首当其冲。事实上，最近几年来境外出版社已经通过各种方式渗透到国内书刊市场，尤其是少儿书刊市场。可以预测，在未来几年里，国内少儿社将与国际少儿出版巨子同台较量。这样的较量最终导致的出版格局，目前还很难看得清楚。

二、结构和品牌问题将成为制约少儿社发展的重要因素

上述三个方面的挑战，有的只是开了个头，有的还没有成为现实。即便如此，也足以让少儿社人士感到前所未有的危机。由此也不难看出，少儿社在经济结构和市场竞争能力上存在严重不足。造成这种情况的原因是多方面的，其中主要原因是产品结构不合理和缺乏强劲的品牌优势。

从出版物的角度看，过多倚重图书。出版物，广义地说应该包括图书、期刊、音像制品、电子和网络出版等。这些类别中，且不说电子和网络出版这一代表出版业发展趋势的新兴领域，多数少儿社尚未涉足，即使在传统的纸介质出版物中，也存在重书轻刊的现象。在出版业发达的国家，期刊所占销售比重均超过图书，而国内少儿社的情况正好相反。

从图书的角度看，过多倚重教材教辅。如果说少儿社对音像、期刊等出版物的开发，受到出版权限的制约，在图书领域的调控余地还是较大的。但由于长期以来计划控制下的专业分工，使得多数少儿社捧着教材教辅的金饭碗，无需在一般图书上多花力气。即使做一般图书，有的也是冲着评奖而去，并不是从调整和优化结构出发。一旦失去这个金饭碗，有的社将难以生存。应该说，近年来这种状况有所改变，但真正形成合理的出书结构，还有很长的路要走。

从一般图书的角度看，缺乏富有特色、具有独占性的品牌产品。随着图书品种不断增多，结构性过剩已经出现，图书市场的竞争必然从产品竞争进入品牌竞争。在品牌的塑造与营销上，国内一批知名出版社已走在前头。如商务、外研、三联等社，凭借着自身的专业特长，以及对市场的准确把握，在某些领域占据了相当的市场份额，甚至形成了封杀之势。相对而言，少儿社中，

具有强劲品牌的出版社、出版物还不多。尽管有的社在一个或几个少儿书细分市场处于领先地位，但所占份额不大，读者的认同度也有限，尚没有形成强势品牌。

应该说，这些年来少儿社的市场意识不断增强，在优化结构和塑造品牌方面已经作了许多积极的探索，并且取得了不少成功的经验。但是就总体状况而言，还不尽如人意。在中国出版业开放程度不断提高、市场竞争日益激烈的新形势下，这种结构上的失衡、品牌上的弱势，将成为制约少儿社发展的重要因素，必须高度重视并切实采取措施，解决这个重大课题。

三、少儿社优化结构的重点领域

少儿社优化产品结构，根本的目标是做大做强。在出版物布局中，既要着力形成自己的强项，又不能"把所有的鸡蛋放在一个篮子里"；要在培育优势、规避风险的基础上，争取综合效益的最大化。

在优化结构的过程中，有几个领域是需要重点关注的。一是少儿图书中，市场份额较大、"童书"特征明显的领域。市场份额大，因而相对比较重要，决不能轻言放弃；"童书"特征明显，则可以充分发挥少儿社的优势和特长。这是少儿社的传统领地，要扬己所长，有所作为，争取形成封杀的态势。二是文教读物。这类图书毕竟具有很大的销售额，并且少儿社已经在所谓的"三国四方"中占了一席之地，应该顺应教育体制变革和市场变化，利用自己在作者、编辑、发行以及资金等方面的优势，在新的格局调整中占得先机。三是引进版图书。相对而言，少儿读物在引进中较少有意识形态、文化背景等方面的障碍。因此加大引进力度，弥补国内出版资源的不足，应成为少儿出版社调整结构的重要策略。四是少儿期刊。要大力发展社办期刊，走书刊并重、共同繁荣的路子，真正从观念上、机制上解决重书轻刊问题，给期刊以更大的空间和活力，使期刊成为出版物布局中的重要方面。五是电子和网络出版。虽然不可能完全取代纸质出版物，但这是代表着发展趋势的，而且随着数字和网络技术的迅猛发展，所占的份额将不断扩大，前景未可限量。因此，要着眼未来，积极探索，争取逐步成为新的增长点。

四、在结构调整的同时努力进行品牌建设

结构调整固然非常重要，但对于一个出版社来说，仅此还不够。前面已

提到,随着出版物市场由卖方市场进入买方市场,出版社的竞争必然由品种竞争演化为品牌竞争。这种竞争包含着两个层面的意义:一是出版物(产品)品牌的竞争,二是出版社品牌的竞争。两者的关系是出版物品牌营造和烘托出版社品牌,而出版社品牌带动和促进出版物品牌。可以说品牌将成为进入市场的准入证,应引起少儿社的高度关注。

品牌首先是一个出版社的标识。由于出版物门类众多,各社只能在个别门类中形成优势,展现个性特色,从而成为区别于其他社的重要标识。这种标识一旦形成,不仅意味着读者对你的品牌产品的认同,更重要的是对你的理念、质量和服务的信任,是一种社会"美誉度"。它是无价的,是最可贵最可靠的市场资源。可口可乐被评为世界最有价值品牌,该公司总裁曾说,可口可乐公司即便一夜之间化为灰烬,利用其自身的影响力(品牌价值)很快就能再造一个。因为投资者相信它,消费者相信它,市场相信它。这就是品牌的力量。国内出版界一些老牌社之所以风采依然,一些年轻社之所以脱颖而出,原因也在于它们成功地进行了品牌的塑造和经营,从而在市场中独树一帜。

品牌意味着足够的市场份额和丰厚的利润回报。海尔的老总张瑞敏说过这样一段话:"什么是名牌?别人卖不出去,我能卖出去;别人卖得少,我卖得多;别人卖得便宜,我卖得贵。这就是名牌。"在市场经济条件下,任何产品最终都要进入市场才能实现效益,出版物也一样。我国每年出书十多万种,展现在读者面前的是书的海洋,在这种情况下品牌书显然会占有极大优势。读者要买中文工具书,首选往往是《新华字典》和《现代汉语词典》;而少儿科普读物中,《十万个为什么》一直长销不衰。这样的书总是占据着相当大的市场份额,由此带来的超额利润也十分可观。

品牌还有稳定、持续的效应。一个产品如果只领风骚于一时,不能长久,就不能成为品牌。品牌应有持久的生命力,许多品牌还具有不断扩张的能力。浙江少儿社的《儿童版唐诗三百首》,将中国传统文化的精髓,以符合当代儿童阅读和欣赏特征的方式加以整理和表现,在数十种儿童学唐诗的版本中脱颖而出,成为品牌产品。这本书自1997年下半年出版以来,持续在全国少儿图书排行榜上名列前茅,1999年、2000年连续两年名列榜首。以这本书为基础扩展延伸的"儿童诵读三百系列"8种,都成了同类读物中的佼佼者,获得良好的销售业绩。而这套书的仿冒和盗版本所形成的销售,更是难以计数。品牌带来的效益可见一斑。

五、品牌的塑造与经营

好的品牌不是天上掉下来的,和其他事物一样,它也要经历由小到大、由稚嫩到成熟和成功的过程。世界著名管理咨询公司麦肯锡公司认为,建立一个强劲品牌要经历三个阶段,即"商品"变成"名字"、"名字"变成"品牌"、"品牌"变成"强劲品牌"。一件"商品"如果能够被消费者认知而达到一定知名度,就可以称为一个"名字";在此基础上又有好的业绩表现,可以称为"品牌";而只有将品牌人格化、赋予其独特的个性并使其无所不在,才能真正飞跃到"强劲品牌"。这实际上概括了品牌建设的本质和规律,出版品牌的塑造和经营也是如此。

1. 做好品牌定位。这是基础性工作,就像盖房子要先打好地基一样。出版社对品牌的定位,一是要了解自己,发挥自身优势。通过对全国乃至全球同类出版社的分析、比较,清晰地认识自己的优势和个性特色,确定最适合自己拓展品牌的方向和门类。二是要了解市场,符合市场需求。通过对细分市场、目标读者的调查判断,准确地把握有利品牌成长的市场空间。两者结合,定位明确,就有了形成品牌的基础。浙江少儿社的"中国幽默儿童文学创作丛书"的成功,就是将自身优势与市场结合,从而形成品牌的一个例子。根据多次市场调查,发现幽默类读物始终排在小读者阅读选择的前列,而浙少社在这个领域有明显的资源优势。这套书出版后受到广泛好评,成为出版社的重要品牌,包括它的延伸产品也取得很好的市场业绩。有人将少儿图书分成12个细分市场,每个少儿社都可能在自己最擅长的细分市场,开发最具市场潜力的品牌产品,从而获取更大的市场占有率和读者认可度。

2. 出版物的质量至关重要。为了创品牌,海尔公司曾经把自己生产的一批劣质冰箱砸毁。这一砸,虽然造成重大经济损失,却大大提高了企业的质量意识,为日后形成世界级家电品牌打下了坚实的基础。出版物的质量比之一般的产品更为重要,因为它具有双重属性,能够影响人的精神世界。这种质量,体现在选题上,要立足社会发展,跟踪科学文化的最新动态,具有与时俱进、文化创新的品质;体现在内容上,无论其思想性、知识性,还是艺术表现、文字表述,都要精益求精、精雕细琢,成为真正的精品;体现在形式上,也要求新求美,雅俗共赏。

3. 学会经营品牌。成功的品牌离不开成功的经营。一是开拓市场的经营。主要通过媒体等各种渠道,向读者及经销商提供有关品牌的各种信息,包括出版社的出版理念、创新能力,产品的质量和服务等等,以得到社会的认知与接受;也可以通过各种销售网络和手段,让目标人群直接感受品牌的质量和服务,扩大市场覆盖面;还可以进行各种公关活动,制造新闻,宣传和推广品牌。二是品牌自身的经营。指品牌产品的扩展与创新,通过市场将其做大做新做久。品牌扩展就是利用业已成熟的品牌,推广新创的但又具有原品牌基本要素的新产品。上少社对"十万个为什么系列"产品的开发,就是这方面成功的范例。当然,任何品牌都有自己的生命周期,不可能永远独领风骚。尤其在市场竞争日益激烈、新的品牌不断涌现的今天。因此,要随着社会发展、读者需求和市场形势的变化,持续开发新的产品、新的服务、新的机制,提高出版社品牌的应变能力和竞争能力。与此同时,品牌还要注重保护,特别是法律保护。出版社品牌书被盗版、仿冒的案例已屡见不鲜,由此造成的损失难以估量。随着国家法治的健全,这方面的情况将有所改观。作为出版单位自身,要加强品牌保护的意识,主动寻求法律的保护。最近,中少社对《丁丁历险记》所采取的一系列保护性措施,说明少儿社这方面意识在增强。这是整个品牌建设中一个十分重要的方面。

六、结束语

总之,面对新世纪的新挑战,少儿社要着力解决好优化结构和塑造品牌的课题。只有这样,才能在日益激烈的市场竞争中做大做强做久。打个不太恰当的比方,优化结构是把船造得更牢,塑造品牌则是把帆做得更大,只有船坚帆满,少儿社才能在市场经济的大海中乘风破浪,不断前进。

（原载《浙江省出版论文选》第六集,浙江人民出版社 2002 年）

以先进的出版理念整合开发博物馆资源

——在《中国军事博物馆》出版座谈会上的讲话

各位领导、专家、媒体的朋友：

首先，请允许我代表浙江少年儿童出版社，向出席今天座谈会的领导、专家、记者表示感谢，向《中国军事博物馆》的主编和编创人员表示感谢。

五年前，我们社在北京召开了"走进博物馆丛书"选题论证座谈会。我们意识到，遍布于全国各地的近2000座各种类型的博物馆，对于提高广大青少年的人文和科学素养、培养创新精神和开放的视野，具有无可替代的重要作用。有鉴于此，我们提出了编辑出版一套大型图文本丛书——"走进博物馆丛书"的初步设想，试图以图书的形式，建立起一座契合新世纪青少年需求的、浓缩的博物馆，以满足大家在有限的时间、用有限的花费，博览各种类型的博物馆，获取多方面知识的愿望。这个想法得到了包括国家文物局原局长、中国博物馆学会理事长吕济民先生等许多国内博物馆界知名专家、学者的肯定和支持。大家认为，这是一件有利于国家文化和教育事业，有利于提高青少年思想、文化和科学素质的好事；同时，也是一件需要博物馆界与出版界携手合作，投入大量人力、财力，精心设计，精心操作，付出艰辛才能完成的难事。

经过长达五年时间的酝酿、撰稿和编辑加工，这项工程已取得了重要进展。在中国人民革命军事博物馆和浙江少年儿童出版社的通力合作下，这套丛书的第一部，由袁伟将军担任主编、中国人民革命军事博物馆资深专家领衔、100多位军内外专家学者参与编撰的《中国军事博物馆》终于和大家见面了。

　　《中国军事博物馆》是一部充分利用国内军事类博物馆的丰富资源,按照崭新的教育和出版理念编辑出版的大型图文本百科类图书,具有主题鲜明、内容丰富、资料翔实、形式新颖等特点。全书分古代军事馆、近代军事馆、现代军事馆、共和国军事馆和兵器馆五个部分,浓缩了中国100多家军事类博物馆馆藏的精华,用2500多幅精美的照(图)片和50万字精心结撰的解说文字,生动形象地展示了中国5000多年的军事史、战争史、兵器史,反映了人民军队现代化建设的伟大成就。书中既有对重大军事事件、军事人物的综合介绍,又有对重要军事文物的立体描绘,还穿插了许多与主题紧密相关的知识点和小故事,使读者在轻松的阅读中,得到爱国主义、革命传统、国防知识等方面的熏陶和教育。

　　正因为如此,这部书刚刚出版,便受到了业内人士和广大读者的关注和好评。不少出版界人士认为,此书具有相当高的阅读和收藏价值,它的编辑水平和装帧质量在国内堪称一流,与国外同类书相比也不逊色。今年4月,本书的部分编创人员专程赴海军湛江、榆林基地,将新出版的部分书送到南沙、西沙群岛守备部队官兵手中,受到了部队首长和战士们的热烈欢迎。我们相信随着这部书与全国青少年朋友、部队官兵陆续见面,随着新闻媒体的宣传和推荐,一定会广为流传,成为大众喜爱的精品读物,实现其重要的社会效益。

　　浙江少年儿童出版社作为全国优秀出版社,全国"讲信誉、重服务"出版社,已经出版了大批精品图书,获得过中宣部"五个一工程"奖、国家图书奖、中国图书奖等多个国家级大奖。同时,我社出版的图书在全国图书市场的占有率,也在全国同类出版社中名列前茅。我们将一如既往地继续出版《中国军事博物馆》这样的优秀图书,为广大青少年读者提供丰富的精神食粮;同时也希望在座的各位领导、专家和媒体的朋友们继续关心和支持我们,共同为积累和传播先进的思想文化、科学知识而努力。

(原载《中华读书报》2002年5月29日)

品牌延伸　尝试相近

对于畅销品牌进行立体开发,实际上是一种品牌延伸的策略。有资料显示,国外一些绩优消费品公司所开拓的新产品中,95%是采用品牌延伸的策略进入市场的。目前国内一些名牌企业在推出新产品时,也广泛使用了这一策略。它的好处显而易见:可以利用现有名牌的优势,高速度、低成本地实现企业经营多元化和市场规模扩张。

出版业也是如此。近年来,国外著名品牌形象的出版物及其相关的产品大量涌入中国。如有"米老鼠"、"樱桃小丸子"等为标识的产品,不但有图书、音像制品等出版物,还有服装、文具等延伸产品,它们在获得了一大块诱人的市场的同时,还赢得了消费者广泛的品牌认知。其实国内出版社几年前已经在关注此事,并作了这种立体的联动开发的尝试。如有几家少儿社以原创卡通形象作为品牌标志,进行图书、影视、文化用品、服装等产品的系列开发。令人遗憾的是,这方面有影响的成功案例几乎没有。

国内出版社之所以在品牌立体开发上没有大的作为,主要原因可能是两个方面:一是资本实力不足。要进行这样的开发,且不说要投入大量的产品研发、制作成本,就是打开市场所必需的广告费就足以让人却步。有关研究报告认为,现在创造一个知名品牌,一年至少要花2亿美元的广告投入。这对于规模都不大的国内出版社来说,无疑是个天文数字。二是缺乏必要的风险投入的意识和机制。作为国有机构,出版社承担着国有资产保值增值的职责,加上目前国家对出版的保护政策,没有哪个社长愿意放着好赚的买卖不做,把大量资金和精力投到那些风险很大的其他领域去。出版界的习惯思维是,做书赔了钱都好理解;做其他产品赔了钱,就说不清楚,就要追究责任。

　　尽管有这样那样的难处，但我觉得这方面仍值得去积极探索和实践，特别是在书业竞争日趋激烈、国家的政策保护逐步失去的情况下，这对于拓展出版社生存空间、增强产业活力，无疑有着十分重要的意义。当前可以采用的方式至少有两种。一是引进国外知名品牌，进行图书及相关产品的延伸开发。我社在低幼年龄段引进了"小丸子"和"诺弟"两个国外品牌。其中"小丸子"在国内的相关产品开发已较成熟，而"诺弟"尚未开发。我们的想法是，先把图书的文章做足，如"小丸子"已推出了教育、游戏、故事、挂图等多个系列。有可能的话，再向投入不是很大、并且与图书相近相关的领域延伸，如文具、玩具等。二是与有关的企业合作，进行国内原创品牌的开发。我社与国内知名的饮料和食品生产企业娃哈哈公司建立了合作，推出娃哈哈系列的图书，就是借助成熟的商业品牌作图书产品的开发。以此为起点，还可以在其他相关的领域进行产品开发，也可以开展渠道方面的合作。当然，这些还仅仅是设想，能否实施并取得好的效果取决于多方面的因素。但这样的尝试对于出版界来说肯定有积极的意义。

（原载《中国新闻出版报》2003 年 3 月 12 日）

少儿出版要为加强未成年人
思想道德建设服务

少年儿童是祖国的未来和民族的希望,少年强则国家强,少年兴则民族兴。目前,我国 18 岁以下的未成年人约有 3.67 亿。加强和改进未成年人思想道德建设,事关国家民族的前途命运,事关中国特色社会主义事业的兴旺发达,事关亿万家庭的切身利益。努力提高未成年人的思想道德素质,是我们民族的优良传统,是党和国家事业后继有人的重要保证。

2004 年 2 月 24 日,中共中央国务院下发了《关于加强和改进未成年人思想道德建设的若干意见》,5 月 10 日至 11 日中共中央在北京召开了全国加强和改进未成年人思想道德建设工作会议。胡锦涛总书记在会议上发表的重要讲话中强调,进一步加强和改进未成年人思想道德建设,是中央从推进新世纪新阶段党和国家事业发展、实现党和国家长治久安出发作出的一项重大决策,对于确保我国在激烈的国际竞争中始终立于不败之地,确保实现全面建设小康社会、进而实现现代化的宏伟目标,确保中国特色社会主义事业兴旺发达、后继有人,确保实现中华民族的伟大复兴,具有重大而深远的战略意义。

培养和造就千千万万具有高尚思想品质和良好道德修养的合格建设者和接班人,是少儿读物出版工作的根本宗旨和任务。进入新世纪新阶段,我国少儿出版事业继续保持了繁荣健康发展的良好态势,为全国少年儿童提供了丰富多彩的精神食粮,也为未成年人思想道德建设作出了应有的贡献。浙少社作为全国优秀出版社、全国"讲信誉、重服务"出版社、全国新闻出版系统优秀"青少年维权岗",坚持为培养"四有"新人服务的办社宗旨,始终把社会效益放在第一位,一直专业致力于少儿图书的出版,取得了令人瞩目的成绩,出版了一大批导向正确、内涵丰富、形式多样,深受广大少年儿童喜爱的优秀作品,在青少年思想道德建设中发挥了积极的作用。所出版的图书多次获中宣部"五个一工程"奖、国家图书奖和中国图书奖。出版的期刊《幼儿智力世界》、《幼儿故事大王》分别获得全国百种重点社科期刊和教育部推荐优秀幼儿期刊等称号。

这些年来,浙少社在加强思想道德读物重点选题方面与时俱进,推出了一批知识性、趣味性和教育性相统一的少儿出版物。《儿童版唐诗三百首》作为我社的品牌图书之一,将中国传统文化的精髓,以符合当代儿童阅读和欣赏特征的方式加以整理和表现,让孩子在轻松有趣的阅读中接受传统文化和美德的熏陶,很快就在国内数十种儿童学唐诗的版本中脱颖而出,深受广大少年儿童和家长的喜爱。该书自 1997 年下半年出版以来,一直在全国少儿图书排行榜上名列前茅,其中 1999 年、2000 年连续两年名列榜首,不仅多次获得全国优秀畅销书荣誉称号,取得了良好的销售业绩,还获得了第十届冰心儿童图书奖。

2001 年 9 月,中共中央颁发了《公民道德建设实施纲要》,在全社会大力提倡"爱国守法、明礼诚信、团结友善、勤俭自强、敬业奉献"的基本道德规范。我社适时组织编写了"真好丛书",宗旨就是要让小读者在愉快的阅读过程中逐步成长为有理想、有道德、有文化、有纪律的社会主义好公民。在选材过程中,本着"继承中华民族几千年形成的传统美德、发扬我们党领导人民在长期革命斗争与建设实践中形成的优良传统道德、吸收世界各国道德建设的先进文明成果、弘扬时代精神"的原则,从古今中外流传较广的美德故事中,选取适合少年儿童阅读的材料。丛书被列为浙江省 2002 年度重点图书、"五个一工程"备选图书。图书推出后,我社还与浙江省少工委、浙江省新华书店集团有限公司、《小学生世界》报联合举办"读'真好丛书'、写美德征文、做'真好'美德少年活动"。活动自 2003 年寒假开始,至 5 月底结束,小读者们踊跃参加,收到了很好的效果。这套丛书至今已发售 20 多万册,称得上是一套坚持正确导向、找准市场定位,从而获得社会效益、经济效益双丰收的精品图书。

新世纪的少年儿童不仅应该有理想、有道德、有纪律、有知识,还应该是身体健康、精神饱满、情绪愉快、人际关系协调、人格健全、举止行为受人欢迎的人。因此,我社除了积极推出美德教育图书外,还利用寒暑假、"六一"儿童节等节假日,组织形式多样的少儿优秀图书推介活动,以营造浓厚的读书氛围,并多次组织健康积极、形式活泼、内容丰富的课外活动,加强少年儿童综合素质的培养。2004年2月3日至5日,我社与浙江省少工委共同举办"浙江省首届少年儿童读书才艺秀"表演大赛。这次活动,让小读者们通过阅读图书,采用演讲、戏剧、小品、歌唱、乐器、舞蹈等各种各样的艺术形式来表现所读作品,为他们诠释阅读、表现才艺,搭建了一个舞台。活动将有趣的阅读与丰富的才艺相结合,在全省乃至全国出版业中都是种全新的尝试,受到了社会各界的关注与支持。

加强未成年人的思想道德建设,让少年儿童健康快乐地成长,需要社会、学校、家庭三方面的共同努力。而我们也意识到少年儿童在社会中仍是一个相对弱势的群体,需要社会各方的关爱。少年儿童的安全健康成长,是父母及全家的殷切期盼。给他们一个快乐的童年,也是全社会的共同愿望。为了帮助少年儿童远离危机,培养他们的安全防范意识和抗拒各种危险诱惑的自制力,我社于2004年5月首个春假到来之前推出了"我的第一本安全护照"系列丛书。丛书收集了大量社会新闻及儿童教育专家手头的实际案例,以有趣的故事和生动的漫画,讲述了与他们有关的各种安全问题,让他们在看故事的同时了解生活中的各种危机,学习正确的处理方法,对于少年儿童的成长过程富有借鉴意义,是他们必备的防范武器。为了进一步提高全社会对未成年人进行保护的意识,我社与宋城集团在春假里携手推出100名少年儿童"野外生存拓展、安全防范训练"二日营活动,在阅读好书、游戏训练、拓展实践中培养他们健全的人格和健康的体魄,推动读书活动的开展,得到了学校、家长的好评。

此外,多年来我社一直抱着"让更多的孩子有好书读"的愿望,向贫困地区少年儿童免费捐赠课外读物。近几年来,我社已先后向省内的淳安、景宁、文成、磐安、绍兴、杭州,以及四川、陕西等地的学校、图书馆、儿童福利机构捐赠图书,累计已达10万多册、100余万元。自2002年起,我社联同全国14家少儿出版社,在贫困地区和革命老区共同捐建700个"红孩子"书屋,其中在浙江省内捐建了50个"红孩子"书屋。

新形势对少儿出版工作提出了新的更高的要求。互联网等新兴媒体的快速发展,给未成年人学习和获取信息开辟了新的渠道;同时,黄、赌、毒、邪等腐朽落后文化和有害信息也通过网络传播,腐蚀未成年人的心灵。面对这些新情况、新问题,我社必须跟上社会网络化脚步,充分利用多媒体技术,在我社原有网站的基础上,充分利用现代信息技术,开展思想道德教育实践活动,提高思想道德教育的效率和实效性;充分利用网络信息传递方式,延长青少年接受思想道德教育的绝对时间,实现思想道德教育时空的新拓展;充分利用网络技术,建立更强大的思想道德教育网络平台。

新形势同时也为少儿读物出版工作提供了进一步繁荣发展的机遇和空间。加强和改进未成年人思想道德建设,是少儿读物出版工作一项基础性、长期性和根本性的任务。我社将继续把弘扬和培育以爱国主义为核心的伟大民族精神,教育和引导青少年树立社会主义的理想信念和正确的世界观、人生观、价值观,养成高尚的思想品质、良好的道德情操和文明行为,贯穿于少儿读物出版工作全过程,贯穿于各类少儿读物之中。并针对未成年人身心成长特点,寓教于乐,使他们在主动阅读中思想感情得到熏陶,潜移默化中精神生活得到充实,自觉接受中道德境界得到升华。

(2004 年 6 月 23 日)

牢记社会责任，多出优秀童书

少年儿童是国家的希望、民族的未来，他们的思想道德状况如何，直接关系到中华民族的整体素质，关系到国家的前途和民族的命运。最近，中共中央、国务院制定和发表了《关于加强和改进未成年人思想道德建设的若干意见》，明确提出了加强和改进未成年人思想道德建设的指导思想、基本原则和主要任务；中央宣传部、新闻出版总署为贯彻落实文件精神，出台了《关于进一步加强和改进未成年人出版物出版工作的意见》，以 20 条措施保障未成年人读物出版。这些重大的决策和举措，充分体现了党和政府对未成年人思想道德建设的高度重视、对未成年人出版工作的高度关注。作为一个少儿出版工作者，既感到精神振奋，又觉得责任重大。

出版优秀的少儿图书，为未成年人的健康成长提供健康有益的精神食粮，是少儿出版工作者的神圣使命和光荣职责。近年来，少儿出版领域呈现出日益繁荣的景象。一是少儿图书的品种更加丰富，不断满足新时期少年儿童多样化的阅读需求；二是涌现出一大批内容质量好、装帧形式新、富有创意的精品和畅销少儿图书；三是少儿图书的市场销售逐年上升，社会和经济效益得到了更好的实现。这是令人欣喜的。少儿出版业的繁荣发展，意味着孩子们能够得到更多开阔眼界、提高素质的良师益友和陶冶情操、愉悦身心的精神家园，同时也反映了少儿出版界这些年来改革和发展的成果。

但是，少儿出版在繁荣的背后也有不少的隐忧。一方面，一些出版者存在浮躁心态和短期行为，片面追求经济利益，反映在出书上是原创能力不足、编辑含量不高，低层次重复出版、模仿跟风行为有蔓延之势。另一方面，图书市场的培育和管理仍有不足，优秀的少儿图书难以辐射到广大农村和边远地区,暴力、恐怖、色情的出版物以及盗版图书则占据了包括校园周边在内的许多网点。这些问题的存在,不利于未成年人思想道德建设,也制约了少儿出版自身的发展。解决这些问题,需要有关各方的共同努力,少儿出版社作为少儿读物出版的主力军更是责无旁贷。

浙江少年儿童出版社是一家地方专业少儿社,建社以来始终坚持为培养"四有"新人服务的办社宗旨,牢记出版工作的社会责任,为少年儿童多出书、出好书,先后获得全国优秀出版社、全国"讲信誉、重服务"出版社、全国新闻出版系统"优秀青少年维权岗"等荣誉。近几年来,按照"整体推进、重点突破"的选题原则和"创新、品牌"的出书思路,努力扩大一般图书的出版规模,丰富可供书目,提高图书质量,同时力争在重要领域、重点图书上有所突破,形成品牌优势。根据少年儿童的成长特点和阅读需求,在重点出版物布局上着重安排了爱国主义和思想品德教育读物、原创儿童文学作品的出版。前者如"走进博物馆丛书"、"真好丛书";后者如"冰心儿童文学奖获奖作品集"、"红帆船诗丛"等。这些图书有的荣获了"五个一工程"奖等全国性大奖,有的已成为国内著名的原创少儿品牌读物,其中不乏代表当今少儿读物创作某一门类最高水平和最新成果的精品力作。重点图书的出版,充分体现了我社繁荣少儿创作、丰富少儿阅读、积极参与少儿思想文化建设的出版理念和文化追求。优质的图书加上优质的营销,使浙江少年儿童出版社在全国少儿类图书市场的占有率始终保持领先地位,赢得了社会和经济效益双丰收。

当前,为了贯彻落实中央关于加强和改进未成年人思想道德建设的要求,进一步繁荣少儿读物的出版,少儿出版社有许多工作要做,最重要的是以下几项。

第一,要强化少儿出版工作者的社会责任感,自觉将自己的出版行为与未成年人思想道德建设结合起来。无论出版改革怎样推进,无论图书市场竞争多么激烈,出版社坚持社会效益第一的责任意识不能变,为孩子多出好书的出版理念不能变。事实上,出版社只有将自身的目标追求与社会的整体目标追求相结合,才能获得可持续的、长远的发展。

第二,以最大程度地满足未成年人日益增长的精神文化需求为目标,进一步加大少儿类读物的开发力度,增加少儿图书的品种和数量。虽然这些年来少儿图书的品种规模在不断增长,但就其在出版总量中所占的比重而言还是明显偏低,与3.67亿未成年人的阅读需求相比更是差距甚大。只要政策措施到位,这方面开发的潜力很大。

第三,在提高少儿图书的整体质量和水平的基础上,打造一批原创的名牌图书,尤其是弘扬民族精神和爱国主义,传播理想信念和文明行为规范,原创的少儿文学、少儿科普等方面的名牌图书。专业少儿社有人才、资源、品牌等优势,在原创少儿品牌读物的开发上是大有可为的。

第四,加强宣传营销,降低出版成本,使广大未成年人买得到、读得起少儿图书,让好书占领市场、占领未成年人思想文化阵地,也使优秀少儿出版物的社会和经济价值得以实现。

为了孩子的事业是光彩的事业,也是责任重大的事业。我们要以时不我待的紧迫感和责无旁贷的使命感,坚持不懈地做好新时期少儿出版工作,为广大未成年人提供更多健康有益的精神食粮,为培养有理想、有道德、有文化、有纪律的一代新人作出自己应有的贡献。

(原载《中国出版》2004年第7期)

以史为鉴，面向未来

——在"牢记历史、肩负未来"专题报告会暨"血色历史丛书"义卖募捐仪式上的讲话

　　首先请允许我代表浙江少年儿童出版社向王选老师、陈新老师表示由衷的敬意，向各位老师、同学表示真诚的感谢。

　　今年是中国人民抗日战争暨世界反法西斯战争胜利 60 周年。在这个具有特殊意义的时候，作为一家专业的少年儿童读物的出版机构，作为一家全国优秀出版社，我们有责任做一些事情，让我们的孩子们知道并且铭记中华民族的这一段苦难史、抗争史和胜利史。在陈新等老师的大力支持下，我们于今年的 7 月，编辑出版了这套"血色历史丛书"。这也是目前国内第一套面向青少年读者的全面反映日军侵华罪行的历史普及读物，包括《神州劫难——侵华日军挑起的历史事变》、《1937：屠城——侵华日军南京大屠杀》、《食人魔窟——侵华日军 731 部队》、《惨绝人寰——侵华日军的"三光"政策》、《非人虐待——侵华日军的黑暗集中营》、《轰炸！轰炸！——侵华日军的狂轰滥炸》等共 6 册。丛书以充分翔实的史料、沉郁激愤的文笔，向当代青少年再现了日本帝国主义的血腥侵华史。我们编辑出版这套丛书的主要目的，正如陈新老师在"总序"里说的，就是要告诉我们的少年儿童：勿忘国耻，兴我中华。一是要以史为鉴，不忘过去，坚决反对日本右翼势力企图美化、掩盖和否认侵略历史的行径，坚决阻止日本军国主义死灰复燃；二是要面向未来，激励广大青少年热爱祖国、珍惜和平、奋发图强、努力学习，将来建设好我们的国家、实现中华民族的伟大复兴。这套丛书出版后，受到了广泛的好评，被列入浙江省纪念抗战胜利 60 周年重点图书，最近还受到了省新闻出版局

的特别嘉奖。

在编辑出版这套丛书的同时,我们也十分关注王选老师所从事的事业,对她十年如一日,为澄清历史、伸张正义而忘我奋斗的精神,感到由衷的钦佩。在关于王选老师的许许多多资料中,有两句话给我的印象特别深。一句是:"只要有两个王选这样的中国女人,就可以让日本沉没。"(美国历史学家谢尔顿)另一句是:"一个人的精力太有限,我最大的希望是越来越多的人加入到这个正义的事业中来。"这是王选老师在中央电视台"感动中国——2002年度人物评选"活动时说的。为了让更多的孩子知道这一历史真相,并且加入到这个正义的事业中来,我们于8月12日至8月21日,在全国8个城市的10大新华书店,同步开展了为期10天的"血色历史,勿忘国耻"的图书义卖募捐活动,包括北京王府井新华书店、北京中关村新华书店、上海书城、重庆书城、南京新华书店、沈阳新华书店、北方图书城、武汉新华书店、济南新华书店,以及杭州新华书店等。活动期间共销售这套书2000余册,募得人民币2万多元,全部捐赠给以王选老师为团长的"侵华日军细菌战中国受害者诉讼原告团"。钱虽然不算多,但代表了我们的一片心意,也代表了广大少年儿童的一片心意,其意义更在于让越来越多的人尤其是孩子了解这项事业、支持这项事业。同时我也要借此机会宣布,为了让这套图书发挥更大的作用,也为了继续对王选老师所从事的事业表示支持,我们准备在淘宝网上进行"血色历史丛书"签名本的拍卖活动,拍卖所得继续捐给"侵华日军细菌战中国受害者诉讼原告团"。

今天,我们浙江少年儿童出版社与杭州少儿图书馆一起,在这儿举办"牢记历史、肩负未来"的专题报告会和"血色历史丛书"义卖募捐仪式。非常高兴两位老师能够在百忙中来到杭州,为杭州的少年儿童亲口讲述那段历史。我们真诚地希望这个活动能够更好地激发广大少年儿童热爱祖国、奋发向上的精神。让我们一起努力,勿忘历史,兴我中华。

再一次感谢王选老师、陈新老师,谢谢参加这个活动的各位老师和同学,谢谢媒体的朋友们!

(2005年8月28日)

二、立足市场　强化营销

让好书走近读者

——《绘画本百年巨变》的宣传营销活动

　　1999 年春节刚过，浙江少年儿童出版社推出了精心策划制作的《绘画本百年巨变》。

　　这部被新闻出版署列入向新中国成立 50 周年献礼的重点图书，以通俗、简洁的文字，生动、逼真的绘画，展现了中华民族在 20 世纪经历的三次历史巨变，唱响了祖国颂、社会主义颂、改革开放颂，是一本对青少年进行爱国主义教育的好书。但是，严峻的图书市场形势，给此书的发行工作蒙上了阴影。由于宏观经济环境和出版业内在因素的作用，图书市场出现所谓结构性疲软，少儿类图书的市场景气指数自 1998 年下半年以来更是一路下挫。在此背景下，如果按照常规的营销方式，这本书很可能走势平平。那样的话，且不说浙少社投入的大量人力、财力得不到应有回报，更重要的是，此书所具有的教育、启迪的社会功能难以充分发挥。

　　为了让好书走近读者，发挥其应有的作用，在有关部门的大力支持下，浙少社策划、组织了一系列宣传营销活动。

　　3 月 1 日，省委宣传部、团省委、省少工委、省新闻出版局联合发出《关于开展"读'百年巨变'，做四有新人"读书活动的通知》，宣传营销活动由此启动。3 月 4 日，浙少社与浙江日报社、钱江晚报社商议决定，由三家单位共同主办以"读'百年巨变'，做四有新人"为主题的读书征文活动。3 月 8 日，浙少社与省新华书店一起召集部分地市书店经理开会，省店还转发了省委宣传部等四部门文件，要求各地书店积极开展工作，把这本书送到读者的手里。3 月 10 日、11 日，《浙江日报》《钱江晚报》分别刊登开展"读'百年巨变'，做四有新人"读书征文活动通知。3月12日,浙少社在桐乡市新华书店召开《绘画本百年巨变》新书发布会,并向当地特困学生赠送这本书。

4月份,《浙江日报》、《钱江晚报》陆续刊登了多篇专家的评介文章,向读者介绍、推荐《绘画本百年巨变》。浙少社与杭州团市委一起,向杭州的7所中小学赠书,推进读书征文活动。

5月8日,应嘉兴市团委、青联等单位邀请,作者前往签名售书,受到当地青少年读者欢迎。5月25日,读书征文活动截止,共收到来稿800份。经评委会评定,一等奖3名,二等奖10名,三等奖30名。还评出一批优胜奖和组织奖。5月28日、30日,《浙江日报》、《钱江晚报》分别以三分之二版和整版,刊登读书征文活动获奖名单和部分获奖作品。

整个宣传营销活动有以下主要特点:一是主题明确。今年是新中国成立50周年、五四运动80周年、澳门回归和迎接新世纪到来的特殊年份。在这个重要时刻,推出《绘画本百年巨变》,开展以"读'百年巨变',做四有新人"为主题的宣传活动,是十分贴切的。正因为如此,整个活动得到了上级部门、新华书店、共青团和少先队组织的支持。二是运用媒体造势。读书征文活动的策划、组织,浙少社均邀请浙江日报社和钱江晚报社参与。两家报纸及省市其他媒体在3个月时间里连续刊登有关的消息、书评文章,形成了一定的声势,使更多的青少年了解了这本书,产生了阅读兴趣,有力推动了征文活动的开展。同时,由于活动的内容和形式都有较明显的公益性质,避免了"商业炒作"之嫌。三是依托新华书店。在宣传营销活动中,全省各新华书店本着"为读者找好书,为好书找读者"的职业素养,宣传介绍《绘画本百年巨变》,送书上门,起到了桥梁作用。如桐乡市新华书店专门邀请各校校长开会,进行宣传推荐,并将读书活动的有关情况印成宣传品发到学生手里。通过积极而扎实的工作,该店发行《绘画本百年巨变》5000册,收到征文一百多篇。

经历了3个多月时间,《绘画本百年巨变》的宣传活动已告一段落,两万多册书也销售一空。通过这个活动,我们出版社有几点体会:首先,面对严峻的市场形势,出版社应该有所作为,既要多出好书,还应想方设法让好书走近读者,才能实现两个效益。第二,让好书走近读者,光靠出版社的努力是不够的,必须与书店、媒体等形成互动效应,达到"借力"、"造势"、"双赢"的目的,收到事半功倍的效果。第三,虽然搞的是一本书的宣传营销,但不能只盯着这本书,而应着眼于出版社的整体形象,让读者、书店通过这本书对你的出书质量、服务水平有良好印象,这是具有长远效应的。

应该说,《绘画本百年巨变》的宣传营销还有许多不如人意之处,所实现的销售数字也不及早几年的同类活动。但是,这是在图书市场偏冷,又没有教育行政部门推动的情况下进行的有益尝试,为我们今后开展宣传营销活动提供了不少可资借鉴的东西。

（原载《浙江省出版论文选》第五集,浙江人民出版社 2000 年）

危机孕育成功，挑战带来机遇

近年来，少儿图书市场出现了一些新动向。一方面，随着国家宏观经济形势的好转和对素质教育的重视，少儿图书的市场需求出现稳中有升的迹象，似乎正从前几年低迷徘徊中逐步复苏。另一方面，竞争也在不断加剧：专业少儿社在"减负"后迅速调整出书结构，把主要精力投放在一般图书的出版；部分中央级大社，依托品牌和出版资源优势，大举进入少儿图书领域；不法书商的活动更趋活跃，盗版、仿冒、买卖书号明显增多；境外出版社也以各种方式渗透进来。总体说来，少儿出版是机遇与挑战并存。但就地方少儿社而言，由于规模、品牌等因素的制约，在"不均衡"发展的新格局中，挑战大于机遇，形势不容乐观。尤其是浙少社，早已经没有列入计划的教材教辅，缺乏坚实的利润基础，更有风雨飘摇之感。面对这样的环境、这样的竞争，惟有积极应对，在竞争中求生存、求发展。有时候，危机孕育着成功，挑战会带来机遇。

一、研究市场，寻找出书切入点

只有饱和的产品，没有饱和的市场。图书也是如此。尽管图书的买方市场已经形成，一本书一印就是几万几十万的日子早已过去，选题撞车、重复出版也已是司空见惯，但图书的市场需求始终存在。要在激烈的竞争中脱颖而出，有所作为，关键在于我们对读者需求、市场走势，要有比较全面深入的研究，从而找到并把握出书的切入点。具体落实在选题上，就是能否适应市场的需求、读者的需要。

市场空当是比较理想的切入点。譬如儿童诗，相当长一个时期以来受到了冷落，极少有出版社愿意冒着风险出这方面的书。但在调研中，不少学者、教育工作者和少年朋友指出，在我们这样一个有着悠久诗歌传统的国家，在强调素质教育、提倡培养少年儿童丰富多样审美趣味的今天，应该有好的诗作出版。可见，读者仍有这方面的需要，这就是市场空当。于是我社精心组织编辑出版了"红帆船诗丛"6 种，"中国幽默儿童文学创作丛书"中也有 2 种诗歌。这些诗集出版后，引起了很好的社会反响，有的荣获"五个一工程"奖；有的一版再版，累计印了 5 次，真正实现了两个效益双佳。

通常情况下，市场空当并不明显，需要仔细分析、判断。古典启蒙读物一直是少儿图书中的热点，许多少儿社都出过唐诗宋词的儿童读本。但是，认真分析后可以发现，这些本子通常出版时间较早，在阅读功能或装帧插图等方面总有这样那样的不足。因此，功能、形式上符合当代儿童阅读要求的古典启蒙读物，也是市场的空当，可以作为切入点。正是基于这样的认识，我们推出了《儿童版唐诗三百首》。此书一出，迅速为全国的家长、孩子们所喜爱，取代了市场上其他的唐诗版本，成为少儿图书市场上的一枝奇葩。据《中国图书商报》公布的数据，这本书 1999 年、2000 年连续 2 年高居少儿读物年度排行榜榜首。同时，它还带出了一批功能、装帧、定价相类似的古典启蒙图书，形成了"儿童诵读三百系列"的品牌，占据了较大的市场份额。

二、持续创新，引领阅读潮流

出版的功能是多方面的，不仅仅是文化积累、传承，还应十分重视文化创新的功能。如果从市场竞争的角度看，创新既是对现存市场的"独占"，也是对潜在市场的开发，是出版社塑造品牌、形成核心竞争力的重要举措。

少儿读物的创新，首先体现在原创少儿文学读物上。这是因为，好的原创文学作品能反映现时代少年儿童的生活和思想情感，贴近他们的关注热点，引导他们的阅读兴趣变化。而且，它还具有独占性，是出版社形成特色、积累资源、经营品牌的主要方向。近年来，浙少社在原创文学读物的出版上，下了很大的工夫。继"红帆船诗丛"推出并获成功之后，我社又连续不断地出版了"中国幽默儿童文学创作丛书"17 种、"寄小读者散文丛书"11

种，"太阳船丛书"5种，"世界华文儿童文学书系"7种、"管家琪系列图书"
15种等一大批原创作品，形成了各种文体兼收并蓄、海内外作家交相辉映
的格局。这些原创作品，以独特的感情、深远的意境、生动的描述、醇美的
语言，带给孩子一个色彩斑斓的世界，引导他们进入一个较高层次的阅读
天地。对于浙少社来说，也因此在少儿文学领域形成了一定的品牌效应和
市场优势。

形式上的创新也是十分重要的。这一代少年儿童是在电视传媒和网络
（第四媒体）双重冲击中长大的，他们的阅读习惯和接受方式与传统有很大差
异，因而图书的形式也要求新求变。《绘画本百年巨变》、《科学改变人类生
活的100个瞬间》都属于世纪盘点类的读物，类似的爱国主义教育和科学
普及的读物已有不少，如何在编写、编排形式上有所创新，成了能否吸引读
者的关键。应该说，两书这方面的探索是成功的。与同类书的差别在于，
不是单一的叙述，而是综合的、组合性的表述：既有清新、简洁的文字，又有
精美的图片；既有一般的文字叙述，还有事件评述、知识背景和提要性的介
绍。两书因而获得读者和专家的一致好评，销售业绩也是同类书中的佼
佼者。

三、改革机制，形成不竭动力

出版社要在竞争中求发展离不开人，充分调动人的积极性和创造力，需
要一种科学、合理的内部机制。

长期以来，出版社受计划经济体制的影响，存在"大锅饭"和"铁饭碗"现
象。用人上能上不能下、能进不能出，分配上则是干多干少一个样、干好干坏
一个样，严重阻碍了出版生产力的发展。改革开放之后，尽管这种状况有所
变化，但总体说来还是远远不能适应市场经济条件下出版业发展的要求。许
多出版社都有改革的愿望，但缺乏切实可行的办法。我社对此作了积极有益
的尝试：用人上，实行按需设岗、竞争上岗、双向选择、全员聘用、定期考核、动
态管理；分配上，遵循"效率优先、兼顾公平"的原则，将个人收入与工作绩效
紧密挂钩，出工拿工资、出效拿奖金，上不封顶下保底。尽管这样的改革还谈
不上完善和彻底，但对于原来的内部机制已是一大进步，因而激发了全社同
志的工作热情，增强了市场意识、精品意识和成本意识，促进了两个效益的不

断提高。浙少社近几年两个效益之所以能持续提高，根本原因是改革，改革是出版社发展的不竭动力。

　　新世纪已经到来，少儿出版业面临的各种竞争和挑战会更加激烈。我们要继续坚持导向、面向市场，力争在出书结构、市场营销和内部机制创新等方面有新的突破，在竞争中进一步发展壮大。

（原载《中华读书报》2001 年 12 月 26 日）

坚定不移地走市场化之路

李长春同志最近在浙江考察调研,对文化体制改革作出了一系列重要指示,体现了中央对发展先进文化、推进文化体制改革的高度重视,也为文化产业今后的改革和发展指明了方向。在谈到经营性文化产业时李长春同志指出,经营性文化产业应由市场主导,切入点是改革,以改革求发展。对于出版社这样的经营性文化单位来说,他的这一讲话精神具有直接的指导作用。学习李长春同志的讲话,联系浙江少年儿童出版社这几年来的工作实际,我有两点深切的感受:一是出版社只有走市场化之路,才能实现社会和经济两个效益的统一,才能为广大读者提供更丰富的精神食粮,也才能使自己获得生存和发展;二是出版社走市场化之路的根本动力在于改革,包括体制改革和内部机制改革。

出版业自改革开放以来得到了快速发展,这二十多年来出版品种规模的增加、质量水平的提高、经济效益的增长都是前所未有的。但是由于受到思想观念、体制机制、政策法规等方面的诸多限制,出版业与其他许多行业相比,无论是发展的速度,还是市场化、产业化程度,都存在很大差距,结构上更是问题不少。尤其是地方出版社,长期以来依靠受国家政策保护的教材教辅生存,缺乏面向市场图书的开发和竞争能力。当国家的保护政策逐步失去,中央级的大社名社已在市场格局中占据优势,民营和外资又以各种方式进入业内的情况下,大多数地方出版社面临着巨大的生存压力,需要通过市场化的改革加以解决。

浙少社也是如此。从1992年开始,出版社原有的计划内教辅读物开始被削减,至 1997 年这一经济支柱全部失去。当大多数少儿社还在背靠计划内教材教辅这棵大树,过着衣食无忧日子的时候,浙少社已经不得不到市场上觅食。近年来,大量非专业少儿社进入少儿图书市场,据统计全国有 90% 以上(大约 520 家)出版社参与出版少儿图书,加上民营和国外资本已经实际介入少儿出版,使得这个市场的竞争日益激烈。在这种情势之下,寻求保护不可能,怨天尤人没有用,只有积极地加入到市场竞争中去,才能求得生存和发展。为了面向市场、适应竞争,浙少社对内部机制、选题结构、营销策略等进行了一系列的改革和调整,逐步走出了一条在坚持正确导向、保证出书质量的前提下,不断提高经济效益和市场占有率的路子。

内部机制改革是推动出版社走向市场的重要力量。在计划经济体制的影响下,出版社内部形成了"大锅饭"和"铁饭碗",用人上能上不能下、能进不能出,分配上干多干少一个样、干好干坏一个样,严重抑制了出版社的内在活力。当出版社要走向市场、参与竞争,这种机制上的弊端就成了最主要的障碍。为了改变这种状况,浙少社在 1998 年和 2002 年两次对内部用人、分配以及选题和重点书管理等方面进行了一系列的改革。用人上竞争上岗、双向选择,分配上量化考核、拉开差距。公开、平等、竞争、择优的内部机制,极大地激发了出版工作者的工作热情和创造能力,有力地推动了出版社市场化进程。与此同时,根据少儿图书细分市场的不同情况,对出书结构进行调整,实施"整体推进、重点突破"的结构战略,形成规模,形成优势。针对少儿图书已由卖方市场转变为买方市场的特点,不断强化市场营销,建立新型客户关系,推进品牌战略,着力提高在全国少儿图书市场的占有率。

经过不懈的努力,浙少社的市场化之路取得了初步的成功。在不断推出优秀少儿读物、努力满足广大少年儿童精神文化需求的同时,出版社连续 6 年保持销售收入和利润总额持续快速增长,连续 3 年在全国少儿图书市场占有率名列前茅。北京开卷图书市场研究所最新统计数据表明,2003 年 4 月浙少社在全国少儿图书零售市场的占有率达到 8.55%,比第二位的 5.03% 高出 3.52 个百分点;在前 100 种全国最畅销的少儿书中浙少社占了 44 种,也是遥遥领先。通过大量的版权引进和输出,浙少社与国际上许多知名出版社建立了合作关系,并且在海外华文图书市场形成了一定影响。浙少社在保持全国优秀出版社荣誉的基础上,近 3 年来还分别被国家有关部门评为全国"讲信誉、重服务"出版社、全国新闻出版系统"优秀青少年维权岗"。

　　尽管浙少社在市场化的道路上取得了一些成绩,但对照党的十六大关于发展先进文化的要求,对照李长春同志最近有关文化体制改革的讲话精神,对照在改革和发展上已走在前面的出版单位的经验,还有很大的差距。我们要抓住中央将浙江确定为全国文化体制改革综合试点省的机遇,进一步解放思想,实事求是,与时俱进,加快出版改革和发展的步伐,坚定不移地走市场化之路,通过面向市场来落实党的出版方针,通过面向市场来促进出版繁荣,通过面向市场来把出版社做强做大。

(2003 年 6 月 8 日)

市场稳步增长,风险有增无减

2005 年上半年浙少社的整体情况还不错,我们在全国少儿图书市场的占有率达到了 7.98%,在同行中继续保持第一的位置。在全国图书市场占有率综合排行中,浙少社排在第 12 位,比去年又上升了 4 位,而排在我们前面的乃至后面的数家全部都是中央级出版社。

整个图书市场上半年处于低速增长,增长比例约为 5%,而少儿图书市场增长速度大大高于平均速度,达到约 15%。少儿图书市场的增长,我认为主要依靠“冒险小虎队”(超级版)、“淘气包马小跳”等畅销书的拉动,像我们的“冒险小虎队”(超级版)发行 250 万册,还有《爱的教育——中国孩子情感日记》《安徒生童话全集》发行情况也相当好。但是,因为新的畅销品种很少,在排行榜前面的几乎都是原有畅销书品牌的延伸和扩张,因此业界普遍觉得上半年市场比较平淡,亮点很少。具体到浙少社,我们有一些产品表现还是不错的。《爱的教育——中国孩子情感日记》属于社会效益与商业机会结合得较好的作品,我们是响应中央加强未成年人思想道德建设的号召策划的,得到了社会的广泛认可,这一品牌今后还会延续下去,把出版做成一项社会活动。经典作品经典制作,《安徒生童话全集》是比较成功的范例,这套书趁着“安徒生年”的东风,市场反响不错。“冒险小虎队”(超级版)从品牌延伸、新的卖点提炼,到市场铺货、上市时机选择等,各环节运作都比较成功,今年 1—6 月份该丛书一直排在全国少儿图书零售排行榜的榜首,延续了超级畅销的势头。新版的幼儿识字、算术系列书,现在已经出版了 18 个品种,还要继续做下去。该丛书一直是浙少社的上榜产品,后来很多出版社都推出同类产品,市场切分很厉害。今年初我们重新改版推出,效果不错,在市场上打了一场漂亮的反击战,在同类产品里又成为市场占有率最高的品种。还有一套反映侵华日军暴行的丛书"血色历史",在纪念抗战胜利 60 周年的时候推出。这套书完全考虑社会责任,体现出版工作者的良知,我们在全国 8 个城市 10 大书店义卖,其间收入全部捐给以王选为团长的"侵华日军细菌战中国受害者诉讼原告团"。

上半年非专业少儿社进入对整个少儿图书市场格局的影响进一步显现。过去非专业社进入少儿领域,只是个别品种、个别门类,而现在一些非专业少儿社则是多品种、多类别进入。像上半年少儿图书零售市场占有率排名第二的吉林美术出版社,不仅延续过去的低幼读物,还开始做少儿动漫、知识类读物,不难发现他们在少儿板块开始做结构、做规模的战略意图,其他一些出版社似乎也有这方面的想法。

另外,图书市场不规范的状况没有根本转变,出版社经营仍然面临很大的风险。各社普遍反映退货增长,一些书店长期不结款,盗版猖獗,这些书业顽疾没有根本好转。上半年我们社在 9 个城市对销售盗版书的书商起诉,表现了对盗版者决不手软的姿态。

下半年少儿图书市场仍将保持高于平均水平的增速增长。"哈 6"在今年 10 月份推出,相信对整个少儿图书市场都会产生明显的拉动。另外,全国少儿读物订货会 9 月初即将召开,全国专业少儿社会有一大批新书集中推出,这些图书在下半年集中投放市场。我觉得综合这些因素,下半年增长速度甚至可能高于上半年。

少儿图书市场今后竞争会更加激烈。专业社改制、改革以后会有新的活力,必然会想办法收复失地,像中少、上少这些老牌少儿社近期都有非常不错的品种推出,充分说明专业少儿社优势还是很明显的。教材招投标逐步推广,教材出版利润变薄,原来以教材、教辅出版为主的出版社、民营书商可能会转向门槛相对较低、回报相对较高的少儿领域,介入竞争的主体越来越多。另外,市场风险有增无减,整个市场格局还处在动荡之中,书店还在改制,改制是要付出成本和代价的,这些成本和代价也有可能会转嫁到出版社身上,包括该回的款不回了,用在新门市开张、处理呆坏账,或者改制成本上。书业信用体系、合同体系还没有建立,一旦出现问题,官司都比较难打。我们浙江出版集团,要求逐步合同化,与客户建立合同,目前正在做,但是有一定的难度。跟书店相比,很多出版社都处于弱势,书店处于强势,尽管难但还是要做。

（原载《出版商务周报》2005 年 8 月）

新的市场格局下少儿出版工作的思路与对策

近些年来,随着出版业的改革开放和市场化程度的逐步提高,少儿出版工作面临许多新的情况和问题,主要表现在:一是竞争主体不断增加。由于进入门槛相对较低,大量的业外资本以各种方式纷纷涌入少儿出版业,形成了专业社、非专业社、民营资本、国外资本等同台竞争的格局,专业少儿社面对的竞争对手大大增加。二是供求关系发生重大变化。少儿图书业已由卖方市场进入买方市场,由出版社主导变为由读者(实际是书店)主导,由此带来了退货增加、折扣下降、回款困难等一系列问题。三是出版行为和图书市场的不规范情况普遍存在。尽管有关部门在出版管理和市场监督方面下了很大的气力,但是少儿图书跟风、模仿、盗版等现象仍然十分猖獗,严重制约了出版创新,破坏了正常的市场秩序。

面对这样一种新的形势,作为专业少儿社的浙江少年儿童出版社,充分发挥专业社的优势,在把握正确出版导向的前提下,调整出书结构、创新图书品牌、强化市场营销、改革内部机制,取得了一定的成效。

一

对于少儿社来说,一个好的出书结构,既是做强做大的需要,也是应对市场风险的需要。从 20 世纪 90 年代末以来,根据图书市场的发展变化以及浙少社的实际,我们一直坚持了"整体推进、重点突破"这样的选题结构原则:一方面在少儿出版的多个领域,如低幼读物、少儿文学、思想品德、科普百科以及助学读物等,都要有所作为,都有一定规模的选题投入,努力形成较强的出版阵容,培育多个经济支撑点;另一方面,在一个或若干个重点领域有所突破,力争处于领先地位,形成品牌效应和带动效应。如儿童文学读物,是近年来少儿图书市场中最大的一块,占了 30% 以上的份额。我社从原创、引进、经典三个方面切入,取得了很好的效果,在这个少儿图书当中规模最大、竞争最激烈的领域,保持着第一的位置。

经过不断地创新和积累,我社在多个领域形成了常销图书系列,在文学、低幼和百科领域都出现过畅销图书。所谓"西方不亮有东方,黑了南方有北方"。这些年来,尽管少儿图书市场的竞争风起云涌,许多少儿社的效益经历了大起大落,浙少社能够保持 8 年持续稳定地发展,与我们有一个相对合理并且较为稳固的图书结构,有着重要的关系。

二

在买方市场的新形势下,在图书品种不断增长、新书的生命周期不断降低的现实背景下,品牌的效应越来越重要。好的图书品牌不但能够增强图书的竞争力,延长图书的生命周期,还可以提高出版社的社会美誉度,促进整体的图书销售。品牌图书的形成,需要不断创新,使其适应发展变化的读者的阅读需求;也需要精心培育,使其逐步成长壮大。

如前所述,儿童文学是近年来成长最为迅速、市场份额最大的领域。为了在这个领域占据制高点,我社在原创、引进和经典儿童文学三条线同时开展了品牌的开发和培育工作。原创儿童文学,如"中国幽默儿童文学创作丛书",从国家"九五"重点图书规划到"十五",还要延续到"十一五";引进儿童文学图书,如"冒险小虎队"系列,引出了"互动式阅读"的阅读方式,深受中国孩子的喜爱,已经出版了 40 种,发行量突破 1000 万册,还要进行深度的开发;经典少儿读物,如"世界少年文学经典文库",分两批共推出 50 种,还要做注音版、彩图版等。为纪念安徒生诞生 200 周年而推出的《安徒生童话全集》(任溶溶译),使我社在这部不朽经典的出版方阵中占据重要地位。

低幼读物是浙少社传统的强势领域。我社的"半小时妈妈"品牌是 20 世纪 90 年代初创立的,经过了十几年仍然有一定的影响力。近几年,利用其图文资源,出版了新世纪版的"半小时妈妈",市场效果不错。下一步准备继续保持这个品牌,重新组织编写和绘画,延续其品牌效应。同时推出了"完全妈妈"系列丛书,根据新的幼儿教育理念和图书市场要求,组织北京等地知名的教育专家创作,力争形成新的低幼养育类图书品牌,增强我社在低幼读物市场的竞争力。

思想品德类读物的品牌建设,也在积极探索。如《爱的教育——中国孩子情感日记》,是贯彻中央关于加强和改进未成年人思想道德建设的文件要求而推出的,出版不久已有了较好的反响。最近,浙江省委宣传部等5个部门联合发文,在全省中小学生中开展"爱的教育"主题征文活动,并且要求每年进行一次,形成持续的滚动的效应。我社作为承办单位,将配合出版系列图书,争取形成图书品牌。

三

随着中国书业市场化程度的提高,图书的宣传营销越来越受到关注和重视。近几年来,我社在图书的宣传营销方面下了很大的力气,也取得了较为明显的效果。

一是调整机构,设立了市场营销部。对原发行部的名称和职能作了变动,将原先属于总编办的图书宣传和图书市场信息收集职能并入市场营销部,使传统意义上的图书发行转变为市场开发和客户的管理与服务,图书的宣传、推广,产品的销售、回款等。这样做的直接效果是突出了市场的概念,使图书的宣传推广与销售发行紧密结合,努力实现市场效应的最大化。

二是建立新的图书信息平台,架起出版社与销售商信息交流的桥梁。近年来,我社先后创立了《浙少社图书资讯》和浙少社图书短信平台,建立起遍布全国的媒体网络,将出版社的图书信息及时传递给销售商和读者,同时也将销售商的反馈信息尽早传回出版社。

三是开展了多种形式的图书营销活动。既有全国性的,也有区域性的;既有引导阅读的,也有促进销售的;既有在卖场的,也有在学校的。今年以来,就有围绕《安徒生童话全集》出版,在北京书市期间举办的新书发布会,以及3月底到4月初在沈阳、青岛、上海、杭州、广州、深圳等地开展的专题活动;有《开心卜卜》作者在江浙两地进行的"温馨阅读、快乐作文"演讲活动;有春节和暑假期间在省内与部分基层新华书店开展的宣传促销活动;有"爱的教育——中国孩子情感日记"征文活动;还有超级版"冒险小虎队"反盗版活动,等等。这些活动有力地促进了浙少版图书的销售,扩大了我社的市场占有率,提升了出版社的品牌效应。

近年来我社在全国少儿类图书市场的表现,用几个数据来说明:市场占有率,已连续 5 年居于前 3 位,连续 3 年排在第一;畅销书排行,在年度前 100 种最畅销的少儿图书中,连续 3 年超过 30 种,名列各社第一;常销书排行,1999—2003 年连续 5 年在全国图书销售排在前 5000 位的被称为"常青树"的 36 种中我社占了 18 种。

四

近年来,根据出版改革发展的新形势和集团的要求,对出版社内部机制进行了调整和改革,包括组织结构、用人和分配制度等等。主要目标是更好地调动出版工作者的积极性,进一步适应市场竞争和企业化管理的需要。1998 年借鉴作家出版社的做法,对用人和分配制度作了较大调整;2002 年根据集团的统一部署,作了进一步的调整和完善。这些改革虽说不那么彻底,但比较有效,为出版社这些年来的持续发展提供了动力。

五

当前出版行业的体制改革正在进行之中,图书市场的竞争将更趋激烈,少儿出版还会面临许多新的挑战。对此我们首先要调整好自己的心态。应该看到,这是中国书业在市场化进程中必须经历的,也是国际上的普遍现象,不必惊慌失措,不能灰心丧气,要有坚持下去、参与竞争的勇气和决心。由于出版已从高额利润逐步走向平均利润,还要调整对经济效益的期望值,调整现有的考核体系和指标,还要有过紧日子的心理准备。

为了积极应对这样的变化,必须通过出版体制和内部机制改革,重塑市场主体,参与市场竞争。面向市场,真正根据读者的需求来策划选题、调整结构,多出双效图书,形成品牌优势,尽量减少乃至杜绝平庸之作。在坚持主业的同时,努力培育新的增长点,力争做强做大。

同时,我们也要呼吁有关部门,一方面在全社会推动阅读,形成全民阅读的良好社会风尚;另一方面要严厉打击盗版,规范市场秩序,保证出版社的合法权益。

(原载《浙江省出版论文选》第七集,浙江人民出版社 2008 年)

全心全意做少儿，坚定不移走市场

　　在连续三年实现国内少儿图书市场占有率第一之后，最近有业内媒体的记者采访我，要我用一两句话概括浙少社的出版模式。我的回答是：专业化、市场化。或者说：全心全意做少儿，坚定不移走市场。这样的概括未必准确，但确实是这些年来我们所坚持的，也是浙少社取得成功的基本要素。

　　专业化是产品质量和出版社品牌的保证。在社会分工越来越精细、市场竞争越来越激烈的情况下，这一点非常重要。没有专业化就难以形成比较优势，就难以形成竞争力。一直以来，我们坚守在少儿出版这个领域，心无旁骛，目不斜视，全心全意做少儿图书，使我们具备了专业的眼光和本领，知道这个领域该做什么和怎么才能做好，在编辑上和营销上都具备了一定的专业优势。这种专业优势既体现在选题思路、作者选择、编辑加工和最后产品的品质及呈现上，也体现在营销理念、促销方式和分销渠道的建设上。专业的作者、专业的编辑、专业的营销队伍和销售渠道，让浙少社的图书更贴近广大少年儿童的阅读需求，也能更快速便捷地把好书送到读者手中。现在有很多人误认为少儿图书出版的门槛很低，谁都可以做，导致大量非专业社和民营公司进入这个领域。其实不然，从低幼到青少年阶段，每个年龄段孩子的认知能力、阅读特点都不一样，需要专业人士才能准确把握。随着市场竞争的加剧，专业的优势会更加显现出来。

　　市场化是经营性出版社的生存发展之道。长期以来，出版社在计划经济体制的保护下，过着安稳而优越的日子，缺乏市场竞争的意识和能耐。随着出版业的改革和放开，走市场化之路成为出版社的必然选择。相对于大多数少儿出版社，浙少社走入市场可能稍早一些。大约20世纪90年代中期，我们就失去了列入计划的教辅书,没有了这方面的经济支柱,这就逼着我们走向市场,依靠一般图书生存和发展。经过这些年的努力,已经取得了初步的成效。在竞争日益激烈的全国少儿图书市场,我社的市场占有率已连续三年保持第一,浙少社已成为国内少儿图书市场公认的品牌。作为一家市场化程度很高、完全靠一般图书在支撑的出版社,我们十分看重市场是否规范,市场竞争是否公平,希望有良好的市场环境,没有垄断,没有歧视,大家平等竞争,公平交易。

有了专业化和市场化,我们的图书质量会更高一点,品牌影响力会更大一点,渠道建设和销售服务会更好一点。这几个一点综合起来,我们就有了比较优势,就能被更多的作者、经销商和读者所认可,出版资源、渠道资源、营销资源自然会更多地积聚起来,也就有了核心竞争力。

所谓核心竞争力,"实际上是隐含在企业核心产品或服务里面的知识和技能,或者知识和技能的集合体"。正因为浙少社一直以来坚持了"全心全意做少儿,坚定不移走市场"的原则,我们的产品和服务所隐含的知识和技能自然会更高一些,核心竞争力就会更强一些,能够在激烈的少儿图书市场竞争中,始终做到超越自我、超越对手,保持领先地位。

至于这个模式与书业同行比有何不同,我想说的是,各社的发展历程和现实状况不尽相同,采取的模式也不尽相同。有的社出版规模大、编辑力量强,在出书范围上可以面更宽一些,覆盖多个专业门类,形成更为丰富的产品线,走综合发展的路子;有的社在政府采购、企业定制等方面有优势,可以在渠道建设上更专业化一些,多做些风险小的包销书,尽可能规避零售市场潜在的巨大风险;还有的出版社,规模比较小,船小掉头快,可以在若干个细分市场灵活选择,抓到什么好选题都可以做,不必坚守在某一个领域,采用快进快出、打一枪换一个地方的策略,等等。

我认为,对于一个出版社来说,没有最好的模式,只有最适合自己的模式。

(2006 年 2 月)

晋商的诚信文化对当今书业的启发

　　晋商指明清五百年间的山西商人,以经营盐业、票号等商业为主,尤其以票号最为出名。在中国十大商帮中,晋商历史最长,财富最多,制度最完备,并且建立了以中国传统文化为基础的商业文化,因而被称为"天下第一商帮"。晋商何以能创出这样的奇迹? 其中一个重要原因,就是以诚信为核心的企业文化。从某种意义上说,诚信铸就了晋商的辉煌。

　　晋商诚信为本的企业文化主要表现在以下几点:一是义、信、利,以义为先、以诚为本的商业经营理念。对客户,"宁可人欠我,不可我欠人";对内部,员工与企业、掌柜与东家等,相互之间都讲诚信,"受人之托,忠人之事","用人不疑,疑人不用"。二是承担对国家和社会的责任。晋商是行大义而取巨资的有战略眼光的商人群体,从国家的政治、经济和社会需要出发,抓商机,占市场,获利益。三是与人为善的做人原则,注重个人道德修养。对自己的要求很严格,重信义、除虚伪、敦品行、贵忠诚、鄙利己、奉博爱、喜辛苦、戒奢华等。

　　尽管中国已经进入了 21 世纪,但晋商以诚信为本的企业文化仍给我们今天的企业很多启示。与当年的晋商相比,今天我们许多行业、许多部门的诚信文化,不但没有进步,反而出现了大滑坡。这不能不引起我们的反思。就图书出版发行行业而言,总体来说诚信建设已经取得了很大成绩,但在某些领域、某些单位也确实存在着不少问题。比如有的出版社不按著作权合同办事,或随意更改作品,或拖欠、瞒报稿酬,对作者不诚信;还有的出版社,出版跟风模仿、粗制滥造的图书,或者在宣传上有夸大、不实之词,对读者不诚信;有的书店不及时给出版社回款,甚至将回款挪作他用,对客户不诚信;还有的出版发行单位,干部员工之间相互猜忌,甚至相互拆台,内部不诚信。凡此种种,严重影响了出版发行业的健康持续发展。

市场经济是诚信经济,诚信是商业成功的基础。在各类经济活动中始终坚持诚信为本,不但是维持市场经济基本秩序的需要,也是企业自身获得商业机会的需要。在今天文化产业大发展大繁荣以及出版单位转企改制的新形势下,书业更要从晋商文化中汲取有益的营养,加强诚信建设。一是加强信用道德建设,构筑行业信用文化,倡导诚信守约、操守为重,形成诚信为本、恪守信誉的自觉意识和良好风尚。书业坚持多年的"讲信誉、重服务"出版社与书店互评活动,有效促进了行业的诚信和自律。二是建立规范的行业信用征信制度和企业信用评价、监督管理等信用制度,促进企业守法守信经营,保证各类出版发行单位公平竞争。三是加强法制和制度建设,规范市场经济秩序,规范企业内部秩序,加大对失信行为的惩罚力度,为从根本上规范书业市场秩序、优化发展环境打下坚实的基础。

(2010 年 5 月 17 日)

转型时期出版企业营销战略研究

——以浙江出版集团为例

一、引言

(一)问题提出

进入 21 世纪,中国出版业步入了一个新的历史时期——转型时期。随着全球化、数字化、多元化和市场化对传统出版业的影响不断深化,以及文化体制改革的持续推进,出版单位面临着转变发展方式、改革体制机制等多方面的转型升级的压力。2010 年初召开的全国新闻出版工作会议,新闻出版总署提出用十年时间完成我国由新闻出版大国向新闻出版强国的跨越,出版企业更是肩负着加快发展的任务。

对中国出版业来说,这是变革和转型的关键时期。一方面,宏观环境发生了重大变化,经济、政治、文化、社会、技术等因素的不断变迁,推动着出版业的改革和发展;另一方面,市场需求与行业结构也发生了重大变化,超竞争格局已经形成,要求出版单位积极应对、有所作为,形成自己特有的竞争战略。营销战略是企业各种战略中最为重要、最为核心的战略,在出版业转型中更应得到关注和重视。在这样背景之下,出版企业要实现持续、健康、稳定发展,必须对自己的营销战略进行认真的分析、选择,并切实加以实施。

本课题以浙江出版联合集团(简称浙江出版集团)为例,通过对中国出版业现状及发展趋势的全面梳理,从战略的角度对转型时期出版企业营销管理进行研究,找到出版企业在营销战略方面存在的主要问题,并提出解决这些问题的方案,提高企业在新形势下的市场营销能力,实现健康稳定的发展。

(二)研究意义

1. 理论意义

本课题将现代营销学、战略管理学、出版营销学等理论,运用于转型时期出版企业的实践,解决出版企业所面临的战略营销管理方面的实际问题。以理论指导出版企业科学系统的营销管理体系建设和核心竞争力的提升。

2. 实践意义

由于出版行业长期以来在计划体制和事业模式下运营,对出版物的商品属性和出版单位的营销管理并不重视。自 2003 年以来,出版单位开始了转企改制的改革;与此同时,出版物的市场情况也在发生着重大变化。面对着不断变化的市场,作为企业的出版单位更加需要在营销管理尤其是战略营销管理方面进行研究和改进。浙江出版集团已于 2007 年完成了整体的转企改制工作,在市场营销方面也采取了一系列的措施,经济和社会效益保持了持续发展的良好势头。但与国际知名出版企业和国内几家大的出版集团相比,存在着营销战略不够清晰、市场竞争能力偏弱以及可持续发展动力不足等问题,制约了集团的健康持续发展。特别是在当今新的形势下,出版产业面临转型升级和加快发展的巨大压力,未来若干年出版格局将发生很大变化,集团的营销战略能否与时俱进,不断调整与完善,关系到集团的生存与发展。本课题将通过对市场环境发生变化情况下集团的营销战略进行深入的探讨和研究,运用现代营销、战略管理等理论,分析存在的问题,提出解决方案。对其他出版企业也有借鉴意义。

3. 对本单位和本人的意义

对本单位意义主要在于,可以借此机会对集团营销管理工作做一次比较全面深入的梳理,应用现代营销等理论分析存在的问题,探讨解决问题的方案。如能将研究成果付诸实践,将提高集团整体的营销管理水平,增强可持续发展能力,更好地应对变化和竞争,在满足读者阅读需求的同时促进企业效益提升。

对本人的意义主要在于,通过对本课题的研究,回顾和总结自己学到的经营管理方面的理论知识,并将其应用到实际工作中,提高分析和解决问题的能力。作为出版企业分管营销工作的管理者,这项研究将指导自己的工作实践,有助于提升战略思维能力,提高营销决策的准确性和科学性。

(三)研究内容和方法

1. 首先介绍该课题的研究背景,阐述该项研究的理论和实践意义,指出营销战略对于转型时期浙江出版集团的重要作用;

2. 简要描述浙江出版集团的现状,分析集团的发展过程及各个发展阶段的特点,剖析集团现行商业模式的特点与不足;

3. 从宏观环境、市场与需求、行业与竞争等方面,详细分析浙江出版集团所面临的经营环境;

4. 对浙江出版集团进行 SWOT 分析,明确指出在新的环境和格局下,集团所具有的优势与劣势,所面对的机会与威胁;

5. 基于上述分析研究,提出浙江出版集团的营销战略,包括营销战略方案,以及与之相适应的营销方针和策略;

6. 为确保浙江出版集团营销战略的贯彻实施,提出了营销资源、营销组织和激励机制等方面的保障措施;

7. 对浙江出版集团加强营销工作做出结论性意见,并展望新形势下集团营销战略的发展变化。

文章运用了理论引导、实证分析、总结提炼等研究方法,逐步导引出研究结论。(见图 1)

二、集团发展过程分析

(一)简介

浙江出版集团成立于 2000 年 12 月,为省政府直属的出版企业集团和国有资产授权经营单位。集团以图书、期刊、音像制品和电子出版物的出版、印制、发行为主营业务,兼营与出版产业相关的物资贸易、投资等业务,形成了编(编辑出版)、印(印刷复制)、发(批发零售)、供(物资供应)一体化的产业链。集团现有出版单位 11 家(浙江人民、美术、科技、文艺、少儿、教育、古籍、摄影、电子音像等出版社,浙江省期刊总社,浙江出版集团数字传媒公司),全资子集团 3 家(浙江省新华书店集团、浙江印刷集团、浙江省出版印刷物资集团），全资投资公司1家（浙江出版集团投资公司）。全集团共有全资和控股法人单位110家，在职员工人数8000余人。（见图2）

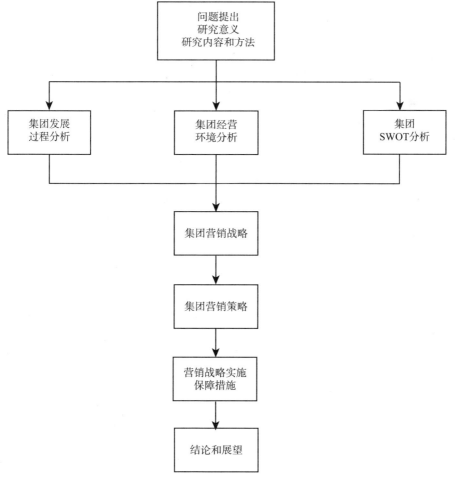

图1　本文研究框架图

2009年底，浙江出版集团总资产93.08亿元，销售码洋97.22亿元，销售收入69.89亿元。全年出版图书品种5997种，总印数3亿册，总定价23.7亿元；出版期刊14种，音像和电子出版物892万盒（片）。

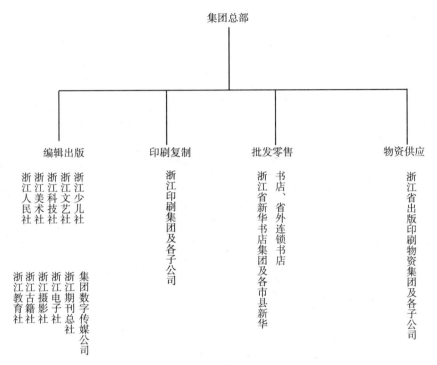

图2 浙江出版集团组织结构图

(二)发展过程

1. 新中国建立前后到"文化大革命"结束

1949年5月,由新华书店华东总店派出的小分队进入杭州,并在西子湖畔开设了浙江第一家门市部,标志着浙江新华书店的诞生。此后的三十年,浙江省新华书店完成了在全省各县市一级城市的发行网络的布局,并依托供销合作社建立起遍布农村的图书发行点;担负起毛泽东著作等政治读物和中小学教材的发行任务。这一时期浙江新华书店的主要特征,正如胡乔木所说"书店是经济机关,同时也是政治机关,是宣传队"。

1949年5月,在接受、合并了多家官办和私营印刷企业的基础上,浙江新华印刷厂成立,原属浙江日报社管理。在计划经济年代,该厂除了计划体制和行政管理的一般特征外,还具有特种行业和意识形态领域的特殊属性。企业的主要产品为图书、期刊、报纸、宣传画、伟人著作和画像,以及名目繁多的各种票证等。无论是规模、技术,还是工艺、人才,浙江新华印刷厂一直是全省首屈一指的印刷企业。

1951 年 4 月,浙江人民出版社成立,与省新闻出版处合署办公。当年 11月,《怎样种麻》一书出版,此为浙江人民出版社建社后出版的第一本图书。这个时期,出版社遵循着"地方化、通俗化、群众化"的出版方针,怀着高涨的政治热情,出版了诸如《辩证唯物主义问答》、《人民西湖》、《越剧戏考》等大量图书,还出版了《共产党员》、《东海》、《浙江画报》等刊物,同时承担了毛泽东著作的出版任务。

至此,浙江出版业编、印、发格局初步形成。这些单位,当初分别由省委宣传部、省文化厅以及浙江日报社管理,直到 1970 年 9 月浙江省出版事业管理局成立,改由出版事业管理局管理。出版事业管理局设四个组:政工组、办事组、编辑组(对外为浙江人民出版社)和出版发行组(对外为浙江省新华书店)。

在当时的计划经济体制下,浙江人民出版社是事业单位,浙江省新华书店和浙江新华印刷厂则依附于行政机关和事业单位,实行的是按计划的生产,主要任务是出版、印刷和发行毛泽东著作以及党和政府的政策文件,生产和发行的数量都是上级下达的,不需要经营和营销,更谈不上营销战略。

2. 十一届三中全会到 20 世纪末

1977 年 12 月,浙江人民出版社和浙江新华书店分别恢复了独立建制;1979 年至 1983 年,浙江美术、浙江科技、浙江文艺、浙江少儿、浙江教育、浙江古籍等出版社,在浙江人民出版社各专业编辑部的基础上,相继独立设置,并统一归口由浙江省出版事业管理局(1983 年 5 月改名为浙江省出版总社)管理。浙江出版业的专业化出版格局由此形成。

1987 年 7 月成立浙江省新闻出版局,与出版总社实行两块牌子、一套人马。对外行使行业管理职能时,用新闻出版局名义;对内行使系统管理职能时,用出版总社名义。

这期间,浙江出版业快速发展,浙江出版总社的整体架构建立。随着改革开放的时代步伐的推进,出版业的计划经济体制被逐步打破,市场经济格局开始形成。出版单位由原来的生产型机构,转变为生产经营型机构。图书、期刊等出版物,也由原来的按上级下达的计划组织生产和发行,转变为按市场需求组织生产和销售。这种转变,催生了出版单位的市场意识,加上市场营销、竞争战略等理论的引进吸收,出版营销的观念和方法,逐渐为大家所认识、接受和运用。

浙江出版单位的市场营销工作与其他企业比还相对滞后,但在全国出版行业中还是走在了前面,涌现了一批在国内具有较高知名度的出版社,如浙江美术社、浙江文艺社,以及一批颇具市场影响力的出版物,如《飘》、《世界文学名著连环画》、《中国少年儿童百科全书》等。

3. 21 世纪初到现在

2000 年 12 月,浙江省新闻出版局与浙江出版总社分设,省新闻出版局作为省政府的行政机构,而出版总社及原属局社管理的各企事业单位组建出版集团,浙江出版联合集团正式挂牌成立。

2003 年至 2007 年,根据中央和省委、省政府的统一部署,集团本级以及所属各出版发行单位完成事转企改制,出版单位的市场主体得以确立。

这期间,浙江出版集团完成了集团的组建和集团整体转企改制两大任务,开始步入集团化、企业化发展的路子,取得了显著的成效。经过近 10 年的发展,浙江出版集团已成为国内地方出版集团中经营规模、经济实力位居前列的集团,连续两次被列入"全国文化企业 30 强"。集团及各单位的战略营销能力也在不断增强。集团始终把产品创新、多出好书放在重要位置,出版了一大批有较高文化价值和学术水准的图书,在国家各类重要评奖中多次获奖;集团注重出版结构的调整,不断加大市场图书的开发力度,在少儿、文教、美术、财经等出版领域形成了一定的优势,尤其是浙江少儿社连续七年在全国少儿类图书市场保持第一的地位;在中小学教材政府采购导致利润大幅度下降的情况下,浙江教育社等通过开发多种教材教辅读物,实现了经济效益稳中有升。

(三)商业模式分析

所谓商业模式,就是公司通过什么途径或方式来赚钱,实际是一种"利益相关者的交易结构"。成功的商业模式可以提供独特价值,常常是通过产品和服务独特性的组合,使得客户能用较低的价格获得较高的利益。浙江出版集团以纸质出版物的生产和经营为核心业务,形成编、印、发、供一体化的出版产业链,其商业模式具有以下特点。

1. 企业定位

浙江出版集团定位在知识信息产品的加工、复制和销售上,向读者提供以出版物为核心的产品和服务。

集团的目标群体,以地域划分,遍及全国各地和海外,但主要集中在浙江省范围内;以年龄划分,兼顾各个不同的年龄段,但主要在青少年人群中。这是由集团的产品结构和销售系统分布所决定的。在按产品分类的销售中,面向以省内为主的中小学教材和教辅读物约占 60%,面向全国的一般图书约占 40%。按地域分布的销售中,大约 70% 在所属的浙江省新华书店集团完成,只有约 30% 的销售在其他销售系统完成。

这样的目标群体,对集团的生存和发展无疑是有利的。因为青少年人群是当前中国阅读人群的主体,而浙江又是经济文化相对比较发达、购买力比较强的地区。但是带来的问题是,经济结构上,过于依赖省内的教材教辅图书,而这种结构是难以长期维持的;同时,与中央提出的有实力的出版集团要跨地域、跨媒体发展,要"走出去"发展,要做强做大做优的要求,也有很大的差距。

2. 业务系统

浙江出版集团业务系统的特点,主要反映在四个方面:

第一,通过集团所属 11 家出版单位,与国内外文化界、知识界、教育界、创作界建立密切联系,获得丰富的出版资源,并对这些出版资源进行选择和加工,使其具有明确的文化价值和市场价值。

第二,充分发挥子集团——浙江印刷集团作用,并与 43 家省内外印刷企业形成较为密切的合作关系,为大批量、高效率地印刷复制集团的图书和期刊产品奠定了坚实的基础。

第三,以子集团——浙江省新华书店集团的 336 家连锁店为主体,并与全国 22 家大客户建立战略合作关系,在此基础上培育和形成了覆盖面广、渗透力强、庞大、高效的市场销售网络。

第四,利用子集团——浙江省出版印刷物资集团平台,与 20 家国内主要造纸企业建立稳定的原材料供应体系,获得相对优质优价的出版用纸。

(见图 3)

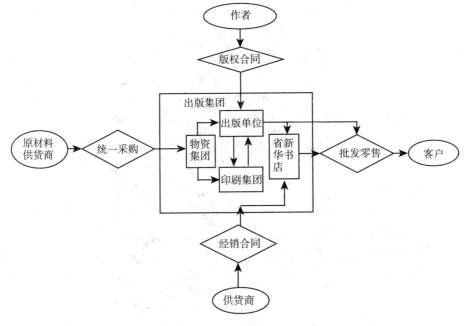

图3 集团业务系统

3. 关键资源能力

集团的关键资源能力主要来自三个方面：

（1）拥有良好的品牌形象。集团所属8家图书出版社中有美术、少儿、教育、摄影等4家被新闻出版总署评为"全国百佳出版社"（即一级出版社）；集团版图书中，文教类、少儿类、艺术类、经管类等在市场上具有较好的声誉和份额；《中国印刷史》、《黄宾虹全集》、《王国维全集》等是受到学术界高度评价的品牌图书；《中国少年儿童百科全书》、"冒险小虎队"、《大败局》等图书，则是畅销不衰的优秀图书；《幽默大师》、《幼儿智力世界》、《小爱迪生》等期刊，都有较高的知名度，在同类期刊中属于佼佼者。

（2）形成规模化、集约化的书刊生产和原材料供应体系。集团的生产体系由自有生产体系（浙江印刷集团）和外加工体系（43家定点印刷企业）两部分组成，采取统一的价格、质量和周期标准；原材料特别是纸张，采用集中采购的方式，保证了集团书刊生产的规模化、集约化，以及对于市场的快速反应。

（3）具有较为完备的市场营销体系。集团在销售渠道建设上，有两种方式：自有渠道和授权渠道。自有渠道主要是省新华书店集团，经过不断努力，建立了覆盖全省各市县，并已延伸至省外的北京、上海、深圳等地的销售网络，网点数量已经到达 336 个、营业面积达到 30 多万平方米，并且还在继续发展中。授权渠道主要是出版社通过合同授权方式，利用各地国有、民营书店以及网络书店，形成覆盖全国的销售网络。

4. 盈利模式

（1）集团的盈利主要来自三个部分：

一是出版创造的价值，即通过出版单位生产和销售自己的出版物，所获得的利润。

二是发行创造的价值，即通过省新华书店集团及各连锁店销售集团版和外版出版物，所获得的利润。

三是印刷、物资贸易、对外投资、物业租赁等相关业务产生的利润。

（2）集团的现金流结构，可以从四个方面来分析：

一是投资现金流。由于集团采取了出版产业链的战略，生产经营的流程较长，在固定资产方面的投资相对较大，尤其是书店的门市销售网点建设和印刷企业的设备购置和技术改造。

二是出版的经营现金流。客户资金是通过销售商支付给出版社的，按照目前的行业情况，销售商一般采用"实销实结"的方式，即按实际销售数量给出版社回款，通常的结款周期均在 6 个月以上，有的超过 12 个月，如果销售不掉则无条件退货。因此，应收款、坏账、退货的风险同时存在。

三是发行的经营现金流。客户资金是直接支付给书店的，采用现货现款方式，大大降低了风险。同时，浙江省店对供货商的结款周期定为 3 个月，又带来了现金流积淀的利益。这部分现金流是比较稳定并且安全的。

四是其他经营现金流。主要有印刷复制、物资贸易、对外投资、物业租赁等经营活动产生的现金流，由客户直接支付给印刷集团、物资集团等有关单位，所占比例不大，相对比较稳定。

三、集团经营环境分析

（一）宏观环境分析

1. 经济环境

改革开放以来中国经济已经保持了近 30 年的快速发展，国民生产总值

（GDP）的年平均增量达到了 9.8%。根据分析，未来相当长的时间里，中国经济仍将以较快的速度增长。随着经济持续快速的发展，广大人民群众的收入水平将会不断提高，他们对精神文化产品的需求也会不断增长，为出版业发展提供了广阔的发展空间。按照一般的规律，当经济发展到一定水平，特别像浙江已经进入了人均 GDP5000 美元以上的发展阶段，人们的消费结构会出现很大变化，尤其是对文化消费的需求会有跳跃式的提高。国家正在实施的刺激和拉动内需政策也会给文化产业带来推动作用。

出版单位体制机制改革，将有力推动出版产业的发展。目前出版单位转企改制正在进行，2010 年所有经营性出版社都要基本完成这项任务。浙江出版集团已经于 2007 年完成了整体事转企任务。事转企是体制改革的重要一步，但不是全部内容。转企改制后，出版单位的市场主体地位得到了确立，但这个主体的生命力如何，能否良性发展等一系列问题都有待解决。一些出版企业已经开展的资本运作，包括兼并、重组、联合、股份制改造、上市，以及围绕主业的多元化经营等，为出版业发展提供了更大的舞台，留下了更多的想象空间。

2. 政治环境

党的十七大提出了全面建设小康社会的战略目标，文化建设作为中国特色社会主义建设"四位一体"总体布局的重要组成部分，被提升到了更加突出的位置。在"兴起社会主义文化建设新高潮"和促进"文化大发展大繁荣"的过程中，作为文化建设主要内容的出版业，迎来了新的发展机会。

2009 年 7 月，我国第一部文化产业专项规划——《文化产业振兴规划》由国务院常务会议审议通过。这是继钢铁、汽车、纺织等十大产业振兴规划后出台的又一个重要的产业振兴规划，标志着文化产业已经上升为国家的战略性产业。国家将重点推进的文化产业包括：文化创意、影视制作、出版发行、印刷复制、广告、演艺娱乐、文化会展、数字内容和动漫等。

2010 年 1 月，新闻出版总署《关于进一步推动新闻出版产业发展的指导意见》出台，这是上一年出台的《关于进一步推进新闻出版体制改革的指导意见》的姊妹篇，作为新闻出版产业发展的纲领性文件，将对转变发展方式，优化产业结构，提高新闻出版产业发展的质量和效益，进一步解放和发展新闻出版生产力，促进新闻出版业的大发展大繁荣起到十分重要的作用。

3. 社会文化环境

图书是文化积累、传承的最为重要的载体。中国社会历来注重读书学习,讲求"开卷有益",主张"立身以立学为先,立学以读书为本"。通过读书掌握知识、陶冶情操、改变命运,是中国老百姓传统价值观的重要内容。作为世界文明古国,图书出版业态的萌生在中国源远流长,已经有三千多年的历史。例如儒圣孔子既是一位思想家、教育家,也是一位卓有成效的编辑家,他的"删诗书",一定程度上做的就是编辑出版工作。这种传统延绵至今,对出版的社会文化环境影响重大而深远。

改革开放尤其是市场经济大潮兴起以后,随着经济活动的频繁和突出,阅读的地位和作用受到很大的冲击,中国国民阅读率在 2001 年至 2007 年呈现下降的趋势。但最近几年来,人们已经意识到阅读在当今社会仍然具有不可替代的重要作用。尤其是 2009 年中央提出要建设"学习型社会"、"学习型政党",对全社会阅读氛围的形成起到了推进作用。近年来浙江出版集团先后与衢州、台州、绍兴的党委和政府合作,举办了以书展为主要载体的阅读推广活动,既推动了当地的全民阅读,又拉动了那里的文化消费,取得了很好的效果。

4. 技术环境

以数字技术和互联网为代表的新技术革命,正对全世界出版业产生着越来越大的影响。对于浙江出版集团这样的传统出版企业,既是机遇,也是挑战。

数字化、网络化对传统出版业来说,既是重大挑战,更是转型升级极好的战略机遇。对出版企业来说,抓住和用好这个机遇,以数字和网络技术改造传统的生产和经营方式,至少有以下几个意义:一是生产效率提高。目前,数字化的印前系统、无版印刷、按需印刷、高速轮转机、全自动的装订流水线、信息化管理的自动配送系统等,在出版行业已经或正在实现,自动化、智能化的快速生产、快速配送,极大提高了出版行业的劳动生产率;二是管理水平提高。各种管理软件的开发和应用,极大提高了出版的管理水平和效率,使得出版单位的各项管理工作更加科学、规范和高效;三是营销能力提高。近几年来,以当当、卓越为代表的网络书店,以每年销售翻番的速度在增长,已成为图书销售的重要渠道。出版社利用网络来为纸质图书营销的趋势越来明显,网络营销已经成为出版社营销的基本手段和主要方式,通过网络宣传,读者和经销商会在最短时间对出版社的图书有所了解,并以最快速度购买;四是实现商业模式的转型和重建。也就是建立数字出版的商业模式,既要形式创新、载体转移、内容搬家,更要从内容生产商转变为内容定制、运营和服务商。

5. 人口环境

据统计,目前中国的人口数量已达到13.8亿。在未来20年中,人口数量还会呈缓慢上升趋势,直至本世纪中叶趋于稳定。人口数量上升意味着读者群体和消费者数量增加。与此同时,中国人口的结构也在发生着根本变化,主要是老龄化趋势明显、受教育程度提高、向城市和小城镇集中等。

中国的65岁以上老年人在总人口中的比例,目前已经达到8.3%,按照联合国的统计标准,属于老龄化社会。对出版而言,一方面青少年人口的减少,势必影响教材教辅读物的销售,如浙江省九年义务教育阶段的学生数已连续3年减少,直接降低了课本等文教图书的销售量;另一方面,老龄人口的增加,针对老年人口的图书销售相应会有所增长。近年来,生活类图书尤其是健康保健类图书销售的快速增长,即是例证。

目前国内九年制义务教育已经基本普及,有的地区正在试行十二年制义务教育,而高等教育的毛入学率已达23%,终身教育的理念也越来越深入人心。随着受教育程度的提高,国民的整体素质也会相应提升,对阅读的需求也会增加。目前我们只能在发达国家看到的景象——地铁、飞机上许多人都在埋头阅读,相信在不久的将来会在中国出现。人口结构的另一个影响因素是,"70后"、"80后"逐渐成为消费主流群体,他们更倾向于购买娱乐和休闲产品,购买的渠道也发生了改变,更多地从网络书店购买。

城镇化是中国走上现代化发展的一个重要方向。随着城镇化建设的不断推进,分散在各地偏远乡村的农村人口将大量向城镇迁徙,大中城市和小集镇的人口密度会大幅度增加。人口分布的这种结构性变化,为出版业发展提供了新的增长空间,销售网络将覆盖更多的人群。近年来集团正在推行的在中心集镇开设新华书店"小连锁",就是顺应了这样的趋势,实现了社会、经济两个效益。

6. 自然环境

对出版业有较大影响的自然环境因素,主要有自然资源日益短缺、环境污染日趋严重,以及政府干预不断强化。

传统出版物主要是图书和期刊,两者都是用纸张印制成的,而纸张的主要原材料是木材纤维。当今世界,人们的环保意识正在不断提高,保护森林资源已经成为环保的重要内容。此外,造纸过程中会产生大量的污染,需要花很大的投资去解决环保问题。这双重因素的作用,使得纸张的制造成本不断提高,大量的中小纸厂关停,产能向大企业尤其是几家上市公司如华泰、晨鸣等集中。这样的上游状况,对出版业是十分不利的。一方面是纸张价格会持续上涨,另一方面与上游的谈判能力逐步下降,出版企业的利润空间因此被压缩。

为了减轻出版对自然环境的影响,目前全球书业正在大力提倡"绿色出版",就是通过使用可回收纸、认证纸、环保油墨等,达到保护环境和自然资源的目的。根据美国《出版商周刊》公布的调查数据,超过65%的家长愿意支付额外的费用为孩子购买这样的"绿色图书"。可以预期,"绿色出版"将有一个广阔的发展空间。

(二)市场与需求分析

1. 出版物市场现状分析

(1)出版物的市场规模

图4是根据新闻出版总署公布的2009年中国新闻出版业统计数据绘制而成,显示了2009年度各类出版物的营业收入情况,包括以纸介质、磁介质、光电介质为载体的传统出版物(图书、期刊、音像制品、电子出版物),和以网络、通讯、数字技术为介质的数字出版物(手机出版、电子书、数字期刊)。需要指出的是,手机出版的数据中包含了手机报、手机音乐、手机游戏等非出版项目,真正属于手机图书的数字未能反映。

2009年各类出版物(不含手机出版)的市场营收规模为658.33亿元,其中传统的纸质出版物图书和期刊608.66亿元,占了近93%,而图书就占了约70%。可见目前的出版物市场还是以图书的规模为最大,以纸质图书和期刊为代表的传统出版物仍然占据着出版物市场的主导地位。数字出版物增长速度很快,成长空间也很大,但要超越甚至取代传统出版物,将会有一个比较长的过程。

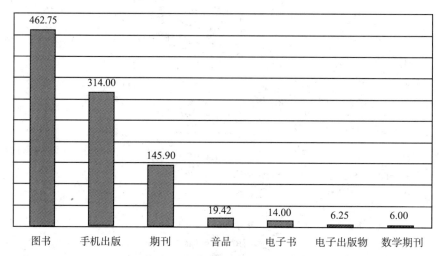

图 4 2009 年全国各类出版物营业收入（单位：亿元）

数字来源：新闻出版总署 2009 年中国新闻出版业统计数据。

（2）图书和期刊的出版发行情况

图书和期刊是传统出版物的主要构成，也是当前和今后一个时期出版物市场的主导力量。根据新闻出版总署发布的《2009 年新闻出版产业分析报告》数据，2009 年全国共出版图书 30.2 万种，其中新版图书 16.8 万种，重版、重印图书 13.3 万种，总印数 70.4 亿册（张），定价总金额 848 亿元，营业收入 462.75 亿元；出版期刊 9851 种，总印数 31.5 亿册，定价总金额 202.4 亿元，营业收入 145.9 亿元；出版物发行总产出 1815.6 亿元，营业收入 1758.5 亿元。

（3）图书销售与人均购书情况

表 1 和表 2 是根据新闻出版总署 2008 年全国新闻出版业统计数据制成的。从中可以看出，中国书业 2004 年的纯销售 67.06 亿册，销售金额 486.02 亿元；至 2008 年，纯销售 67.09 亿册，销售金额 539.65 亿元。5 年中，销售金额缓慢增长，远低于国民经济发展的平均速度。人均购书量呈下降趋势，从 2004 年的 5.16 册，降至 2008 年的 5.05 册。可见，中国书业同期销售金额的增长是因为平均每册定价的提高。由此不难得出这样的结论，传统出版业的核心图书出版，这些年来确实处于增长乏力的困境之中。

表1　2004—2008 年全国书业纯销售统计

年份	销售数量		销售金额	
	亿（册、张）	同比（%）	亿（元）	同比（%）
2004	67.06	−1.32	486.02	5.28
2005	63.36	−5.52	493.22	1.48
2006	64.66	2.05	504.33	2.25
2007	63.13	−2.37	512.62	1.64
2008	67.09	6.27	539.65	5.3

数字来源：新闻出版总署 2008 年全国新闻出版业统计数据。

表2　2004—2008 全国人均购书及平均销售单价

年份	购书量（册）	同比（%）	购书额（元）	同比（%）	平均销售单价（元）
2004	5.16	−1.9	37.39	4.68	7.25
2005	4.85	−6.01	37.72	0.88	7.78
2006	4.92	1.44	38.37	1.72	7.80
2007	4.78	−2.85	38.80	1.12	8.12
2008	5.05	5.65	40.64	4.74	8.04

数字来源：新闻出版总署 2008 年全国新闻出版业统计数据。

2. 出版物需求特点分析

（1）需求的多元性

由于读者的多层次性和阅读内容的多样性，导致出版物需求的多元性。很少有其他产品的消费者会像出版物的读者那样，具有巨大的个体差异，出版社必须以丰富的品种、个性化的内容，去满足读者多元化的阅读需求。这也是中国出版业每年出书品种不断增长的主要推动力。从 2004 年到 2008 年的时间段里，全国图书出版品种由 20.83 万种增加到 27.57 万种，增加了 6.74 万种，增幅为 32.36%；其中当年新版图书由 12.16 万种增加到 15 万种，增加了 2.84 万种，增幅为 23.36%。这期间市场销售的图书数量一直徘徊在 67 亿册左右，出版物品种大幅增加的同时总的销售数量却止步不前。因此，

如何提高单品种效益,成为出版业面临的重要课题。(见表3)

表3　2004—2008年图书出版品种

年份	出版品种	同比(%)	新版品种	同比(%)	重印品种	同比(%)	重印率(%)
2004	208294	9.4	121597	9.73	86697	8.94	41.46
2005	222473	6.81	128578	5.74	93895	8.30	42.21
2006	233971	5.17	130264	1.31	103707	10.45	44.32
2007	248283	6.12	136226	4.58	112057	8.05	45.13
2008	275668	11.03	149988	10.10	125680	12.16	45.59

数字来源:新闻出版总署2008年全国新闻出版业统计数据。

(2)消费的不确定性

与一般的物质产品不同,出版物主要用于满足消费者的精神需求,除了教材等特殊产品,通常不具备物质消费的刚性,消费者的购买行为受到文化、社会、个人和心理等综合因素的影响,具有不确定性。这种消费的不确定性导致了市场风险的大幅增加,也使得出版业的库存问题十分严重。全国出版社总库存没有准确的统计数据,业内一般估计已突破700亿元,这个巨大的包袱无疑给出版产业的发展造成问题。但是,这种不确定性也说明了出版物市场具有很大的弹性,换句话说,只要有好的产品或好的营销,出版物市场仍然有继续成长的空间。

(3)消费支出的二重性

出版物既是一种物质产品,又是一种思想和文化的载体,消费者在消费出版物时,不仅要支付货币用于购买出版物本身(出版物的价值),还要付出时间和精力来获取其中的知识和信息(出版物的使用价值)。这种消费支付的二重性,决定了出版物既有经济价值,还有社会价值,而且是社会价值高于经济价值。这就要求出版社不仅要追求出版物的经济效益,更要追求其社会效益。只有这样,才能够赢得消费者的青睐,才能实现可持续发展。

3. 出版物市场需求趋势分析

(1)总的需求趋势

总体而言,随着中国经济、政治、文化和社会的持续发展和进步,随着国民素质的持续提高和优化,人们对精神文化产品的需求会不断增长,对出版物的需求也会呈上升趋势。根据发达国家的经验,当一个国家人均 GDP 超过 3000 美元时,其文化产品的需求会出现快速增长;接近或超过 5000 美元时,文化消费则会井喷。2008 年中国人均 GDP 已超过 3000 美元,文化产业处于爆发性成长的前夜。目前的状况是,一方面人们文化消费的潜力远未得到开发,另一方面是文化产品的生产量还不够,这就给我国文化产业留下了较大空间。出版业作为文化产业的核心内容,情况也大抵如此。因此,新闻出版总署在制定未来 10 年中国向出版强国迈进的规划时,将图书的人均消费册数由目前的 5.4 册提高到 10 年后的 6 册,期刊的人均消费册数由目前的 2.3 册提高到 10 年后的 3.2 册,说明未来出版业仍然有较大成长空间。

(2)三大板块的需求结构

未来五年,人们对出版物的三大板块(大众出版、专业出版和教育出版)需求结构会出现涨跌互现的变化。随着素质教育的不断深入推进、政府教材采购政策的调整,以及学生人数的逐年下降,教育板块的出版物需求会稳中有降。读者需求的发展变化、创作的繁荣和出版社市场化程度提高,将推动大众类出版物的市场成长。专业类出版物,也将随着自然科学和社会科学的发展进步,以及人们追求知识的欲望的更加强烈,出现需求增长的趋势。在这样的结构变化中,教育出版的下降对中国出版产业的冲击将是革命性的,因为就目前的情况看,大多数出版集团还是以此为经济支柱。浙江出版集团能否摆脱目前主要依赖教材教辅,而形成三足鼎立的稳定格局,是集团是否转型成功的重要标志。

(3)数字化出版物需求

出版的实质是选择、积累和传播知识,而纸质图书只是其载体之一,就像甲骨、青铜器、竹简、丝帛等也曾做过载体一样。在数字技术快速发展的推动下,以电子阅读器、手机、网络计算机等为载体的数字出版正在兴起。这是出版产业中一种新兴业态,改变了知识内容的集成方式,也改变了获取知识的消费方式。由于其表现知识的形式十分丰富,传播知识的速度十分快捷,越来越受到消费者的欢迎。中国出版科学研究所主持的"第七次全国国民阅读调查"公布的数据,2009 年我国国民上网率为 41.0%,比上年增长了 4.2 个百分点,18 周岁以上成年国民数字出版阅读率为 24.6%,比上年增长 0.1 个百分点。网络在线阅读和手机阅读是数字化阅读的主要方式,使用电子阅读器的占 1.3%,比上年增长 0.3 个百分点。随着数字技术的日益成熟,如亚马逊Kindle、苹果 iPad 及国内汉王等数字阅读产品功能加强、价格降低,数字化出版物的需求会迅速增长,将会扩大出版物市场规模,同时也可能动摇甚至取代纸质图书的主导地位。

(三)行业与竞争分析

按照美国哈佛大学波特教授的理论,一个产业的内部竞争状态,取决于五种基本竞争作用力,这五种作用力共同决定产业竞争的强度以及产业利润率。这一理论还告诉我们一个事实,一个产业的竞争不只是现有的参与者,客户、供应商、替代品和潜在的进入者都是该产业的"竞争对手"。用"五力竞争模型"来分析出版产业,可以让我们对自己所处行业的竞争状况和赢利能力有个清醒的认识,对各个方面的竞争对手有更加充分的了解。(见图5)

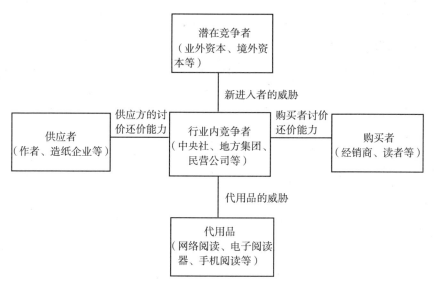

图5　决定出版产业竞争状况和赢利能力的五种基本竞争作用力

1. 行业内竞争者

波特教授认为,一个产业是由一群生产相近替代产品的公司组成的。对浙江出版集团来说,行业内已有的竞争者主要来自三个方面:一是国字号出版集团和中央大社,如中国出版集团、中国国际出版集团、中国教育出版集团(筹),凭借着中央部委的隶属关系和行政优势,以及地处北京的出版资源优势,在市场竞争中处于有利地位;二是各省(市)出版集团,依托各自在当地的资源和人脉,占据着区域市场的优先位置;三是数以千计的从事出版业务的各种民营文化公司或工作室,利用体制机制上的灵活性,在市场运作尤其是畅销书运作上更为成功。尽管中国出版业至今只有 580 家正式出版社,相对其他国家和地区动辄数千家,算是很少的数量,但由于有上述原因的存在,行业内的竞争还是十分激烈的。

2. 潜在竞争者

潜在竞争者主要来自两个方面。一是业外资本的进入,尤其是随着出版企业的股份制改造和上市融资,必然会带来大量的资源,在这个规模本不是很大的产业,引发更加激烈的竞争。比如四川文轩连锁股份公司和辽宁出版传媒股份公司上市后,分别募集了 23.2 亿港元和 6.2 亿元人民币的资金。二是境外资本的进入,国外以及港澳台地区在出版业的经营理念和管理水平上,要比大陆地区更为先进和科学,一旦进入会给我们带来很大的压力。目前由于政策所限,境外资本进入出版产业的不多。在图书出版领域主要是童趣出版公司,由人民邮电出版社与丹麦艾格蒙特出版公司合资建立,目前在国内少儿图书市场占有率位居第三。而曾经在国内图书发行业苦撑十年的贝塔斯曼公司,由于读者俱乐部这样的商业模式不适合当下的读者要求,已经撤出中国市场。随着我国出版业开放程度的提高和市场环境的改变,境外资本很可能会大举进入。台湾的诚品书店已在苏州征地,准备建立大陆首家旗舰店,就是一个例证。

3. 代用品

数字技术、通信技术和网络技术的快速发展,电子阅读器阅读、手机阅读和网上阅读等新型的阅读方式日益普及,已经开始冲击以纸质阅读为代表的传统出版业。根据"第七次全国国民阅读调查"提供的数据,在接触过数字化阅读的国民中,91%的读者在阅读电子书后不会再购买此书的纸质版,只有9%的人表示在阅读过电子书后仍会购买此书的纸质版。目前在一些地方,如我国的江苏扬州、美国的加州等,正在试行用电子阅读器取代传统的教科书,一旦试行成功并进行推广,则传统出版业的整个产业链,包括出版、发行、印刷和纸张供应,都将面临极大的考验。

4. 供应者

出版的上游供应者主要是作者、造纸企业等。作者是文化产品的生产者,也是出版资源的供应者。这些年来,国内对知识产权保护更加重视,创作者的人力资源成本在持续提高,加上市场化程度的加深,优秀出版资源的竞争越来越激烈,出版企业获得书稿等出版资源所付出的费用大幅上升,稿费或版税是出版成本构成中增速最快的部分。造纸企业也是出版单位重要供应方。造纸业的主要原材料是木浆,并且排出的污水如不加处理会严重污染环境。因此出版行业对环境和资源的依存度很高。近年来,随着世界范围原材料价格的提高,政府对环境重视程度的加强,一大批中小造纸厂关停,而以华泰、晨鸣等上市公司为代表的一批大型造纸企业,凭借规模优势和技术实力,在纸张价格的制定上处于主导地位,出版社与其谈判的能力明显偏弱,造成上游成本不断提高,利润空间逐步压缩。

5. 购买者

对出版集团来说,购买者来自两部分:一是直接消费者,他们通过书店或出版社,直接购买出版物;二是经销商,他们从出版社或上级批发商批发,然后销售给终端读者。改革开放以来,随着出版产业快速发展,出版物的品种快速增长,出版机构(尤其是民营出版机构)不断扩张,购买者可以选择的余地越来越大,在买卖双方的博弈中,买方占据有利地位。

通过上述分析可以看出,出版产业竞争状态趋于激烈,赢利能力趋于下降,整个产业处于"超竞争"状态。在与五种竞争作用力的抗争中,有三种提供成功机会的基本战略方法,可以使企业成为行业中的佼佼者,即总成本领先战略、差异化战略和目标集聚战略,本文第五部分将对此作分析。

四、集团 SWOT 分析

(一)优势和劣势分析

1. 优势

(1)经营规模

浙江出版集团 2009 年总资产 93.08 亿元,销售码洋 97.22 亿元,销售收入 69.89 亿元。集团的主要经营指标,在全国各大出版集团中综合排名中位居第四。这样的经营规模使集团的发展基础更加扎实,对出版资源和市场的掌控更加有力,为集团营销战略的制定和实施,提供了很好的保障,也是大多数地方出版集团和中央、高校出版社难以比拟的。(见表4)

表4　出版集团总体经济规模综合评价(前10位)

综合排名	出版集团	综合评价得分
1	江苏凤凰出版传媒集团	3.2044
2	湖南出版投资控股集团	1.4662
3	江西出版集团	1.1894
4	浙江出版联合集团	1.1141
5	山东出版集团	1.1066
6	中原出版传媒集团	0.8242
7	湖北长江出版集团	0.7075
8	安徽出版集团	0.4714
9	中国出版集团	0.3829
10	云南出版集团	-0.2367

说明:①综合评价得分系选取资金总额、所有者权益、主营业务收入和利润总额4项指标,采用主成分分析的回归方法通过 SPSS 直接计算所得,仅用来显示各地区相对位置,负数并不代表负面评价。

②安徽、云南出版集团不含发行集团。

引自新闻出版总署《2009年新闻出版产业分析报告》。

（2）产业链

集团已经形成了纵向一体化的产业链,集编辑出版、印刷复制、批发零售、物资供应于一体,集团总部则是决策中心、投融资中心和生产经营管控中心。这样的产业链结构,有利于集团成员企业相互的拉动和支撑,有利于构建上下游企业之间和谐的价值链,有利于集团整体上提高经营效率、降低运营成本、增强竞争能力。目前国内出版企业中,形成较为完整的产业链结构的只有部分地方出版集团。

（3）品牌影响和市场地位

集团在社会上,包括作者、消费者、上游供应商、下游经销商的心目中,具有较强的品牌美誉度。8 家图书出版单位中,美术、少儿、教育、摄影等 4 家社被评为"全国百佳出版社",少儿社已连续 7 年在全国少儿图书市场占有率位居第一,教育社综合实力在全国所有出版社中名列前 10;人民社的财经和时政类图书、美术社的画册类图书、少儿社的儿童文学、文艺社的名家散文、教育社的百科知识、古籍社的国学读本等,在各自门类中都有较高的知名度。浙江省新华书店集团的信息化管理、连锁化经营、集约化配送,处于国内领先地位,市场图书的销售量名列全国第一。

(4)人才

经过多年的努力,尤其是经历了出版改革发展、市场经济的锻炼,集团已经建立起一支高素质的人才队伍,包括经营管理人才、编辑策划人才、市场营销人才以及在一线岗位上的技术工人才。他们中有的被列入中宣部"四个一批"人才,有的是新闻出版总署全国新闻出版行业领军人才,还有的评上省里"151"人才,成为各自领域的佼佼者,也是浙江出版集团今后改革发展的领头人和中坚力量。

2. 劣势

(1)主营业务结构

在集团业务收入的分类结构中,图书和期刊的出版发行业务所占比例超过85%,物资贸易和印刷业务所占比例合计约 13%。由此可见,集团的主业十分突出,书刊的出版发行以及与之配套的印刷和物资贸易业务,占了集团业务收入的约 98%,其他业务对整个销售规模的影响很小。这样的结构,对于集团来说显然是有风险的。一旦遇到书刊市场波动,就会影响集团的收益,更不用说纸质书刊出现大的衰退了。

(2)产品结构

在集团的出版发行主业中,也存在着产品结构失衡的状况。主要表现在:一是在图书和期刊这两类主要出版物产品的结构中,图书占了销售额的95%,期刊只占5%,主要依赖于图书产品的销售;二是在图书产品中,教材教辅和包销图书的销售额占了整个图书销售的约70%,而面向零售市场销售的图书只占约30%,主要依赖于文教类图书和包销书的销售;三是在新兴的数字出版产品方面,集团已经建立了"浙江出版集团数字传媒公司",专门进行研究开发,但是目前仍处于起步阶段,距离成熟发展,或者说能够有成熟的产品、成熟的盈利模式,还有很长的路要走。

（3）市场能力

集团所属部分出版单位,由于主要依赖政府采购的教材教辅和机构定制的包销图书,面向市场的能力相对较弱,从产品开发到渠道建设再到促销能力,都难以适应越来越激烈的竞争。印刷、物资两个子集团,业务结构中集团内部业务占了大头,社会业务的开发能力也有待提高。新华书店尽管市场书在全国书店比较中处于领先,但其从市场上获取利润的能力仍然不强。

（4）体制机制

从出版体制来讲,集团在全国出版业较早完成了整体转企改制任务,所属各单位均成为有限责任公司制的企业。但转企改制只是体制改革的第一步,还有法人治理结构建设、股份制改造、上市等重要的步骤需要去跨越,才能更好地发挥现代企业制度的优越性。机制改革上也还没有完成,在组织结构、用人、分配等方面,事业单位的痕迹明显,跟民营出版企业的差距就更大了。

（二）机会和威胁分析

1. 机会

（1）经济发展,人民生活水平提高,推动出版物消费增长。

2009 年我国的 GDP 总量达到 33.5 万亿元,同比增 8.7%;财政收入 6.85 万亿元,同比增 11.7%;农村居民人均纯收入 5153 元,城镇居民人均可支配收入 17175 元,同比分别增 8.5% 和 9.8%。浙江的经济条件要优于全国平均水平,其中农村居民人均纯收入 2009 年已经突破 10000 元。经济的快速发展、人民群众生活水平的日益提高,会极大地促进文化消费需求的增长。尤其在浙江,2009 年人均 GDP 已经到达 6490 美元,文化需求会出现跨越式增长。出版物作为文化产业的核心内容,将迎来重要的发展机遇。

（2）政府重视,政策到位,为出版产业提供发展保障。

党的十七大突出强调了加强文化建设、提高国家文化软实力的重要性,对兴起社会主义文化建设新高潮、推动社会主义文化大发展大繁荣作出了全面部署。2009 年 7 月,国务院常务会议通过了《文化产业振兴规划》。今年的全国新闻出版工作会议提出,未来 10 年努力实现由出版大国向出版强国的跨越。浙江省在 1999 年就提出了建设文化大省的战略构想,2008 年省委省政府出台了《浙江省推动文化大发展大繁荣纲要(2008—2012)》和有关配套文件,为推动文化大发展大繁荣营造了良好环境,提供了坚强保障。国家和浙江省对出版产业的投入持续增加,其中国家出版基金每年2亿元,农家书屋近3年中央财政投入20.18亿元,等等。同时,国家和省还出台了发展文化产业的一系列优惠政策。

(3)体制改革,市场主体确立,形成了强大的发展动力。

出版体制改革,将极大地提高出版企业的活力和创新创造能力。浙江省自2003年被中央确定为文化体制改革试点省以来,出版体制和机制的改革取得了显著成效。集团在2007年已经全面完成整体转企改制任务,所有出版发行单位均已实现了单位性质和人员身份的转变,企业真正成为独立的市场竞争主体。转企改制有力地增进了出版单位的活力,激发了出版工作者的积极性和创造力,为进一步发展奠定了基础。

(4)技术进步,阅读形式丰富,促进出版产业转型升级。

数字化出版在给传统出版带来极大挑战的同时,也创造了极好的机遇。这种机遇可以从两个方面来理解和把握:一方面,出版的本质是对知识的选择、积累和传播,纸质也好,数字也好,只是知识的载体和介质的区别,都属于出版的范畴。随着数字技术的迅速发展,网络阅读、手机阅读、电子阅读器阅读将日益普及,由于其形式丰富、速度快捷、成本低廉,越来越受到欢迎,将有力提升国民的阅读率,有力促进出版业发展。另一方面,数字技术对传统出版业也会有提升和改造的作用,比如运用计算机技术对传统出版的流程进行管理,显著提高了生产效率;运用网络技术销售图书,既加快了销售速度,又降低了销售成本,因为它不需要建设零售卖场。目前国内最大的网络书店当当网,每年纸质图书销售的增长率在100%以上,就是一个很好的例证。

2. 威胁

(1)阅读方式变革

正如前文所述,数字出版对阅读、对出版的巨大影响,已经显现出来。以图书、刊物等纸质载体为代表的传统出版业正面临着前所未有的巨大挑战。尤其在科技类期刊和工具类图书方面,由于数字化传播带来的信息更新快捷和检索查询方便,数字阅读正在成为主要的阅读方式。如果教育类图书,特别是中小学教材的数字化进程加快推进,那么传统书业的逐步衰落将难以避免。

(2)教材政策变化

教材是目前中国出版业的主要收入来源,平均占出版社主营业务收入的

60%以上。由于教材是政府采购品,受政府政策的影响大,对出版行业来说,教材尤其是中小学教材的收益具有很大的不确定性。一方面,其价格完全由政府说了算,出版社没有任何发言权;另一方面,随着素质教育的推行和数字化在教学中的应用,纸质教材的需求量呈下降趋势。

（3）大集团扩张和垄断

当前中国出版行业规模较大的集团主要有三种类型:一是地方出版集团,主要利用地域优势,依托教育类出版物的出版发行,形成核心竞争力,如江苏凤凰出版集团;二是国字号出版集团,主要利用行业优势或品牌优势,依托行政性资源或品牌资源,形成核心竞争力,如中国出版集团;三是高校出版集团,主要利用高校的品牌和资源优势,依托教育或专业资源,形成核心竞争力,如北师大出版集团。在当前政府极力鼓励建立中国出版业"航空母舰"的背景下,这些大集团都怀有强烈的扩张欲望和垄断梦想,对浙江出版集团的发展无疑会造成威胁。

（4）民营和境外资本竞争

目前,民营资本在中国出版业已经登堂入室,并在某些出版领域占据重要位置,如在文学、社科、生活等图书门类中,由民营出版机构组织策划的畅销图书已占这些门类畅销书的70%以上。由于民营书业具有国有书业不可比拟的优势,特别在机制的灵活性和对市场的敏感度方面,使得其在较短的时间里得到快速的成长,有的民营出版发行公司年销售已经达到十亿元以上,实力超过了不少出版集团,如山东的金星国际教育出版集团、北京的共和联动公司等。随着出版管制的逐步放松,民营出版公司迎来了更大的发展壮大的空间。境外资本目前在出版业不如民营资本活跃,进入中国十年的贝塔斯曼公司2009年黯然退出中国市场,但这并不代表外资在中国书业会一直无所作为。近期,台湾地区著名的书业大鳄诚品书店已分别与苏州市、杭州市签约,先在长三角布局,进而向全国市场进军。贝塔斯曼的失利,也非其外资背景,而是其商业模式,读者俱乐部显然不能适应互联网时代的阅读和消费变化了。

五、集团营销战略

（一）营销战略目标

浙江出版集团以出版优秀作品、传递文化价值为基本使命。集团"十二五"期间的营销战略目标是：通过调整结构，提升品质，增强市场竞争力和可持续发展能力，进一步做强出版主业，实现持续健康发展，努力成为主业突出、具有较强市场竞争力和经济实力，年销售、总资产"双百亿"，综合实力位居国内地方出版集团前列的现代出版传媒企业。

（二）目标市场选择

当前，出版物市场正处在发展变化之中，尤其是以网络、手机、电子阅读器为代表的数字出版物，与以图书、期刊为代表的传统出版物之间，到底是此消彼长、取而代之，还是相安无事、各自发展，或者互相促进、共同提高，现在还难下结论。一般分析认为，传统出版物不会消亡，只是其市场份额会随着数字化阅读的普及而有所下降。我认为，在中国这样一个国民阅读率还不高、纸质阅读仍未完全发育的国家，随着经济、社会、文化的发展，人们生活水平的提高，对阅读的需求会有较大幅度的提高，其中数字化阅读发展迅速，而传统阅读仍然有一定的成长空间。

就浙江出版集团而言，要努力做到"两手抓"，一方面是抓住传统出版不动摇，因为这既是我们赖以生存和发展的基础，也是我们资源和能力的优势所在，而且还有继续增长的空间；另一方面是积极开拓数字出版领域，努力创造产品和盈利模式，并以此来实现出版的转型升级。

"十二五"时期，集团仍将以图书为主要经营业务。图书市场是一个庞大而复杂的体系，2009年国内市场图书的动销品种近100万种，销售收入463万元。对浙江出版集团来说，不可能为所有读者提供他们所需要的所有图书，而只能根据市场的需求，有效地利用自己有限的资源，在一定的市场范围内，为消费者提供图书产品。

选择目标市场，包括细分的目标市场，是实践中的难题，也是营销活动的起点。浙江出版集团在图书领域选择目标市场时，需要考虑两个关键因素：一是目标市场的吸引力，二是自身的资源和能力。

1. 细分市场评估

根据北京开卷信息技术有限公司提供的数据，2009年中国图书零售市场各类别结构情况如图6。其中社科（含经济、时政等）、教辅教材、文艺、少儿、科技等类别的图书，市场份额均超过10%，市场规模居于前列。

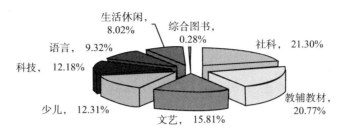

图 6　2009 年全国图书零售市场类别结构

数字来源:北京开卷信息技术有限公司《中国图书零售市场观察年度报告》。

　　按照美国著名营销专家科特勒的理论,一个企业是否应该进入一个特定的市场,取决于这个市场是否足够大和(或)在将来它的成长是否足够快。图7 是根据北京开卷信息技术有限公司 2009 年数据制作的,由此图可以看出,教辅、少儿、文学、生活类图书的市场规模与成长性,均大于平均值,具有较强的吸引力。集团所属的教育、少儿、文艺、科技出版社,是与这四个细分市场相对应的专业出版社,具有专业的作者、编辑和营销资源,能够担当起在这几个细分市场参与竞争并取得业绩的职责。

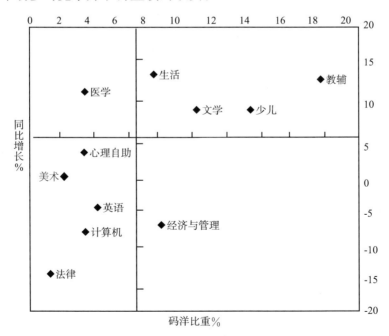

图 7　2009 年全国图书细分市场规模与成长性

数字来源:北京开卷信息技术有限公司《中国图书零售市场观察年度报告》。

　　经管类图书在前几年成长较快,畅销书较多。2009 年受国际金融危机等因素的影响,陷入负增长。但其市场规模仍高于平均数,而且一旦经济形势回暖,或者有畅销书出现,仍然是值得关注的板块。人民社在经管类图书出版方面有较好基础,还是要持续投入。

　　美术类图书则处于市场规模和成长性都较差的位置,但是毕竟还有 2% 以上的市场份额,集团有美术、摄影这样在各自专业领域做得很优秀的美术类出版社,如果能在这个小市场中占据较大份额,还是值得去做的。

2. 目标市场选择

　　作为整个集团的营销战略,目标市场选择要立足于"全面覆盖、重点突破"。所谓全面覆盖,就是集团作为图书市场上的战略主体,在出版的三大领域都应该有所作为,只有这样才能做大规模,防范风险,形成稳定的出书结构和盈利模式。所谓重点突破,就是选择三大领域中既具有吸引力又符合集团目标和资源情况的若干个子门类,进行重点开发,争取占领制高点。

　　(1)教育读物领域

　　要发挥集团与出版社两个积极性,着力做好有自主知识产权的中小学基础教育教材开发维护,稳定教材租型业务,扩大教材市场。同时加强课程资源深度开发,培育一批具有较强市场竞争力和影响力的品牌教辅。重点开发高校、中专、职业技术和成人教育教材及其课程资源,加强幼儿教育课程读物的开发,逐步形成高等教育、职业教育、社会教育、成人教育、幼儿教育教材体系,使之成为新的经济增长点。

　　(2)大众读物领域

　　要鼓励创新,梳理产品主线,着力打造少儿、文教、生活、经管、文学、艺术等出版优势板块,形成系列品牌。建立畅销书激励机制,通过自主研发、合作研发和版权引进等方式,掌握更多优质出版资源,提高核心竞争力和市场占有率。

　　(3)专业读物领域

　　要认真组织,精心实施,推进重点出版工程,组织好学术类图书、文化积累和传承图书的编辑出版,落实好国家和省"十二五"重点出版规划项目,着力完成国家"古籍整理出版工程"、"清史工程"。尤其在浙江历史文化研究、非物质文化遗产研究、教育心理学、整形外科等门类,占据学术制高点。

（4）期刊出版领域

要明确定位，合理布局，有效发挥资源效益，实现书刊互动。探索和规范合作办刊路子，着力于期刊发行网络构建和广告开拓，力求有新的突破。加强期刊品牌建设，在重点推出《天下网商》，巩固发展《幽默大师》、《幼儿智力世界》、《小爱迪生》现有优势基础上，培育2—3种在全国有较大影响的期刊。

（5）数字出版领域

要以集团数字传媒公司为依托，整合集团各单位的数字资源，加快内容数字资源库建设，推出各类数字产品，努力寻找数字出版的盈利模式。以博库书城网站为重点，加强网站建设，提高集团网站群的商务功能和互动效应。

（三）市场定位战略

市场定位就是确定并实现优于竞争者的优势，让自己的产品或服务在目标顾客的心目中占据独特的位置。市场定位的核心是差异化，因此又称差异化定位。

1. 集团层面的市场定位

随着出版业改革发展不断深化，集团化竞争的市场格局已经逐步形成。今后的出版竞争，将更多地表现为各大出版集团之间，为争夺有限的出版资源和出版物市场所进行的竞争。浙江出版集团作为本省最大、国内位居前列的出版发行企业集团，要根据营销战略目标的要求，针对自己的重点目标市场，选择自身的优势条件，明确在市场上的战略定位。

集团的优势主要在于，有涉及各类别图书、期刊、电子音像和数字产品的出版范围，有较强的书刊印刷复制生产能力，有覆盖全省、遍及全国乃至海外的发行渠道，有上百亿的资产规模，以及数量大、质量高的人才队伍。集团整体定位在"知识信息产品的加工、复制和销售商，向消费者提供以出版物为核心的产品和服务"。作为一家大型的出版发行企业集团，应该具备并凸显两个方面的战略优势或定位：一是作为出版生产企业，整合利用旗下11家出版单位以及印刷、物资2大子集团的出版资源和生产复制能力，实现"全面覆盖、重点突出"的产品定位，既有阵容强大、涵盖各个出版门类的可供产品目录，又在教材教辅和6大产品线建设上独具特色。二是作为出版流通企业，利用浙江省新华书店集团连锁化经营、信息化服务优势，以及博库网络书店、华硕外贸公司的网上和海外销售平台，成为出版物销售区域市场的领导者、全域市场的挑战者,并积极走向海外市场。

2. 所属出版企业的市场定位

集团所属各出版单位,要根据市场需要,尤其是针对竞争者能力,寻找和选择自己的竞争优势,明确自己的市场定位。出版企业只有具备并选择出相对优势,才可能比竞争对手做得更好,才可能在市场竞争中占据主导地位。

比如在教材教辅产品研发和分销方面,集团具有从开发选题、组织作者、编辑制作,到纸张供应、印刷复制、销售发行、培训师资等一系列的优势,这样的优势对集团参与教材教辅市场的竞争是相当有利的。集团参与教材教辅市场竞争或政府采购的各企业,不论是出版社、印刷集团、物资集团,还是新华书店,都要以此为切入口,让政府部门、学校以及读者知道并认可,使得自己在竞争中能够处于主动位置。

集团各出版社已经在各自的专业领域形成了优势和特色。比如人民社在财经和时政类图书方面,美术社在大型画册和美术技法类图书方面,科技社在三农读物和生活类图书方面,文艺社在外国文学和经典读物方面,少儿社在儿童文学和科普、低幼读物方面,教育社在教材教辅和心理学专著方面,古籍社在古籍整理和文化普及方面,摄影社在数码摄影和文教图书方面,期刊社在财经类和成长类期刊方面,都有自己鲜明的特色和优势。各社要通过自己的产品、价格、渠道、活动、广告等,在读者心目中占据清晰、独特和理想的位置,并努力巩固和扩大这种优势,取得在目标市场中最大的战略优势。

3. 三大子集团的市场定位

省新华书店集团在连锁化经营、信息化服务、集约化物流配送等方面,已经走在全国同行的前列,市场图书的销售额名列各省级新华书店之首。要在此基础上,进一步研究主要竞争对手,如目前销售增长最快的当当网上书店、即将布局长三角地区的台湾诚品书店,争取在终端上创新服务手段和经营范围,在巩固省内图书市场领导者地位的同时,更好地走向全国和海外,在强化图书销售的同时,探索多元文化产品经营。

印刷集团和物资集团分别是省内同类企业中的领头企业,在经营规模、生产设备、工艺技术等方面具有明显的优势。这两个集团既是整个出版集团产业链中的重要环节,担负着确保产业链正常运作和持续盈利的功能,同时也面向集团外开展经营活动,以进一步扩大规模、提高效益。无论针对集团内外,都要根据目标客户最为关注的一个或多个营销要素,形成自己的竞争优势。对于印刷和纸张供应企业,客户最为关心的有三:产品质量、产品价格、生产周期或售后服务。要在这三者中寻找并确定自己的强项,尽力做到一点突出、其他不低于同类企业平均水平,就能够在竞争中立于不败之地。

(四)竞争战略

通过前面的"五力竞争模型"分析不难看出,当前的中国出版业已经属于超竞争行业。浙江出版集团要在这个行业里胜过竞争对手、赢得生存发展,需要选择和运用正确的竞争手段。波特教授提出的三种基本竞争战略,即成本领先战略、差异化战略和目标集聚战略,同样适用于出版业。对集团以及所属企业来说,这三种战略既可以分别使用也可以结合使用。

1. 成本领先战略

成本领先战略就是企业利用自己的所有资源优势,在行业内保持整体成本领先地位,从而战胜竞争对手。需要强调的是,企业的成本领先战略并不是通过削价竞争,而是通过高水平的管理实现的。在出版业,成本领先是十分重要的竞争战略,原因主要有二:一是通常情况下,图书等出版物不是生活必需品,读者对价格的敏感度相对较高,定价高低对销量的影响会很大;二是同类产品较多,尤其是近年来随着民营书业的大举进入,跟风、模仿的同质书很多,同样的图书读者很难判断孰优孰劣,只能以价格高低作为取舍的标准。经销商进货时也是如此,总是更愿意选择折扣较优惠的图书。

正因为如此,集团及各单位都要十分重视、积极运用成本领先战略,以期在竞争中立于不败之地。而集团的产业链结构和规模化、集约化经营,为成本领先战略的实现提供了重要条件。集团所属出版企业,可以采取以下方式来实现总体成本领先。

首先要努力做大规模。这是实现成本领先战略的最重要的措施。图书和期刊等出版物与一般生产品相同,其单位产品的成本是随着累计产量的增加而下降的。出版社扩大规模的有效途径是通过扩大市场份额来增加图书印数,尤其是增加单品种印数,因为增加印数只是纸张、版税等可变成本增加,前期投入的编辑、设计、排版,以及出版社固定成本不会发生变化。扩大市场份额、增加图书印数的方法,一是多做教材教辅及畅销书,可以一次印量很大,从而有效降低单本图书的成本;二是形成常销书阵容,可以多次印刷,成为出版社主要销售和利润来源。

第二是充分利用现有产能。印刷集团、物资集团尤其要关注和解决好这个问题。集团教材教辅的生产销售占了较大比例,而教材教辅是有很强的季节性的,一般为春秋两季。印刷、物资企业的厂房、库房和机器设备,通常是按照生产销售高峰时的需要配置的,因此会在教材生产淡季出现空闲状态。因此,要积极拓展业务来源,重点是社会业务,如报纸、期刊、商业广告(DM)以及包装印刷等,尤其是高附加值产品。以此来填补淡季的生产空缺,充分发挥现有的产能,提高生产效率,降低整体成本。

第三是降低输入成本。纸张是集团最大的输入成本,如果各出版社自行采购,每个社用纸量不够大,与供应商进行价格谈判的能力有限。而将集团各单位用纸量集中起来就是一个很大的数字,可以有更大的讨价还价的余地。纸张成本是书刊成本中份额最大的部分,大规模的集中采购对集团整体成本领先具有重要作用。

2. 差异化战略

差异化战略就是企业向顾客提供的产品和服务在行业范围内具有独特性。每个企业都有各自的特点,因而存在着许多差异化的机会。需要强调的是,差异化的目的是为了增加竞争力和赢利,所以要分析顾客需要什么样的差异化,这种差异化能否给企业给来利润。

出版产业是创意产业,读者的阅读需求具有明显的个性特质。从纵向看,历史不断发展,社会不断进步,人的求知欲望不断被创造出来,阅读需求总是在花样翻新,所以出版产品差别的创造永无止境;从横向看,读者的价值观是多元的、个性化的,欲望和偏好也多种多样,消费时尚永无主旋律,因此出版产品差别有无限大的空间。

集团这些年来一些图书做得比较成功,就是因为在差异化方面别具一格,做出了自己的特色,如人民社的《大败局》,一反经管类图书成功经验的介绍,从失败的教训探讨经营管理的得失,富有独创性;美术社的《世界文学名著连环画》,在开本上由传统的 64 开改为时尚的 32 开,并且以绘画本的形式表现文学名著,带给读者全新的阅读体验,形成了一股销售的高潮;少儿社的"冒险小虎队",突出冒险主题,并附有各种探险和破案的工具,引领了"互动式阅读"的潮流,创造了少儿图书的销售奇迹。

集团及各企业实施差异化战略可以有很多方式,关键在于要紧跟时代前进的步伐,紧盯读者发展变化的阅读需求,不断创新。这样才能形成自己的特色和优势,实现差异化竞争。

创新是出版行业特征所要求的,也是差异化战略的核心。在竞争日益激烈的情况下,集团及其各出版单位尤其要关注以下几个方面的创新。

(1)选题创新,每一本书都应该是独特的。包括理念或立意创新,以新的理念和意识、新的编辑角度来策划选题,做出来的书一定是有独创性的;内容创新,强调内容的原创性,更贴近时代发展,贴近当今读者的生活和思想感情;形式创新,既有装帧、封面、版式的创新,也有编辑方式和出版形态的创新,特别是出版物载体的创新,如数字出版等。

(2)结构创新,依靠一般图书生存发展。在整体出书结构中,发挥专业优势,加大对一般图书的开发力度,丰富可供书目;在一般图书结构中,实行整体推进、重点突破的选题战略,做大规模,占领制高点;在重点突破的细分领域,形成集约优势和品牌产品。

(3)渠道创新,提高贴近市场的能力。由地面书店到网络书店;由店内销售到店外销售;由个人消费到组织消费;由省内发行到覆盖全国、走向海外。

(4)沟通创新,让读者知道并喜欢你的书。改变"酒香不怕巷子深"的观念,加大宣传促销方面的投入;调整沟通策略,从主要面向官员和专家,到主要面向读者和经销商;采取多种沟通形式,包括书评书介、广告、新书发布会、网站等。

3. 市场集中战略

市场集中战略就是主攻某个特定的顾客群、某个产品类别中的一个细分区段或某一个地域市场,在某个狭窄的市场目标中获得一种或若干种优势地位。这一战略运用得当,可以同时取得成本领先和差异化所带来的竞争优势。

出版企业实行市场集中战略,就是要集中有限的资源,以更高的效率、更好的效果,为某一狭窄的目标读者服务,从而超越竞争对手。本人在浙少社任社长时,针对当时多数少儿社将主要精力放在计划内教材教辅读物出版的状况,提出了本社做好市场图书的"整体推进、重点突破"的选题思路,就是将出版社的有限资源聚集在走市场的少儿图书上,既要顾及少儿图书的各大板块,更要力求在一个或若干个细分市场做到最好,占领制高点。根据浙少社的资源状况,我们选择了儿童文学这个门类,集中了编辑、营销力量,从选题开发到市场营销,力争做深做透。经过多年辛勤耕耘,终于结出硕果,浙少社在全国儿童文学图书市场,无论是品种规模、品牌影响,还是市场占有率均占据了第一的位置。由此也带动了其他图书的开发和销售,使出版社在全国少儿图书市场的占有率连续多年保持第一。

出版企业运用市场集中战略的好处在于,可以通过较好地满足特定对象的需要实现差异化,或者在为特定对象服务时实现低成本,或者是两者兼而得之。对于实力不是很强的中小出版社,这种战略往往是行之有效的。集团提出文教、少儿、经管、文学、艺术、生活等六条产品线建设,并将每条产品线建设的任务落实到相应的出版社,就是要让这些出版社在这六个图书门类中采取市场集中战略,以有限的资源和能力,获得优势地位,提高集团的整体市场份额。

(五)品牌战略

对企业来说,品牌是一种战略性资产,也是核心竞争力的重要源泉。科特勒认为,"营销的艺术大致上也就是建立品牌的艺术",他把品牌当作是营销和经营战略的核心。

出版企业同样需要通过成功的品牌战略,吸引和留住读者并创造财富。

1. 品牌的建立

品牌是产品差别的综合体现。产品的质量、外形、包装、服务等内在与外在的差别集中体现在品牌上。因此,产品的质量及其他特征是品牌的内涵。同时,品牌尤其是名牌享有高度的知名度,为消费者广泛认同。这种知名度是品牌的外延。

出版企业要建立成功的品牌,首先要做出质量高、有特色的出版物,让读者获得满意的阅读体验。所谓质量高,就是要实现思想性、知识性、艺术性的完美结合,确保内容质量、编校质量、印制质量符合标准;所谓有特色,就是要做出差异,做到独一无二,人无我有,人有我优,人优我廉,人廉我变。教育社的《中国少年儿童百科全书》之所以历经 18 年畅销不衰,就是因为它内容丰富、品质优秀、价格低廉,成为国内少儿百科图书中的第一品牌读物。

出版企业要建立成功的品牌,还要善于宣传推广。宣传推广的方式有多种,比如发行推广、广告推广、公关推广等。总之,要让读者和经销商认识、了解、喜欢这个品牌。

2. 品牌的管理

品牌是一种战略资产,与其他资产一样也有动态管理的问题,以实现其保值增值。出版品牌的管理,大致有以下工作要做。

(1)品牌的保护。品牌图书也好,品牌出版社也好,在当前出版物市场还不规范的情况下,往往容易成为仿冒和盗版的重点对象。出版企业要增强版权保护意识,采取法律手段,切实保护好自己的品牌资源。如集团各社的期刊,应该对刊物名称及设计进行商标注册,防止被别人抢注而使自己处于被动局面。集团各社的品牌图书的书名及图案、新颖的版式设计及整体设计等,也应该进行知识产权登记,使之真正成为自己的无形资产。同时,对盗版行为要运用法律手段,进行坚决的打击。

(2)品牌的延伸。利用已经形成的品牌,推出新产品,可以获得事半功倍的效果。在此过程中,要确保新产品的质量、功能、定位与原有品牌产品的一致性。少儿社的"冰心儿童文学新作奖获奖作品集"已经连续出版 21 年,在冰心奖评委会和出版社精心管理和维护下,该品牌的影响力遍及海内外,产品也由原来的每年一册,扩展为包括"获奖作品集"、"获奖作者作品集"以及"冰心作文奖"等系列产品,成为中国原创儿童文学的著名品牌。

(3)品牌的更新。在信息时代,知识更新的速度不断加快,出版企业要对自己的品牌出版物进行更新和维护,以保持其新鲜和活力。如少儿社的文教读物"每课一练"系列,首版至今已有 10 年,各门课程的知识点、课程结构以及教学大纲等都有了很大变化,只有进行更新,才能保持其生命力。百科类读物更是如此,通常一到两年就要修订一次。品牌的更新不只是内容,还应该包括形式,甚至是载体,因为不同的时期人们对出版物形式或载体的要求也不同,要根据读者需求,推陈出新。比如,《中国少年儿童百科全书》原来是双色的,现在需要全彩,还可以做成数字版,以适应当下读者的阅读需求。

六、集团营销策略
(一)产品组合策略
1. 主要产品类别

产品是任何行业的基础,也是营销组合的基础与核心。集团的产品主要是出版物,包括图书、期刊、电子音像制品,以及正在开发的数字出版物。

（1）图书

图书是目前集团最主要的产品,2009 年集团共出版图书 5997 种,其中新书 2566 种。与图书相关的销售收入占集团销售收入的约 90%。尽管传统的纸质图书已经受到很大挑战,在整个出版物结构中所占的比例在下降,但我认为纸质图书在中国仍然有一定的成长空间,今后若干年还是集团以及整个出版业的主要产品。因此,要十分重视图书产品的开发,尤其要着力开发社会效益和经济效益突出的教材、重点图书和六大板块市场图书,形成特色和优势。

（2）期刊

集团现有期刊 14 种,是十分宝贵的出版资源。期刊和图书一样,也是传统纸质出版物,面临着新媒体的冲击。但只要内容和形式上不断创新,还会继续存在并有所发展。浙江期刊出版总社是集团期刊产品生产销售的主要力量,共有 9 种期刊,要根据读者需求和自身优势,明确目标,准确定位,用 3 到 5 年时间,打造出 2 到 3 种国内一流的刊物。其他 5 种由各出版社主办的期刊,也要依托出版社资源,争取有 2 到 3 种成为同类刊物中的知名品牌。

（3）电子音像制品

集团的电子音像制品主要由电子音像社生产和经营,2009 年共出版 892 万盒(片)。这个类别的产品近年来受到网上下载和盗版的双重冲击,整体市场情况不好,但市场需求仍然存在,尤其是 CD 盘片具有相对固定的消费人群。目前电子音像社的产品主要是教育类的,并且是通过专有渠道发行,所受的影响相对小些。从长远看,还是要两条腿走路,即在坚持为教育服务的同时,积极开拓市场。这样才能健康稳定地发展。

（4）数字出版物

集团所属的数字传媒公司是 2009 年 12 月正式挂牌成立的,其主要业务就是整合各出版社的出版资源,进行数字化开发,出版和销售包括供网络、手机、电子阅读器下载的数字出版物。此前,集团各出版社分别跟中文在线、北大方正等数字出版机构合作,为他们提供数字出版资源。尽管国际上爱思维尔等出版机构已经形成了较为成熟的数字出版商业模式,但在国内出版界,这方面成功的例子还很少,做得较好的都是技术提供商。数字传媒公司的成立,标志着集团正式进入数字出版领域,目前公司已与中国移动、中国电信等运营商在手机阅读方面建立了战略合作关系,作为数字内容供应商。

2. 以读者需求为导向的产品整体开发

科特勒认为,完整的产品概念可以划分为三个层次:核心产品、有形产品和附加产品。核心产品是指一个产品内在的"有用性",即顾客真正追求的利益、价值与效用。有形产品是指一个产品的质量、特点、式样、品牌与包装等物质属性,是可以用感官感知的产品外在特征。附加产品是指产品的安装、售后服务、维修保障、送货和信贷等附加利益。如图8所示。

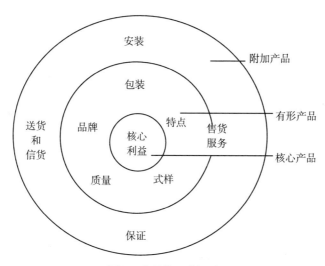

图8 产品的三个层次

引自包政《战略营销管理》。

不管出版物的载体是纸质还是数字,出版物的生产方式是印刷还是非印刷,出版物的存在形式是有形还是无形,其作为信息产品的根本属性不会变化,其满足读者阅读需求的基本导向也不会变化。出版物与其他产品一样,也具有这样三个层次。

(1)核心产品

出版产业是内容产业,所谓"内容为王"就是突出这个特点。正因为如此,集团各出版单位在开发出版物产品的时候,首先要考虑它的内容是否具有满足人们信息需求的功能,要根据读者的诉求点,选择、编辑、出版相应的内容,这是其核心产品所在。要从选题策划、组稿、编辑加工到三审三校等各个环节,保证其知识含量和文化品位,使产品对读者真正具有"有用性"。

（2）有形产品

出版物的有形产品,包括封面、装帧、开本、包装、品牌、载体等外部形式,它能够使其内在品质以更美的方式体现出来,满足读者的心理和审美需求。随着出版物品种快速增加,尤其是人们对出版物外在形式要求的不断提高,有形产品的开发越来越受到关注和重视,出版单位在这方面的投入也要持续加大,让你的产品的外在特征更加鲜明,更受读者欢迎和喜爱。

（3）附加产品

包括产品的售后服务、退货保证、送货和信贷等附加利益。随着出版物市场竞争的加剧和读者要求的提高,附加产品已经成为重要的竞争武器。教育社在自己的网站上,为购买本社图书的读者提供延伸服务,包括疑难题目解答、名师网络辅导等,就是很好的尝试。

3. 着眼市场竞争的产品组合

产品组合的概念,包括了四个因素:宽度（产品类别数）、深度（每类的品种数）、长度（全部产品的品种数）与一致性（各品种产品的相关程度）。懂得产品组合,就可以针对市场竞争的状况和特点,在产品组合的四种尺度上展开更高层次的竞争。

由于出版物产品具有品种多、单品种印量少的特点,更需要在产品组合上下工夫,努力形成板块优势、规模优势。事实上,近些年来拉动图书市场销售的两个主要动力,一是畅销书,一是品种规模。适度扩大品种规模是参与市场竞争的重要手段。但这种规模应该是有效的而不是无序的,要实现有效的规模扩张就必须根据市场情况和企业自身的实力,进行科学合理的产品组合,加强产品线开发。

（1）产品组合的目标。集团 2008 年至 2012 年发展规划纲要中,提出了重点出版物和六大产品线建设的要求,就是从集团层面来进行产品组合的设计和规划。集团的目标是,按照"整体推进、重点突破"的原则,加强重点出版物的出版,着力打造少儿、文教、生活、经管、文学、艺术等六大产品线,力争通过三五年的努力,有一批立得住、拿得出、叫得响的重点出版物,形成规模和品牌,六大产品线的可供品种有较大增长,集团版图书的市场占有率有较大提升,一些畅销书进入排行榜,若干系列和品牌有相当影响。

（2）产品组合的具体要求。重点出版物:每年出版 5—8 种（套）在学术文化界和出版界有较大影响,或者获得国家级大奖的出版物;可供品种:六大板块的可供图书品种,平均每年递增 10% 以上,总可供品种达到 2 万种以上;市场占有率:六个板块中,有 1—2 个在全国处于领先地位（前三位）,3—5 个处于优势地位（前十位）;畅销书和品牌书:每个板块都要有进入全国图书各细分市场排行榜前 30 位,或年销售 5 万册以上的畅销图书,或在全国有较大影响的品牌图书。

（3）形成产品组合的具体办法。要根据市场态势（市场空间或成长性）和自身优势（资源或渠道）,选择目标细分市场（二级或三级细分市场）;要按照"由点成线,由线带面"的路径,原创、集成、引进、合作相结合,培育"骨干产品群",形成重点产品线;要做到"宽度、深度、长度和一致性"相统一。

4. 按照生命周期规律做好产品营销

任何产品都要经历从进入市场到退出市场的过程,也就是说任何产品都是有生命周期的。产品的生命周期一般分为四个阶段:引入期、成长期、成熟期、衰退期。出版物也一样,在多元化、市场化、全球化、信息化的大背景下,出版物新品种增速加快、读者的阅读兴趣变化多端,导致出版物的生命周期正在缩短,给出版社带来极大挑战。出版社一方面要针对出版物生命周期的不同阶段采取不同的营销策略,另一方面要不断开发新产品以保持具有竞争优势的产品组合。

（1）针对处在不同阶段的产品,采取不同的营销策略。①引入期:由于刚上市,经销商和读者还缺乏了解,出版发行企业的主要工作是:确保上架,大力宣传,尽量缩短这个阶段,尽早进入成长期,否则有下架、退市的危险。②成长期:产品逐步为市场接受,销售快速增长。此时的主要工作是:加大分销力度,占据更多的渠道和卖场;同时加强品牌宣传,提高产品知名度,防止跟风出版。③成熟期:产品被广泛接受,市场份额较大且趋于饱和。此时一方面要做好产品维护和更新,如修订再版或调整封面版式等,另一方面在渠道和促销上要有新的举措,如寻求新的客户,尽量延长销售期,巩固市场地位。④衰退期:销售呈下降趋势,逐步退出市场。对于仍有一定市场的滞销产品,可以采取降低发货折扣及卖场打折销售的方式,延长退出时间;对于确实没有销路的,要及时停印停发,让产品安全退出,防止库存积压,将损失减到最低程度。

(2)不断开发新的产品,始终保持具有竞争优势的产品组合。为了避免产品生命周期带来的销售风险,出版企业需要进行产品组合的建设,让不同生命周期的产品相互叠加和支撑,始终保持竞争优势。以期刊总社为例,该社将9个期刊分为"两大系列、三个层次",两大系列是按照期刊的内容来定的,即财经系列、成长系列,而三个层次主要考虑的就是根据各个期刊不同的生命周期阶段,采取不同的营销策略。如《天下网商》是2010年4月与阿里巴巴集团合作创办的,目前还处于引入期,力争通过内容创新、渠道创新和机制创新,在"十二五"后半期成为国内一流的为小企业服务的财经类期刊。《小爱迪生》、《楼市》已经进入成长期,前者曾多次被新闻出版总署列入向全国青少年推荐的百种优秀期刊,要进一步加强发行网络建设,在"十二五"上半期确立国内同类刊物发行前三的位置。《少年作家》和《环球老来乐》等刊物则作为新的梯队,不断调整定位,为持续发展提供后备力量。

(二)客户关系策略

1. 寻找潜在客户

客户是企业最重要的资源。科特勒说,"营销是发掘、维系并培养具有获利性客户的科学与艺术"。寻找和发掘潜在客户是出版营销工作的一项重要任务,因为潜在客户一旦购买,就是出版发行企业销量和利润的新的增长。

首先要确定自己产品的目标市场,并在这个范围中寻找潜在客户;然后通过各种企业名录、电话簿等,寻找潜在客户的名单,比如书刊批发商、零售书店、学校图书馆、企业阅览室、社区文化活动中心等;最后从中识别既有愿望、又有能力购买自己产品的客户,他们就是最佳的潜在客户。如教育社的《王国维全集》(全20册,定价2800元),主要在大学图书馆或者公共图书馆中寻找买家。《天下网商》杂志,购买(订阅)者则大多集中在通过网络和电子商务进行交易的中小企业。

2. 向潜在客户推销

找到了最佳潜在客户后,业务人员就要向他们进行推销了。推销的方式,可以是直接上门,也可以通过网络等媒介。采用AIDA模式,可以使业务人员在推销中赢得更多的主动,即抓住潜在客户的注意力(Attention)、激起潜在客户的兴趣(Interest)、激发潜在客户的购买欲望(Desire)、驱使潜在客户采取行动(Action)。

3. 维系和培养客户

对于具有获利性的客户,企业不但希望创造,还想终身拥有,并将其培养成购买量更大、更为忠诚的优质客户。按照科特勒的理论,这个过程要经历以下几个发展阶段:首度惠顾顾客、续购顾客、客户、大力提倡者、会员、伙伴、部分持有人。实际上,就是不断提高客户的忠诚度,最后与客户形成利益共同体,建立起长期稳固的客户关系。浙江省新华书店集团所属的杭州、温州等市(地)书店,以及博库书城,建立了读者俱乐部,还发放了大量的可以打折购买自己产品的会员卡,就是在维系和培养客户,提高客户的忠诚度,从而获得更多的销售收入和利润。

4. 建立客户数据库

通过数据库来管理客户的详细信息,利用数据库来发现市场趋势、市场细分和不同客户的需求。在信息技术日益发达的条件下,运用信息管理系统,如ERP系统(企业资源计划)、CRM(客户关系管理系统)等,通过不断改善企业销售、客户服务等与客户关系有关的业务流程,提高各个环节的自动化程度,并实现与客户的互动沟通,可以及时了解市场信息和客户需求,快速做出销售或服务反应,有效增进与客户的关系,从而更好地实现双赢。

5. 集团在客户关系建立上的着力点

(1)建立集团内社店合作经营体系。通过集团对所属出版社和省新华书店的统一协调,使出版社与省店及各连锁店形成更为紧密的客户关系;完善集团版图书库存合一、统一储运管理模式,进一步提高效率,节约成本;建立和完善考核奖励机制,推动集团出版物在省店卖场的销售;发挥省店连锁经营优势,推动社店信息沟通、合作出版经营、联合宣传促销、打造知名品牌。

(2)建立遍及全国的战略客户体系。加强省外销售网络建设和管理,2008年以来集团已与全国22家图书批发、零售和网络书店签订了战略合作协议,取得了很好的效果。2009年和2010年上半年,在全国图书零售市场不景气的情况下,战略客户实现了20%以上的销售增长。下一步要健全集团营销战略客户制度,巩固和深化战略合作关系,形成重点突出、布局合理、诚信有效、覆盖全国的图书营销网络,让集团的出版物更加顺畅快捷地走向全国市场,实现读者、战略客户、集团三赢的局面。

(3)拓展新的销售渠道。指导和协助出版社、省店,寻求新的销售客户和分销渠道,努力开拓网上销售、团购和政府采购等,形成新的销售增长点。

(三)定价策略

1. 增强定价与价格竞争意识

出版单位过去对定价问题重视不够,只是把它作为印制部门的一项具体工作,没有认识其重要意义和作用。在市场经济条件下,价格既是出版企业市场营销的重要手段,与企业盈利和市场份额密切相关,也是读者比较关心的因素,关系到其自身利益的实现。浙江出版集团及所属各企业,作为市场主体和国有文化单位,承担着文化建设和国有资产保值增值双重任务,需要兼顾社会和经济两个效益。在出版物价格上,就是要在需求和成本之间寻找平衡点,能够兼顾企业和读者两者的利益,同时还要考虑竞争者和代用品的价格情况,努力在市场竞争中形成自己的价格优势。

2. 控制成本,让读者获得更多利益,为竞争赢得更大空间

成本是制定产品价格的最低经济界限,对价格水平高低乃至企业利润高低起着决定性的作用。出版企业有效地控制成本,就可以在定价中采用更为灵活的手段来争夺读者,并为企业创造更多的利润。集团及各企业控制成本,一方面要完善管理制度,如:选题的"三级二次"论证制度,从源头上防止既无社会效益又无经济效益的出版物进入生产流程,杜绝人力财力的浪费;库存和应收账款管理制度,防范库存积压和呆坏账带来的损失;集中采购和定点印刷制度,尽量降低输入成本。另一方面是扩大销售,扩大销售、增加印数,是降低成本最为有效的方法,因为出版物成本分为固定成本和变动成本两部分,印数增加只是提高了变动成本,随之而来的销售的增加,将大大摊薄其总成本,从而为降低价格提供更大空间。

3. 满足需求,提高出版物在读者心目中的心理价位

需求是定价的上限,它是由读者阅读偏好、购买力、消费心理等因素决定的。一是要以满足读者的阅读需求为导向,创造独特的产品。随着时代变迁,读者的阅读偏好呈现出多元趋势,独特的产品可以满足读者个性化的阅读需求,从而形成差异化优势。二是用品牌赢得读者。出版物的品牌是其特性、品质和声誉的体现,可以大幅提高读者对该产品的质量、品位的认知度,

以及对相关出版企业的忠诚度,进而提高对其产品的心理价位。三是通过渠道、促销等策略,让读者感知产品的质量和品位,提高对产品的心理价位。

4. 把握供求关系,兼顾各方利益,形成价格优势

定价的唯一依据是供求关系,因而在制定价格时要在供与求、成本和需求之间找到平衡点。定价要兼顾读者、出版社和经销商等各方利益,形成价值链共赢的局面,才能实现可持续发展。定价时要与竞争对手相比、与代用品相比,以便在价格竞争中占据有利地位。

(四)渠道策略

1. 渠道选择

所谓渠道,是指产品或服务从生产者向消费者转移过程中涉及的一系列相互联系的组织,也称分销渠道,包括了批发商、零售商、代理商和中介服务机构。

图书和期刊的分销渠道有多种可供选择的模式,常用的主要有以下三种:直销模式,即出版社直接将书刊卖给终端读者,中间不经过任何中介组织,如邮购、网上直销、面向读者的书展等;一级渠道模式,即出版社与读者之间只经过零售商或代理商一个中间环节,如超市、网上书店、民营书店等;二级渠道模式,即出版社与读者之间经过两个中间环节,即批发商和零售商,如出版社图书通过各省级新华书店批销中心再批发给市县新华书店零售。

三种模式各有利弊,出版单位要根据目标消费群的购买特性,研究渠道通路和终端覆盖策略。直销模式对读者的反应最迅速,服务最直接,控制也最有效,但投入的人力物力太大,难以做大规模,所以出版社通常只是为了建立一个窗口而运用该模式。一级渠道模式渠道短、服务及时、控制有效,但局限于交通便利的中心城市,投入的人力物力也比较大。二级渠道模式适合于大批量生产和销售,可以节省销售费用,但出版社离读者较远,不利于及时掌握市场信息。

2. 渠道管理

渠道管理包括选择渠道成员、考核与激励渠道成员以及对应收账款的管理。出版社与经销商要明确利益分配机制,构建共同的利益基础,把批发商、零售商组织起来,形成"分销价值链",并以购销协议或管理制度的方式固定下来。

（1）选择渠道成员。在确定渠道方案后，就要对渠道成员进行挑选，这很重要，因为对客户来说渠道就代表着企业。出版企业选择渠道成员，有三个要素必须考察清楚：一是要看其对出版物的理解和爱好，出版物是特殊商品，这是一项需要有社会责任的工作，不能把经济效益作为唯一的追求目标；二是企业及主要负责人的诚信情况，因为出版行业目前实行的是"实销实结"的方式，就是先进货，再销售，最后根据实际销售结款回款，销售不掉的则退货。这种方式对经销商的诚信要求高，否则出版企业将承担很大风险；三是销售能力和成长潜力。出版物销售对人员素质、卖场面积、品种规模、周边环境等，还是有比较高的要求的，这些要素决定了经销商的能力和潜力。

（2）考核与激励渠道成员。这是保证渠道高效运行的必要措施。出版企业在考核方面，要将企业的战略目标和衡量标准，转化为价值网中所有成员的目标和标准，当然也包括渠道成员。让渠道成员清楚地了解你对他的要求，他达到这些要求所获得的利益，以及未达到要求会承担的后果。对表现优异的成员要采取多种方式给予奖励，如提高客户等级、享受更优惠的销售折扣、奖金等措施；对表现不佳的成员，可以采取劝告、保留、终止合作等措施。

（3）应收账款管理。在当前出版物市场秩序比较混乱、客户诚信情况不容乐观的背景下，应收账款管理需引起出版企业高度重视。集团各企业2009年末的应收账款总额超过了5000万元，其中一年以上账龄的应收账款占了较大比例，需要引起高度重视。要加强对应收账款的分析，明确内部职责和具体责任人，采取切实措施进行催讨和清欠，尽力减少坏账风险。

3. 渠道调整

集团及各企业要根据情况变化，对分销渠道进行调整和拓展，当前和今后一个时期尤其要关注并着力构建以下渠道。

（1）网络渠道。随着互联网技术的快速发展，近年来网上书店日益兴盛，其销售额以每年翻一番的速度在急剧增长。集团版图书在省外的最大客户原来是江苏省新华书店，但2009年这一位置被当当网取代。2010年上半年，当当网销售集团版图书已超过1500万，比去年同期增长了130%。浙江省店也建立了自己的网络书店——博库网上书城，利用自己的50余万可供品种、遍布各地的销售渠道等优势，实现了快速发展。要利用好这些有利条件，乘势而上,采取"超级战略客户"合作、网店定制、首页宣传等营销策略,使其成为新的有效的出版物销售渠道。

(2)政府采购渠道。近年来政府对公共文化建设更加重视,文化惠民工作不断推进,对出版物的需求量在逐年增加,通过政府采购形式来购入义务教育阶段教材、农家书屋所需书刊、公共图书馆藏书等。这个渠道的特点是:需求量大、折扣率低、质量要求高、时间要求急,集团出版发行企业要树立高度的社会责任意识,牢牢抓住这个商业机会,充分发挥集团整体合力,利用我们品种多、质量高、发货快等优势,运用和管理好这一渠道。如少儿社 2009年在安徽省农家书屋用书的政府采购中,一次性中标 500 万,这个数字几乎与该省全年销售浙少版图书的数量相等。

(3)企业等机构订制包销渠道。这些年来,随着企业等各类机构的发展壮大和对文化的重视,订制和包销图书的情况更加普遍。如 2009 年,杭州娃哈哈集团订制了少儿社 3000 万码洋的图书,成为该社最大一笔企业订单,有力地拉动了出版社的销售。科技社在企业及机构订制包销图书方面有着很好的业绩,这部分业务已经成为其主要的销售和利润来源。需要指出的是,在开发这类渠道时要努力掌握主动、规避风险,防止落入微笑曲线的低端,即只是做了加工工序,或者完成依赖于这部分业务,放弃了自主产品的研发和自有销售网络的建设。

(五)促销与推广策略

促销与推广是企业运用各种沟通方式和手段,将产品或服务信息传递给消费者,促使其做出购买决策。科特勒将促销工具分成五大类:广告、促销、公关、销售人员、直效营销,这些工具在出版物的促销与推广中都可以有效地加以运用。

面对信息化时代和竞争日益激烈的态势,集团各企业要特别重视以下的促销与推广方式。

1. 重视信息的先导作用

出版物的信息,是出版物促销与推广的内容和前提,必须高度重视。目前对图书的信息要求,只是书名、作者、定价、开本、内容提要、出版单位,缺少对图书内容特色画龙点睛式的评介,尤其是专家的点评。在全国书店上百万个在销品种中,没有明显亮点和卖点的图书,是很难引起读者关注进而购买的。

2. 强化品牌注重特色

在促销与推广中,要突出出版社和产品的品牌特色,从而形成差异化的优势,给经销商和读者留下深刻印象。如教育社的文教类图书、古籍社的传统文化普及类图书,就是要强化其专业社的品牌和专业出版的品质,这是一种省力和高效的方法。

3. 依托大中盘占领大市场

在信息化管理、连锁化经营的背景下,省一级大中盘的地位和作用不断加强,对区域市场的控制力明显提高。集团的出版物要走向全国更广阔的大市场,需要依托这些大中盘。集团已在全国建立了 22 家战略客户的架构,其中有多家就是区域性大中盘,如江苏省店、四川文轩公司、辽宁出版物批销中心等,要以此为平台,深化合作关系、拓展合作方式,渗透到更多的销售终端,占领更广的市场。

4. 让卖场生动起来

大多数出版物最终是在卖场与读者见面并实现销售的,卖场在出版物销售中的作用不容低估。集团各企业要关注产品在卖场的上架情况、动销情况,还要想方设法通过各种活动,让自己的产品、自己的卖场生动起来,因为卖场一旦生动起来,就可以积聚人气、拉动销售。通常情况下,出版物不是生活必需品,购买的随机性很大,卖场的各种活动对销售的作用就变得十分重要了。

5. 实现多媒介联动

所谓多媒介联动,就是说出版物的促销与推广,要利用各种可以利用的传播方式和载体,包括媒体广告、新书发布会、订货会、博览会、零售卖场,以及出版发行企业自己的网站等,将自己的信息更加广泛深入地传播开去。

七、营销战略实施的保障措施

在市场竞争日益激烈的情况下,一个企业要取得成功,不仅需要有一个好的战略,还需要有一系列好的措施和手段,来保证这个战略的实施。当前中国出版业正处在转型时期,面对着各种机遇和挑战,浙江出版集团要确保自己的营销战略得到正确的贯彻落实,需要在资源配置、组织结构和激励机制等方面进行调整和改革。

（一）合理配置营销资源

1. 财务资源配置

在产品开发方面,集团近期正在制定政策,为重点出版物和六大产品线建设提供财务资源的保障。包括:加大对重点产品开发的资金扶持力度;对重大项目将视情采取直接拨款、考核时视同利润、贴息贷款等方式给予扶持,其中直接拨款的额度为每年 500 万;增值税退税用于重点出版物生产每年总计约 2000 万;同时对重要获奖出版物和畅销书给予奖励。要求直属单位也要制定相应的考核办法和扶持、奖励政策,激发员工的积极性和创造性。

在渠道建设和销售促进方面,集团已经投入数以亿计的资金。省新华书店平均每年新建卖场 10000 平方米以上,为扩大销售提供了物质基础;集团每年拿出数十万元,用来奖励销售本版图书的优秀经销商。"十二五"期间,还将在网络渠道建设、海外渠道建设上,投入更多资金,进一步拓展分销渠道,提高营销能力。

2. 人力资源配置

人力资源是集团实现产业转型升级的关键要素,也是集团实施营销战略的最为重要的资源。要加快建设结构合理、特色鲜明的人才队伍,主要加强三支队伍的建设:一是深化干部制度改革,建设适应新时期市场竞争和企业发展要求的经营管理队伍;二是以编辑和营销人员为重点,培养和引进相结合,建设一支业务精、作风正、开拓创新能力强的出版专业人才队伍;三是建立健全在职员工岗位培训机制,加快员工队伍建设。

为了适应出版产业转型升级、加快发展的需要,要特别重视年轻人才的培养和使用。一是选拔培养青年领军人才队伍,集团将在今后 3—5 年里,培养和引进 8—10 名经营管理青年领军人才,10—12 名图书编辑、策划青年领军人才,3—5 名新媒体出版及行业信息技术青年领军人才,5—7 名行业高技能青年领军人才。二是建立一支数量充足、素质优良、结构合理的直属单位后备干部队伍,以适应出版业新的竞争和挑战的需要,为集团长远发展提供人才保证。

此外,为了更好地发挥出版发行单位编辑、营销人才,尤其是骨干人才的积极性和创造力,集团正在考虑出台首席编辑、首席营销选拔和管理办法,为拔尖人才提供新的工作平台和工作机制,带动重点出版物、产品线建设和出版物营销工作。

3. 出版资源配置

集团数字传媒公司成立后,将各出版单位的数字出版资源整合起来,建设集中统一的数字出版平台,推出各类数字产品,寻找数字出版的盈利模式。

(二)改造提升营销组织

1. 集团总部

作为整个集团的决策中心、投融资中心、生产经营管控中心,集团总部要进一步明确自己在营销战略中的定位和职能,负责制定集团总体营销战略,明确营销战略的分解和落实,协调和指导集团各企业获得最佳的市场营销成果,统筹资金和人力资源的配置,为集团营销战略的贯彻实施提供资源和政策保证。集团总部的组织结构、工作职能、业务流程的设置,都要有利于营销战略的贯彻实施,绩效管理也要以战略落地为核心展开。

2. 出版单位

作为出版物生产和销售机构,要坚持在传承文化中重视经济效益、在实现经济效益中注重社会效益,提高出版物有效供给能力,加快形成品种规模大、结构合理的可供书目、常销书目和畅销书目。为实现这个目标,需要创新组织形式、优化业务流程、转换经营机制,如在内部实行项目制、事业部制,建立工作(策划)室、项目组等,催生新的生产组织形式和经营组织机构;积极与集团其他成员企业或民营机构,实行不同形式的项目合作经营,或整合、重构经营实体;有条件的可以进行股份制改造工作,创造条件上市。

3. 新华书店集团

作为大型的出版物销售商,要进一步加强区域分销、连锁经营和教育图书专有发行的功能。组织功能的改造和提升,要有利于巩固中小学教材发行,积极拓展服务教育新领域,保持总销售持续稳定增长;有利于继续推进门店建设,营造各类终端盈利模式,扩大连锁经营;有利于继续探索与社会资本合作模式,发展主业,开拓副业,控制省内市场,拓展省外市场。在省店对市(地)、县(区)书店的管理上,要进行深入调查研究,找到最佳模式。

4. 印刷集团、物资集团

作为集团出版物的生产基地和物资保障机构,在组织结构和功能设计上,要从两个方面进行提高和改造:一方面要确保集团各出版单位的生产需要,努力使集团的出版物生产做到质量高、周期短、成本低,为提高集团整体竞争力服务;另一方面要拓展印刷、物资贸易的社会业务份额,实现产品结构多元化和业务对象社会化,并不断提高印刷和材料的科技含量,增加产品附加值,积极开拓国际印刷业务。同时还要利用好华硕公司外贸平台,延伸业务链,加快实现外贸规模和效益上新台阶。

5. 投资和置业公司

作为集团多元开拓的主要机构,要充分挖掘和利用集团的资源优势,进行产业链的横向或纵向延伸,形成新的经济增长点。在组织架构上,主要考虑两方面的功能,一是利用省新华书店遍布省内外的 30 多万平方米卖场和下沙基地物流平台,向文化产品、数码产品经营及广告服务拓展;二是综合开发和利用集团现有物业和地块,做好天水桥、绍兴路、勾庄、翠苑、武林路等物业和地块的开发和利用,进一步盘活土地存量。

(三)建立健全考核激励机制

绩效管理是企业战略执行系统,也是企业战略落地的工具。集团营销战略要贯彻落实,离不开相应的考核与激励机制。

1. 围绕集团营销战略目标,建立关键要素(KPI)指标体系

集团"十二五"期间的营销战略目标,就是调整结构、提升品质、增强市场竞争力和可持续发展能力,建设成为主业突出、具有较强市场竞争力和经济实力,年销售、总资产"双百亿"的现代出版企业。决定这个战略目标能否实现的关键因素有:产品开发、市场占有、资产增值、社会责任、运营管理、人才保障等。对这些关键要素进行分解和细化,确定 KPI 要素,并形成指标体系。

2. 通过绩效考核评价,将集团的指标体系分解落实

集团的考核指标要分解落实到每个单位、每个部门、每个员工,这就是所谓的战略落地。这样,既可以使围绕集团营销战略目标的各项 KPI 指标,能够切实得到贯彻落实,又能够让所有员工真切地感受到,自己所做的工作是集团整体战略的一个组成部分,从而有效增强其大局意识和责任意识。(见

图9）

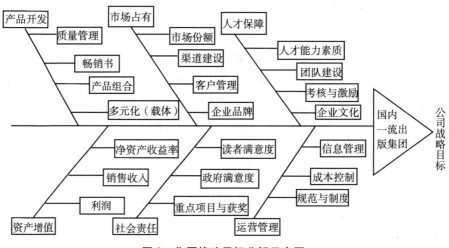

图9　集团战略目标分解示意图

3. 建立符合实际、科学合理的激励机制

出版产业是文化创意产业，人的积极性、创造力发挥得如何，对产业发展具有决定的作用。要通过绩效管理，以激发人的内在潜能为目的，建立体现效率优先、兼顾公平、激发创意、相对完备的绩效考核分配体系，充分调动单位和从业人员的积极性、创造性。

八、结论和展望

（一）结论

出版产业正处于转型升级和加快发展的关键时期。在这样的形势下，作为在国内出版企业中实力位居前列的浙江出版集团，更要认真思考、积极谋划、切实贯彻自己的营销战略，因为营销战略是企业各种战略中最为重要、最为核心的战略。

浙江出版集团在原有基础上，经过最近10年的发展，已经形成了明显的优势，主要表现在经营规模较大、出版产业链完整、具有一定的品牌影响力和市场地位，以及有一支经历了市场竞争和转企改制考验的人才队伍等，这些都为下一步的市场竞争和转型升级打下了良好的基础。集团也存在着一些突出的问题,尤其是主营业务过多依赖文教类图书、产品结构比较单一脆弱、市场能力相对不足、体制机制改革尚未完全到位等。

当前出版产业面临的宏观环境、市场状况以及内部格局,对集团来说既是机会也是挑战。机会表现在经济发展推动文化消费需求增长、政府重视促进产业发展、技术进步催生新的出版业态等。挑战来自阅读方式变革对传统出版的冲击、教材政策变化给主营业务造成的损失,以及出版产业"超竞争"格局对集团盈利能力的影响。

集团要深入分析出版产业的外部环境和内部结构,研究集团自身的营销资源和核心能力,在此基础上制定自己的营销战略。集团的营销战略目标,就是要进一步做强出版主业,实现持续健康发展,努力成为主业突出、具有较强市场竞争力和经济实力,年销售、总资产"双百亿"的现代出版企业。在目标市场选择上,集团要努力做到"两手抓",一方面抓住传统出版不动摇,努力保持其稳定持续发展;另一方面积极探索数字出版的赢利模式,促进集团的转型升级。为了在目标市场上取得成功、赢得竞争,必须实施相应的市场定位战略、竞争战略和品牌战略。为实现集团的营销战略目标,还要寻找适当的营销策略,包括产品组合策略、客户关系策略、定价策略、渠道策略和推广促销策略。

在形成营销战略后,集团还需要在战略实施上下功夫。资源配置是保证战略实施的基础,尤其是财务资源、人力资源和出版资源;组织结构是保证战略实施的前提,要对包括集团总部在内的各级组织,进行必要的改造和提升,围绕集团的营销战略目标,进一步明确职责、提高效率;考核与激励是保证战略实施的关键,要以集团战略目标为核心,建立关键要素指标体系,分解落实到各单位、部门和人员,进行考核与激励,把集团所有成员的积极性和创造性都充分调动起来,共同为实现战略目标而努力。

(二)展望

"十二五"时期,集团的发展面临着新的宏观环境和行业状况。从宏观环境而言,未来五年中国将保持经济发展、政治文明、社会和谐、文化繁荣、生态安全的良好态势,随着人们文化素养和收入水平的不断提高,出版业改革发展的外部环境会有大的改善。从出版行业自身状况来说,经过转企改制,出版单位成为真正的市场主体,所激发出来的活力和创造力,将推动这个行业更好更快地发展。但是也要看到,出版行业尤其是传统出版领域,所面临的竞争和挑战也越来越明显。未来五年,出版行业内部的竞争将不断加剧,潜在竞争对手会更多涌入,以新媒体为代表的替代产品快速成长,这些都将使出版企业生存和发展难度加大。这就要求我们努力发挥自身优势,紧紧抓住发展机遇,积极应对各种挑战。

经过改革开放以来尤其是"十一五"期间的持续发展,集团已经拥有雄厚的基础和实力,为"十二五"时期的持续稳定发展创造了有利条件。同时必须清醒地看到,集团在出版结构上过多倚重教材教辅的状况没有根本改变;产品创新能力不强,市场图书规模不大,单品种效益不高的状况仍然存在;营销能力、运营机制和管理水平不适应市场竞争的要求。我们要树立强烈的忧患意识和责任意识,通过营销战略的制定和实施,形成新的发展优势,确保"十二五"时期集团出版业持续稳定发展。

正如科特勒所说,有效的营销是一项无止境的追求。出版行业在市场化进程中,集团在营销改进和提升中,需要有志者不断探索和实践。希望这项工作得到更多人的重视和参与,共同推动出版产业健康、持续发展。

参考文献

1. 菲利普·科特勒著、高登第译《科特勒营销策略》,中信出版社,2007年12月。
2. 菲利普·科特勒、凯文·莱恩·凯勒著,王虹、应斌译《营销管理》(第4版),清华大学出版社,2009年12月。
3. 赵东晓编著《出版营销学》,中国人民大学出版社,2010年1月。
4. 包政著《战略营销管理》,未出版稿,1997年3月。
5. 迈克尔·波特著、陈小悦译《竞争战略》,华夏出版社,2009年11月。
6. 金占明编著《战略管理》(第2版),清华大学出版社,2004年8月。
7. 魏炜、朱武祥著《发现商业模式》,机械工业出版社,2009年6月。
8. 李飞著《定位地图》,经济科学出版社,2008年5月。
9. 彼得·多伊尔著、杨艾琳、朱翊敏、王远怀译《营销管理与战略》(第3版),人民邮电出版社,2006年4月。
10. 陈昭玖、郭锦墉主编《市场营销学》,中国人民大学出版社,2010年1月。
11. 方卿、姚永春编著《图书营销学教程》,湖南大学出版社,2008年7月。
12. 柳斌杰《加快新闻出版业发展方式转变是当务之急》,《中国出版》2010年4月。
13. 杰森·艾普斯坦《出版业将迎来历史性的转型》,《中国新闻出版报》2010年4月。

14. 吴尚之《努力实现由出版大国向出版强国的跨越》,《中国新闻出版报》2010 年 4 月。

15. 吴培华《后改制时代中国出版业面临的问题思考》,《现代出版》2010 年 9 月。

16. 古隆中《金融危机下的日本出版业》,《海外新闻出版动态》2009 年第 5 期。

17. 新闻出版总署《2009 年新闻出版产业分析报告》,2010 年 8 月。

18. 北京开卷信息技术有限公司《2010 中国图书零售市场观测年度报告》,2010 年 1 月。

（2010 年 10 月）

三、深化改革　加快发展

以改革促发展，把少儿出版工作推向前进

在刚刚过去的 1998 年，浙少社围绕为培养"四有"新人服务这个中心，以提高两个效益为目标，以调整和改革内部机制为动力，促进各项工作发展，取得初步成效。

一、基本思路

浙少社建社以来，在出好书、创效益方面取得了很大成绩，打下了很好的发展基础。随着计划经济向社会主义市场经济转变，我社和其他社一样也面临着新的挑战和困难。一方面，列入计划的教辅逐年减少，这使得我们赖以生存和发展的经济基础发生动摇，一般图书和期刊的优势由于竞争加剧等原因而有所削弱；另一方面，出版社的观念以及出版社内部管理不适应已经到来的市场竞争的要求，内部关系有待理顺。我们觉得，要解决这两个方面的问题，在市场竞争中求生存、求发展，比较有效的办法就是改革内部机制，建立多出好书的激励机制，形成公平竞争的客观环境。所以，1998 年我们的第一项任务就是研究改革问题。我们根据党的十五大精神和局社党组在绍兴会议上提出的要求，经过调查研究，参照了许多出版社的做法，又根据我社实际，制定了一套用人、分配和出书方面的改革方案。

这个方案的指导思想是：贯彻党的十五大深化改革、加快发展的精神；既遵从出版工作基本要求和特殊规律，又符合市场经济和企业管理的一般原则。目的是：多出好书，为少年儿童提供更多的优秀精神食粮；提高本社书刊的市场占有率，增强出版实力和后劲；调动全社同志的积极性和创造力，提高队伍素质。基本原则：科学、合理、公正；简洁、明了、可操作；逐步深化、

不断完善。

二、具体做法

1. 用人方面,实行了以竞争上岗、全员聘用为主要内容的改革举措。

（1）按需设岗——根据工作需要,设置内部机构和岗位。行政管理部门本着精简、高效的原则,设岗定编,尽量做到一人多岗;编辑室则按出书需要,人员配置可适当灵活。每个岗位都有相应的岗位职责、任职要求和工作目标。如办公室曾经有6个人,这次只给3个编制,这就要求一人多岗,改变人浮于事的状况,多出的编制充实编辑和营销力量。

（2）竞争上岗——室主任实行竞争上岗。凡愿意并能够完成室工作目标,符合任职条件的本社职工,均可参与竞争,向社委会阐述完成目标任务的方法和措施。社委会在广泛听取意见,进行考核和分析比较的基础上集体讨论。许多同志踊跃报名,并且都做了认真准备,表现了支持改革和为出版社发展多做贡献的勇气和责任感,使社里发现和重新认识了一批人才。同时,我们对因年龄等原因主动让贤的原室主任表示了敬意。

（3）双向选择——室主任确定后,由他们根据本室编制、工作需要,在本社符合相应任职条件的人员中进行选择。其他同志也可以按自己的能力、特长、志趣等选择科室。社里不搞"拉郎配",以形成较好的人员结构与和谐的人际关系。

（4）全员聘用——室主任由社委会聘任;其他同志由室主任提名,社委会聘任。被聘者与社里签订聘约,明确聘用岗位、目标、要求、利益等。落聘者根据情况可由社委会决定挂靠某一室,或限定一段时间内调离,符合条件的可申请内部退养。

（5）定期考核——对被聘人员按目标责任的要求进行考核。考核实行综合考评与单项考核结合、定性考核与定量考核结合、民主评议与领导意见结合。考核结果与奖金兑现、专业职务晋升、下一轮聘任挂钩。

（6）动态管理——聘期内达不到岗位要求或违纪违规的,社委会要解除聘约。年度考核未完成工作任务的,下一年度可高职低聘;连续两年未完成工作任务,以及严重违纪违规的,视情作转岗或辞退处理。

2. 分配方面,以两个效益为目标,遵循效率优先、兼顾公平的分配原则。

职工收入上不封顶、下保底,出工拿工资、出效拿奖金。全年收入的60%以上纳入浮动考核,按个人工作绩效兑现。整个收入分割为六块:

(1)工资——含基础工资、浮动工资、津贴等,按国家和省里政策发。

(2)内部职务津贴——根据社里聘任的行政、专业岗位职务发,随岗位职务变动而变动。

(3)考勤奖——按社内考勤制度发放。

(4)综合考评奖——根据岗位职责和目标的要求,对德、能、勤、绩等方面进行综合考评,按考评分数发。

(5)单项考核奖——是对出好书、创利润、超定额、有突出贡献者的奖励。编辑、发行、校对、出版、行政人员,都有不同的单项考核奖励办法。如编辑,有好书奖(对获奖、社会效益显著图书的直接责任人奖励)、创利奖(对创经济效益图书的直接责任人,按创利的一定比例奖励)、超工作量奖(超定额部分按"有效字数"奖)等。

(6)优秀部门奖——对团结协作、开拓进取、双效显著的部门进行奖励。

为了让大家站在同一条起跑线上,社里还对选题分工作了调整,规定各室可在原选题分工的基础上有30%-50%的突破。为了使大家轻装上阵参与竞争,还对一批过时选题、书稿作了清理和结账,让编辑丢掉包袱,去开发新选题。

3. 重点书和双效书操作方面,我们也作了些调整和改革。对重点书除了做到"五个落实"之外,还制定了倾斜政策,即:列入"五个一工程"及本社重点书的,或是有一定文化价值、市场价值的中长线图书,以及有一定风险但值得开发的图书,风险由社里承担,利益计给责任人,以鼓励编辑去开发、去创新。在双效书操作上,我们实行瞄准春秋两季订货会,进行"倒计时"操作。为此,社里制定了春秋两季订货会"倒计时"操作表,并在每月的工作例会上进行检查和协调。通过这些措施,在保证出书质量的前提下,加快了出书节奏,有效提高了选题的实现率和图书的市场占有率,使新的适应市场的品种不断推出。

三、成效与不足

在形成思路和组织实施上述方案中,我们觉得有三点是十分重要的。一是班子的统一思想、形成共识、分工合作，这是关键；二是全社同志的理解、积极参与和支持，共同来实践；三是好的外部环境，特别是局社的支持。

应该说，我们的调整和改革经过了大半年的实践，已经初见成效。它激发了广大员工的工作热情，推动了出好书增效益，保证了全年目标的完成，并为下一步发展打下了基础。主要表现在：第一，调动了大家的积极性和创造力。岗位能上能下，收入拉大差距，干得好的同志觉得自己的工作得到承认，精神上物质上都有回报，因而更加努力地工作；由于种种原因干得不够好的同志也受到震动，有了紧迫感，进而奋起直追。第二，增强了编辑和营销人员的精品意识、市场意识和成本意识。因为是双效考核，大家对选题调查、论证更加重视，那些既无市场价值又无文化价值的选题自觉地被淘汰，而有可能获效益的大众精品不断涌现。编辑主动去市场，跑订货会也是一大转变，如去年夏天在萧山学习期间，许多编辑都到当地书店调研；名社好书订货会和北京国际图书博览会、西安书市，编辑都积极去了解、去谈判。同时，对成本也更加关注，精打细算，压成本增效益。第三，人际关系也相对宽松、和谐了。原因之一是科室是双向选择、自愿组合；之二是工作紧张，人际关系宽松了，因为注意力转移到了工作上；之三是分配等问题上，减少了人为色彩，增加了客观公正。

在改革的推动下，1998 年全社工作有了新进展。尽管图书市场偏冷，少儿书普遍下滑，我社的初版品种、利润总额和用纸量等均比上年增长。浙少版图书销售情况在全国同类社排名有所上升。重点书的出版出现较好势头，列入局社重点图书的 6 套 33 册均可如期出版，其中已出的"中国幽默儿童文学创作丛书"（12 种）、"红帆船诗丛"（6 种）等已经受到好评，对提高我社整体出书质量和品位起到了带动作用。期刊在调整后，一手抓质量、一手抓营销，成果也较显著，订数止跌回升，其中《幼儿智力世界》增长 9%，《幼儿故事大王》增长 20% 以上。

当然，我们的办法还有许多不足，有待完善和深化。一方面，它是根据现阶段我社的实际制定的，主要是为了使编辑和营销人员走向市场、适应竞争，可能是属于比较初级；另一方面，方案的本身还有不够严密之处，随着出版社的发展变化，随着大环境的发展变化，应该作进一步的调整。如外研社等许多著名出版社的做法，我们今后要学习和借鉴。但我们觉得基本的方向和原则还是对的。各社情况不同,没有现成的模式,只能在实践中不断深化和完善。

四、下一步打算

1999 年我社工作总的指导思想是:继续深入学习贯彻邓小平理论和十五大精神,解放思想、实事求是,扎实工作、开拓进取,在服务大局的同时不断发展壮大自己,争取把一个好的出版态势、一个好的机制、一支好的队伍带入 21世纪。

1. 坚持出版导向,积极开拓市场。要把这两者在实际工作中很好地结合起来,一是根据跨世纪少年儿童培养教育的新要求,继续调整选题结构,在保持特色的同时开发新的选题领域,寻找新的增长点;二是采取多种形式拓展市场,把书送到读者手里。1999 年在选题和市场的开发上,要注重多种形式的联合,包括与教育部门、与书店、与其他出版社的联合,优势互补,共同开发出版资源,占领图书市场。要办好两个期刊,继续提高质量,扩大发行量。

2. 努力创造品牌。一是重点书和双效书要形成系列、形成特色,推出标志性产品,在一个或几个门类中占领制高点;二是注重创新,包括选题和出书形式上争取有新突破;三是实施"CI",通过征集社徽和代表出版社理念的口号等,进一步强化出版社的个性特色和品牌效应。

3. 改革和管理要深化、细化。改革方案试运行一年后,要作调整。总的想法是:大的原则和精神不变,不完善的要补充,不合理的要调整。同时还要与局社出台的新政策衔接。内部管理要进行专题研究,在人员、资金、选题和出版流程等管理上争取建立一套较完整、可操作的制度,在向市场要效益的同时向管理要效益。

4. 加强班子和队伍建设。领导班子要继续坚持民主集中制,坚持团结,发挥表率和战斗堡垒作用。加强全社员工的思想教育和业务学习,形成讲团结、讲正气,比成绩、比贡献的良好风尚。现在社里学习业务的风气浓了,要顺应这方面的需求,安排系列讲座,请专家讲选题开发、书稿把关、成本核算、市场营销、电脑应用等等,使大家能力再提高一点,在新一轮的竞争中立于不败之地。

　　1999 年是很特殊的年份,是 20 年、50 年、100 年、1000 年的结束,也意味着新世纪的到来。图书市场可能仍然是"低速增长,不均衡发展",竞争会更加激烈。我们要在局社党组的领导下,努力工作,为社会主义精神文明建设和出版产业化发展作出应有的贡献。

(原载《出版研究》1999 年第 1 期)

我看出版集团

首先,我认为组建浙江出版集团是大势所趋。最近召开的"临安会议"上,局社党组提出,要把加快集团化进程、提高出版产业的集约化水平和规模化经营能力,作为当前深化浙江出版改革的突破口。局社"2000年工作要点"中也明确列入,要深入调研论证、规划设计,提出组建浙江出版集团方案,上报审批。组建浙江出版集团,是一件关乎浙江出版业在新的世纪如何生存与发展的大事,非常重要,也很及时。

从国际出版业发展情况看,近年来由于出版业高度竞争,出版社并购愈演愈烈,出版业向大型化、全球化发展,以此来分割、垄断市场。以美国为例,到1997年底,已有85%的出版收入控制在20家大出版社之手。预计两三年后,这个份额将集中到排位在前10名的出版社之手。难怪有人在预测今后五至十年美国书业变化时说:"再见,美国的中小型出版社!"在国内,随着我国加入WTO,国际、国内资本以各种形式介入出版行业,原有出版的地域格局逐渐被打破,而中央和各省出版集团的组建,国际出版业的这种状况很可能在中国出版业也出现。事实上,这几年崛起的一些强社和组建的集团,已经在一些出版领域形成割据和封杀之势。如外研社在外语教学类图书市场、人民邮电出版社等所谓"四大家族"在电脑类图书市场,都占据了很大的市场份额,很难有出版社能与之抗衡。现在有一些中央大社,反对建省一级地方出版集团,要"一条线下去",在各地建分社,实际也是想借助行政力量多分割些市场。

在这样的背景下,如果我们还是维持原有规模和体制,不实行战略性的整合与重组,不深化机制改革,仍然是"大的不强,小的不活",那么不出几年就会失去优势,甚至有的出版社将难以为继。因此,组建浙江出版集团,提高我省出版业的集约化水平和经营规模,增强综合竞争力,的确是大势所趋,必须努力把这项重要的工作做好。

第二,组建集团要在"整合"上下功夫。于友先署长在全国新闻出版局长会议上说,"整合"是当前新闻出版改革发展的一个提纲挈领的"关键点",是阶段性转移的深化和提高,通过整合将实现新闻出版业从量变到质变的飞跃。

所谓整合,就是对现有出版产业结构进行战略性调整和重组。从国家层面上讲,要优化出版产业布局;而在出版社层面上,使出版单位走规模化、集约化之路。组建浙江出版集团,就要在"整合"上下功夫,以提高我省出版在全国乃至国际上的竞争力为目标,优化结构,形成优势和特色,走规模经营、集约经营的道路。

"整合"不是"捏合",组建集团要防止简单的"归大堆"。前几年,一些企业在集团化过程中陷入困境,主要原因就是没有按照市场经济规律办事,行政上搞"拉郎配",不但没能救活困难企业,连效益较好的企业也被拖垮。出版业组建集团,其调整、重组的难度比一般企业更大。因为出版业还具有意识形态性质;出版物作为产品,是复杂的、多元的;出版单位有的是企业,有的是事业。因而在组建集团的过程中,应采取灵活、多样的形式和手段,并且是循序渐进、分步到位。就出版社而言,有的可以按专业归并,以扩大优势、降低成本;有的则可以利用已有的专业和市场优势,鼓励、扶持其走内涵发展的道路。总之,要按社会主义市场经济的基本原则和出版业的特殊规律办事,通过整合形成既强又活的出版实体。

第三,组建集团应与加强管理、改革内部机制紧密结合。组建出版集团为我省出版业进一步改革发展创造了客观条件,但是由此也带来了管理和运行上的新问题,必须认真研究、同步解决。我们看到一些企业改制后仍止步不前,就是因为没有进行内部机制改革,体制与机制不协调,无法正常运作。

出版集团在组建的过程中,有两个层面的管理问题需要关注。一是集团母公司对所属子公司(出版社)的管理。母公司应围绕集团的总体目标,通过确定发展规划和经营方向、法定代表人任免、财务目标考核等,对子公司进行管理。这种管理应是只管结果、不管过程,给子公司以充分的自主权,使他们真正成为自主经营、自负盈亏的法人实体和市场主体。二是子公司内部的管理。要运用现代管理的理念,对内部机构设置、人员配置、运行机制进行调整。特别是通过用人、分配等制度的深化改革,调动管理人员、专业人员的积极性和创造力。只有这样,出版社、出版集团的竞争力才有根本的保证。

当前面临的工作任务十分繁重,既要努力完成多出好书、多出精品、提高两个效益的工作目标,又要积极应对局社机构改革、组建集团,以及中小学生"减负"等重大变化。只要认真坚持党的出版方针,坚持实事求是的思想路线,按照市场经济和出版工作的客观规律办事,按照局社党组确定的"主体界定、分块实施,组织整合、资产优化,协调发展、共同推进,政企分开、局社分离"的原则操作,就一定能在做好其他各项工作的同时,完成浙江出版集团的调研论证、规划设计。

(原载《浙江出版》2000 年第 2 期)

少儿出版,新的发展动力在哪里?

　　观察近年来少儿图书市场的变化情况,有几个数据令人关注。一是在全国图书零售市场中,少儿图书的相对份额在减少,其中 2002 年比 2001 年下降了 0.48 个百分点;二是少儿图书的市场增幅趋于缓慢,2002 年的增幅只有 6.89%,不仅比 2001 年少增了近 14 个百分点,与当年的零售市场平均增幅比也少了 6.21 个百分点;三是少儿图书市场中,专业少儿社的主导地位在削弱,非专业社在少儿图书市场占有率的排名不断上升,占有的份额也持续增长。应该说,这几年众多的少儿社进行了积极的努力和探索,也有不少的市场亮点,但是从总体的市场效果来看还是没有太大的起色。

　　许多业内人士在感叹,少儿图书越来越难做了。事实的确如此。一方面,作为大众出版领域,读者对这一类图书的依赖程度是不高的,不像专业或教育类图书那样不可或缺,"非典"时期少儿书跌得最惨就是例证;另一方面,由于门槛较低,大量的非专业社进入这个领域,国外资本、民营资本也以各种方式介入其中,少儿图书竞争激烈已是不争的事实。但是以此来解释为什么少儿图书市场发展缓慢、少儿出版社主导地位下降,并不能够令人信服。那么,制约少儿出版发展的瓶颈到底是什么? 或者说,少儿出版新的发展动力在哪里? 如果说改革开放以来少儿出版分别在书荒、书价上涨、市场竞争的推动下赢得了几次大的发展,那么今天的动力应该来自面向市场的体制和机制的改革。

　　在市场经济条件下,出版社只有成为市场竞争的主体,才能具有充分的活力和不断进取的动力。而目前不少少儿社还不具备作为市场主体的必备条件,所有权(无论是终极所有权还是法人所有权)、生产经营自主权等问题都还没有解决好，无法真正做到自主经营、自负盈亏、自我约束、自我发展。与此同时，构成市场经济基本要素的规范的市场体系、法律法规体系、宏观调控体系等也还没有建立或健全。从微观上说，出版社内部运行机制也难以适应市场竞争的需要。与经济领域相比、与许多非专业少儿社相比，少儿社在这方面的步子和力度普遍不大，无论是用人制度、分配制度，还是组织结构、生产流程，都远未达到企业化的要求。而分析一下进入少儿领域的那些非专业社情况，除了个别靠超级畅销书成功的，都可以看到他们在体制或机制上的优势：有的充分利用了现行体制之外的力量，有的则采取了企业的运行机制。

体制改革应该是自上而下的，出版社只能是等待。好在中央十分重视这个问题，正在下大力气推进文化体制包括出版体制改革，相信不久的将来少儿社能够理顺产权关系，建立现代企业制度，成为真正意义上的市场主体，从而获得强大的发展动力。内部机制的改革则不需要等待，也不能够等待。即便在现行体制下，少儿社还是可以有所作为的。

在内部机制改革上，浙江少年儿童出版社几年前就做过有益的尝试，取得了比较明显的成效，对这几年来的发展起了至关重要的作用。但是，随着市场竞争的加剧、生产规模的扩大，机制上的问题又凸显出来了。进一步改革，需要在深度和广度上都有所突破。在用人上，关键要做好竞争和流动的文章。人才只有在竞争中才能充分发挥潜力，在流动中才能达到合理配置，做到科学设岗、竞争上岗、能进能出、能上能下，优胜劣汰是自然法则，也是改革的必然。在分配上，一定要与岗位绩效挂钩。按照岗位职责和技能要求，确定岗位工资，实行以岗定薪、岗变薪变；同时根据不同的岗位特点，采用多种绩效工资形式，如按利润提成、按销售收入提成、计件工资、浮动工资等，真正形成重实绩、重贡献的激励机制，调动出版工作者的积极性和创造性。还有组织结构和生产流程的重组，要有利于面向市场，有利于提高效率、降低成本，有利于实现责权利相统一。

社会经济文化在不断发展，人们对优秀少儿读物的需求在不断增长，只要少儿社在体制和机制改革上有所突破，少儿出版一定会有新的更大的发展。

（原载《中国新闻出版报》2003 年 9 月 10 日）

新的书业格局下地方出版社的生存发展之道

——在"地方出版社生存与发展"研讨会上的发言

很长一段时间以来,地方出版社主要依靠三方面的有利条件获得了较快的发展,并在中国的书业格局中占据了重要的位置。一是计划内教材教辅的出版,给地方社带来了强有力的经济支撑;二是所在地域的本土优势,使地方社在本地图书市场上能够处于主导位置;三是地方社在机制上相对灵活,对市场的反应更加敏捷。但是,随着国家对教材出版发行改革的推进,地方社的这一经济支撑正在或已经失去;以跨地域、开放性、全国统一市场为目标指向的书业改革,使地方社的本土优势有所削弱;而在机制上,由于受到更多的制约,这几年反而有所滞后。与之相反,中央出版社因为地处北京,占尽了首都的人才、信息、媒体乃至行政资源优势,大有泰山压顶之势。以至于有中央社社长发出"中央已经有了各个专业出版社,只要到各地去设立分社,还要地方专业社干啥"这样的疑问。

在这种背景下,地方出版社如何生存发展?这是我们面临的共同的课题。有不少的地方出版社在研究和解决这个难题,各有各的高招,并且已经取得了令人瞩目的成就,比如接力出版社。这些成功的案例,为我们增添了信心,也提供了可以借鉴的经验。

浙少社是一家地方专业少儿社,早在十年前就已经失去了计划内的教材和教辅。这些年来,我们主要通过面向市场的结构调整、产品创新、渠道建设和机制改革,逐步走出了一条适合自身特点的生存与发展之路。

第一,在结构调整方面,我们立足于一般图书的开发,按照"整体推进、重点突破"的战略,力图在少儿图书的几个重点领域有所作为,并争取在个别领域占领制高点。对儿童文学、低幼启蒙、科普百科、绘本动漫、思想品德等领域都有涉及,在儿童文学等领域力争领先。经过几年来坚持不懈的努力,已经初见成效。浙少社早已成为不靠教材教辅生存,而且经济效益连续八年增长的地方出版社,在全国少儿类图书的市场占有率连续多年名列前茅。

第二,在产品创新方面,我们根据读者需求和市场变化,不断在阅读理念、图书内容、装帧形式上求新求变,取得了很好的效果。比如在原创儿童文学作品中,突出儿童本位和轻松好笑的内容;在传统和经典读物中,注重装帧形式的变化;在引进版图书中,强调互动式阅读的新理念。再比如《爱的教育——中国孩子情感日记》这样的书,我们将出版做成社会活动,扩大了影响力。同时注重产品的系列开发和品牌建设,比如从"半小时妈妈"到"完全妈妈"的品牌延伸,"儿童诵读三百首"、"爱的教育"的系列开发等等。

第三,在渠道建设方面,树立社店"双赢"理念,强化服务意识,加强客户的开发、服务和分类管理,形成优质高效的客户群;推进图书销售的合同化管理,使经济行为更加规范有序,同时也能够防范经营风险;积极开展宣传营销活动,创新营销方式,让经销商和读者了解和喜欢我们的图书产品。

第四,在机制改革方面,积极探索既符合出版工作规律又适应市场经济要求的新的出版社内部机制,调动广大出版工作者的积极性和创造力。从1998年以来,我们一直在内部机制改革方面进行探索,也取得了一定的成效。2005年,根据中央和省里的统一布置,进行了改制转企工作,现在已接近尾声。我们相信通过这样的脱胎换骨式的变化,应该能够获得更大的发展空间和动力。

1979年召开的长沙会议在中国当代出版史上意义重大,那次会议确定的将地方出版社工作方针由"三化"(地方化、通俗化、群众化)调整为"立足本省,面向全国",至今仍有现实意义。以中国地域之大、人口之众、阅读需求之多样化以及全球化的发展趋势,地方出版社既可以努力开发本地出版资源和图书市场,并以此为基础,面向全国,走向世界;也可以走出本地,开发全国乃至全世界的资源和市场。正在进行的文化体制改革和快速发展的网络信息技术为我们提供了新的动力和机遇。地方社想要在新的书业格局下获得生存和发展,就必须具备不断创新的勇气和能力。

最后,谢谢主办方中国新闻出版报社、接力出版社,为我们提供了表达观点和交流学习的机会。

（2005 年 11 月 25 日）

把加快文化产业发展作为优化产业结构的重要内容

——在省委党校领导干部进修班上的发言材料

改革开放以来,浙江的经济建设取得了令人瞩目的成就,无论是经济的总量还是人均数都在全国处于前列。2005年浙江的人均GDP达到了约3400美元,在全国各省(区)中率先迈上了人均3000美元的台阶,从而以更高的起点进入"十一五"。但是,由于浙江的产业特点是"轻小加民",在新一轮国际国内竞争中,浙江产业结构中产品附加值低、布局不尽合理、发展缺乏后劲,以及受环境和资源的制约严重等问题逐步显现。根据中央的要求,结合自身的实际,浙江在"十一五"期间要努力推进产业结构的优化升级,不断提高产业竞争力,促进经济又快又好发展。

优化产业结构、转变增长方式是一项系统工程,涉及了各个领域、各个方面的工作。在当前浙江经济社会状况下,加快文化产业发展已成为优化产业结构的一个重要方面。浙江在文化产业的发展上具有独特的优势和巨大的空间,只要认真落实省委提出的"八八战略"和建设文化大省的要求,努力推进文化产业的发展,就能够对浙江产业结构的优化和提升起到积极的作用。

一、发展文化产业对优化产业结构的意义和作用

文化产业作为现代服务业的组成部分,当经济社会发展到一定的阶段,其地位越来越突显出来。无论是在经济总量中所占的比例,还是所具有的对经济社会发展的先导作用,文化产业都将对整个产业结构的变化和经济社会的发展产生重大的影响。

1. 文化产业的发展空间巨大,将成为经济发展新的支撑。种种迹象表明,文化产业已经成为当今世界十分令人瞩目的新兴产业。在发达国家,文化产业不仅在发展速度上超过了传统产业,而且在产业规模和财富创造能力上也日益显示出强劲的增长实力。如美国的文化产品已成为第一大出口商品。据估计,中国动漫有价值1000亿的市场空间。可以预期,随着我国国民经济持续发展,综合国力不断提高,一方面人民群众对文化产品的消费需求会大幅增加,另一方面中华文化在全球文化变革中将占据更为重要的地位。这就为文化产业的发展提供了巨大空间,也为整个经济发展提供了新的支撑点。

2. 新技术的应用为文化产业的发展注入了强劲的动力,也使文化产业在产业价值链中处于更加高端的位置。现代信息技术对传统文化产业的渗透和融合,使得文化产业的内涵和外延不断扩大,代表了新兴的产业力量。如数字化电视、网络内容产业(网络书刊和报纸、网络游戏)等的发展,大大提高了传统文化产业的传播效率和覆盖面,也增加了传统文化产业的附加值,其中所包含的自主知识产权和品牌的效益也得到了急剧的增长。

3. 文化产业具有提高人力资源素质,为产业升级提供保障的作用。产业竞争说到底是人的竞争,是人的素质的竞争。自主创新需要高素质的人才队伍。优秀的文化产品和服务,无论是书报刊还是影视和音像制品,有传承文明、开启民智的作用,有教化和娱乐的功能。文化产业所具有的精神文化创造力和影响力,或者说"软实力",是其他产业所无法替代的。它可以塑造人的精神、改变人的观念、丰富人的知识、增强人的能力,"润物细无声"地融入人们的生命力和创造力,提高人们的素质,从而为优化和提升产业结构提供根本的保证。

二、浙江发展文化产业的优势和当前存在的问题

1. 优势方面

一是浙江丰厚的文化底蕴和丰富的文化资源。浙江有着七千年的文明史,在漫长的历史演进过程中,我们的先民们在这片土地上留下了无数物质的和非物质的文化遗产。从远古的河姆渡文化、良渚文化,到近现代浙江人创造的大量的思想文化、文学艺术成果和科学技术发明,为我们今天进行文

化产品的创造提供了取之不尽、用之不竭的宝贵的资源。

二是浙江人的人文素养和独特精神。正是由于浙江深厚的文化底蕴、优秀的文化传统和改革开放以来的创造性实践,造就了当代浙江人普遍具有的较高的人文素养和"自强不息、坚忍不拔、勇于创新、讲求实效"的"浙江精神"。这种素养和精神是进行文化创造和生产的重要内在力量。

三是浙江的文化产业基础。经过较长时期尤其是改革开放以来的发展,浙江已具备发展文化产业的良好产业基础,无论是出版发行、广播影视,还是文化艺术、网络动漫,浙江都建立了一定的产业基础,有一批在全国有一定影响力和竞争力的文化机构和文化设施,为今后文化产业的扩张准备了技术的和物质的条件。同时由于浙江城镇和农村人均收入都在全国位居前列,加上浙江优良的人文传统,使得浙江文化产业赖以生存的文化市场的潜力很大。

2. 存在的问题

一是产业规模不足。一方面是文化产业在整个产业中的比重过小,另一方面是缺少大型的文化产业集团。文化产业的集约化规模化经营,国际上早在20世纪80年代就已开始。如美国的主要传媒已被50家大公司控制,形成产业集团。德国的贝塔斯曼是一家跨国传媒集团,旗下不仅有世界上最大的英文图书出版公司兰登书屋,还有电视、音像、物流及媒体服务等大型企业,年销售额达200亿欧元。我省的文化机构也在进行整合,出现了若干个集团,但是更需要跨地域、跨媒体、在全国乃至国际市场具有相当竞争力的文化产业集团,才能对资源和渠道进行有效的整合,形成品牌优势。

二是文化体制障碍。与其他产业领域相比,文化产业长期以来受计划经济的影响,体制上存在的问题较多。作为产业微观基础的经营性文化单位,在产权、治理结构和内部机制等方面存在着不适应市场经济的情况,不少经营性文化单位还难以成为投资主体多元化的现代企业,距离自主经营、自负盈亏的真正的市场主体的要求还有很大的差距;产业的宏观管理上,既有不到位又有越位问题,政府管了不该管的事,而一些该管的事又没有管起来,影响了产业发展。

三是自主创新乏力。创新是文化活动的核心,也是产业发展的不竭动力。由于历史和现实的种种原因,当今社会缺乏鼓励创新、宽容失败的氛围,企业缺乏自主创新的动力和能力,政府缺乏创新的投入和对创新的保护。尤其需要指出的是，在创作和出版领域跟风、模仿、盗版情况十分严重，极大地抑制了文化创新活动，不利于文化产业健康、稳定和持续发展。

三、加快文化产业发展需要着力的几个方面

1. 完善以企业为主体、产业集群为依托、产学研结合的区域文化产业体系。浙江要充分发挥自身文化资源、产业基础和人才等方面优势，既要调动现有文化企事业单位的积极性，同时让更多的民营企业进入文化领域，形成文化产品从创意到制作再到营销的产业链和产业集群，使文化产品的研发、生产和人才培养之间有机结合、相互推动，努力使浙江成为全国文化产品的研发和制造中心。

2. 实行支持文化产业发展的财税、金融和政府采购政策，实施知识产权战略，培育一批拥有自主知识产权和品牌的骨干企业。浙江要以优惠的税收等经济政策，鼓励文化单位改制，扶持文化单位发展，使之成为真正的市场竞争的主体。要运用风险投资、政府倡导和采购等政策，加大对文化方面自主创新的投入，使企业拥有更多的知识产权，塑造更多的知名品牌，比如具有国际影响力的动漫品牌，在国际国内文化产业的激烈竞争中占据主动地位。

3. 加快文化体制改革，推动文化企事业单位的转企改制和机制改革，加强和改进文化领域的宏观管理。最近中共中央国务院发出了《关于文化体制改革的若干意见》，对文化体制改革的指导思想、原则要求和目标任务都做了明确的要求，体现了党和政府对改革文化体制和发展文化产业的意志和决心。浙江在改革方面一直是走在全国前列的，要借此东风积极推进改革，让一切有利于文化财富创造的积极性充分发挥出来，争取在文化企业产权多元化、鼓励民营资本进入文化产业等方面有所突破。

4. 加强文化产品和要素市场建设，培育现代文化市场。要打破市场的垄断和分割，建立统一、开放、竞争、有序的现代文化市场体系，创造公开、公平、公正的市场竞争环境。浙江要利用业已形成的"市场大省"的优势，努力成为全国乃至国际文化产品的集散中心，尤其要按照中央提出的新农村建设和中华文化"走出去"的要求，实行"走下去"和"走出去"战略，加强农村和海外文化市场的开发。同时要规范文化市场，加大反盗版力度，保护知识产权，保障文化产品的自主创新。

当今世界,没有文化的繁荣就没有真正的现代化,没有足够的文化软实力就谈不上强大的综合实力。要把加快发展文化产业作为推进文化大省建设的突破口,作为优化产业结构、转变增长方式的重要内容,努力促进浙江的经济社会又快又好地发展。

（2006 年 4 月 2 日）

在改革创新中发展壮大

——浙少社十年历程回顾

浙江少年儿童出版社是一家地方专业少儿出版社,成立于改革开放初期的1983年。自建社以来,浙少社始终遵循为培养"四有"新人服务的办社宗旨,按照"出书、出人、走正路"的要求,努力多出好书,取得了明显的社会效益和经济效益。20世纪90年代中期,随着当时省内教材调整,作为浙少社重要经济支柱的小学作业本系列完全失去,幼儿园教材也逐步退出,出版社面临着重大的经营压力和发展考验。在没有计划内教材教辅的情况下,这十年来,浙少社继续坚持正确的出版导向,立足于专业化和市场化,经过不断创新、不懈努力,实现了优秀图书大量涌现、经济效益稳步增长、市场占有率持续领先的三项目标,走出了一条依靠一般图书、通过市场竞争,赢得生存、发展、壮大的路子。回顾浙少社这十年的发展历程,有许多可圈可点之处,最值得称道的是坚持了改革创新的精神。

一、调整出版结构,依靠一般图书生存发展

为了解决出版社在失去计划内教材教辅之后出现的销售减少、利润下降问题,我们根据自身的特点和优势,以勇于创新的精神,对出书结构进行了重大调整,力图在少儿图书领域形成规模和特色,完全依靠一般图书来生存和发展。

1. 在整体的出书结构中,加大对一般图书(主要是少儿图书)的开发力度。专业少儿社有专业的编辑、专业的作者、专业的销售网络等,要充分利用这些专业的优势,形成强大的少儿图书出版阵容和强势的图书品牌,让更多

的优秀少儿读物占领市场、主导阅读。十年来我们的少儿图书新书品种由每年不足 100 种,逐步增加到每年三四百种,2006 年出版图书 1111 种(其中新书 490 种、重印书 621 种),极大地丰富了出版社的可供书目,在促进少儿作品创作繁荣的同时,也满足了广大少年儿童多层次、多元化的阅读需求。根据北京开卷图书市场研究所的最新数据,2007 年 2 月份,浙少社在全国图书零售市场的当月动销品种为 2047 种,其中少儿图书 1381 种,是所有出版社中少儿图书在销品种最多的。

2. 在少儿图书的出书结构中,实行"整体推进、重点突破"的选题战略。所谓"整体推进"就是在少儿图书的多数门类,如少儿文学、低幼启蒙、知识读物、绘本动漫以及家庭教育等,我们都有涉足,也都有所作为。这既是为了做大规模,也是为了防范风险。"重点突破"就是根据市场需求和自身特点,在一个或若干个门类重点开发,争取做到最好,占领制高点。如少儿文学是近年来最受读者喜爱,也是少儿图书各门类中市场份额最大的,我们就加大投入,原创、经典、引进相结合,形成明显优势。近年来低幼读物和动漫读物有较为强劲的增长趋势,我们又加大了这些门类选题的投入,取得明显成效。经过多年的努力,逐步建立起了一个以若干畅销图书为龙头、大量常销书为基础的,比较稳固的"金字塔"型品种结构,为保持在少儿图书市场的领先地位打下了坚实的基础。2006 年,浙少社在少儿图书 9 个门类中的 6 个,市场占有率进入前 10 位,其中少儿文学、低幼两大门类,分别为第一和第二,形成了十分明显的优势。

3. 在重点突破的领域,形成集约优势和品牌产品。长期以来,少儿读物跟风出版、低层次重复现象一直比较突出,缺乏富有特色、具有独占性的品牌产品。为了改变这一状况,我们通过对细分市场和目标读者的分析,根据自身的专业优势,花大气力、大投入,积极培育具有集约优势的图书品牌。如在原创儿童文学领域,"冰心儿童文学新作奖获奖作品集"丛书共出了 27 种,"中国幽默儿童文学创作丛书"已出版了 50 多种,"红帆船诗丛"三个系列共 17 种。前一个系列起步于 1993 年,至今还在不断拓展;后两个系列都是从 1998 年开始做起,还在延续出版。这些都是浙少社积十余年之力,着力打造的原创品牌。"世界少年文学经典文库"(80 种)、"绘本中国故事"(12 种)是我们为满足广大少年儿童"最基本"的阅读需求,推出的经典儿童文学读物,由于加入了新的创意和元素(名家重新翻译、名家装帧设计、低定价高品质),也具有品牌的效应,成为同类图书中的权威版本。"完全妈妈"系列共 30 余种、"好宝宝"系列 40 余种,是我们在低幼图书中着力培育的重点品牌,正在成为这个门类中的强势产品。最近,我们与国内知名的三辰卡通集团签订了战略合作协议,我社获得独家授权,将充分发挥编辑和营销优势,以每年出版 50 册的规模,全力打造"蓝猫"知识卡通系列图书,让中国原创动漫的著名品牌成为著名的图书品牌。

二、注重选题构思,每一本书都应该是独特的

出版业是内容产业,创新是内容产业的核心要求。在当今思想观念深刻变化、知识更新不断加快、科学技术飞速发展的情况下,读者的阅读需求也在不断变化。为了适应这样的变化,应当力争使每一个选题都有新的构思,形成鲜明的个性特色,每一本书都具有独创性和开拓性,赢得读者的欢迎和市场的认可。

1. 理念或立意新。以新的理念和意识、新的编辑角度来策划选题,做出来的书一定是有独创性的。"中国幽默儿童文学创作丛书",这套由国内多位著名儿童文学作家参与创作的丛书,是对传统中国儿童文学偏重于严肃、偏重于教训的一种修正,倡导的是让孩子在轻松快乐中感知生活、享受阅读的理念,被专家称为"九十年代中后期,中国儿童文学领域上空先后高扬起的三面鲜明的、光辉夺目的美学大旗"之一,列入国家"十五"和"十一五"重点图书出版规划。"红帆船诗丛"是在国内儿童诗创作比较受冷落的情况下编辑出版的,作者都有丰富的创作经验,而收到这套书里的又都是他们的"第一本":金波的第一本十四行诗集(也是国内第一本十四行儿童诗集),雷抒雁的第一本青少年诗集等等。正如丛书主编金波在总序中所说:"第一本,意味着新的创造、新的起点、新的开拓,也意味着儿童诗新的天地。"该书出版后引起了很好的社会反响,曾先后获得中宣部"五个一工程"奖、国家图书奖提名奖和全国优秀少儿图书一等奖。

2. 内容新。强调内容的原创性,更贴近时代发展,贴近当今读者的生活和思想情感,从而赢得读者、赢得市场。2004 年初,中共中央、国务院发出了《关于加强和改进未成年人思想道德建设的若干意见》,为了寻找未成年人思

想道德建设的新方式、新平台,我们策划开展了"爱的教育——中国孩子情感日记"征文活动。"爱"是教育的灵魂,《爱的教育》是一部由意大利著名儿童文学作家德·亚米契斯创作的令亿万人感动的文学作品。这次活动以"爱"为主题、以"真实"为基础,引导孩子们在日常生活中体验"感动"、"关爱"、"宽容"等人类最美好的道德情怀,用自己的笔记录一部"中国版本的《爱的教育》"。在有关部门及专家学者的支持下,在广大中小学生的积极参与下,活动开展得十分成功,首届征文共收到来稿 4 万余份。经王蒙、顾明远、霍懋征、曹文轩、杨红樱等十几位著名作家和教育家的评选,共有 500 篇优秀作品获奖。专家们对此次活动给予了高度评价,认为这是"做了一件非常崇高的事"。获奖作品集《爱的教育——中国孩子情感日记》一经出版,就在图书市场引起很大反响,登上了一些书店的畅销图书排行榜和全国少儿图书排行榜,被国家新闻出版总署推荐为"100 种适合青少年阅读图书",还受到浙江省新闻出版局的嘉奖。目前这个活动以及出版的图书,已成为我社的重要原创品牌。

3. 形式新。现在的青少年,经历了 20 世纪 80 年代以来电视媒体的冲击和 90 年代后半期以来网络的冲击,阅读习惯和接受方式都有了很大变化。图书形式的创新不只是装帧形式或封面设计的变化,更多的是编辑形式和阅读方式的变化。《儿童版唐诗三百首》是我社图书形式创新的一个成功案例。这是一个许多出版社都做过的选题了,为了将这样的老选题做出新意,让今天的孩子们喜欢,我们除加了拼音和注释以方便他们阅读和理解之外,更在绘画风格、开本规格、装帧效果、封面设计等方面动了不少脑筋,让孩子们有视觉上的愉悦。这本书曾连续两年名列全国少儿畅销书榜首,单本销售已超过 120 万册。聂震宁先生曾在一篇文章中写到,《唐诗三百首》人民文学、中华书局等都出过,为什么浙少社的最受欢迎,就是因为他们在形式上有创新。"冒险小虎队"也是一次积极的尝试。这套书是奥地利作家布热齐纳应德国一家出版社的要求写的,写作的目的是要"把不喜欢读书的男孩子拉回到阅读来"。除了题材和故事富有吸引力之外,还有一大特点就是"工具",所以有人说它是引领了"带工具阅读"(互动式阅读)的潮流,成为超级畅销书。2006年,我社又推出了"听书"的概念,让孩子在汽车上、在活动时,能用聆听的方式获得文学、知识、音乐等方面的熏陶。目前已经出版"听书"共三套 12 册,受到读者欢迎并成功输出海外。

三、转变营销方式，让读者知道并喜欢你的书

浙少社是全国各少儿出版社中较早进入市场的出版社，也是较早开展营销活动的出版社。这些年来，为了满足读者的阅读需求和获得更大的市场份额，我们转变营销方式，开展了一系列的营销活动，并在此过程中不断改进和创新，取得了很好的效果。

1. 由被动等待到主动出击。在图书市场由卖方市场向买方市场转变的背景下，出版社为了扩大图书销售，必须改变原来的销售模式，由原来被动和单纯的批销，到开展各种形式的宣传营销活动，让更多的人知道并喜欢你的图书。浙少社首次大型的宣传营销活动是在 2001 年。当年 3 月份的华东少儿订货会上，我社推出台湾儿童文学作家管家琪的系列作品。虽然她的作品写得很好，在台湾有很高的知名度，但在大陆除了儿童文学界之外知道的人很少，因此书店还是不敢多进货。为了推动管家琪系列图书的销售，也为了锻炼我们的营销队伍，从 4 月下旬到 5 月上旬，我们在全国七大城市八大书店，开展了包括新书发布、作者演讲、签名售书等在内的系列宣传营销活动，收到了很好的效果。这套书中的多数品种都上了全国少儿图书分类排行榜，中央电视台、新华社等大陆及港澳台的媒体共有 110 多篇报道。台湾媒体对我们的营销活动给予关注，《中国时报》刊文认为管是台湾儿童文学作家中"登陆"最成功的，而且她的成功就是因为出版社"行销策略得当"。

2. 由偶尔为之到常态化。这几年来，我们将营销工作与图书出版紧密结合，与社会需求紧密结合，把宣传营销活动列入经常性工作，使其成为促进图书销售的重要抓手，做到了凡有重点图书出版都有相应的营销配合，每逢重要的节庆都有活动安排。如 2005 年年初配合我社《安徒生童话全集》的出版，开展了"纪念世界著名童话大师安徒生诞生 200 周年系列活动"；"五一"到暑期的"世界少年文学经典文库"读书活动；七八月份的"《血色历史》——十大城市义卖捐助活动"；九十月份第二届"爱的教育——中国孩子情感日记征文活动"；年底在杭州召开浙少社民营经销商恳谈会。2006 年年初开展首届"冰心作文奖"征文活动；四至六月根据中宣部出版局的要求搞的"健康口袋本在行动"活动；五至八月响应中央十一部委关于倡导开展全民阅读活动

的文件精神,在省内外 50 多家书店一起开展的"健康阅读、快乐成长"的阅读推广活动;"六一"前夕在武汉召开"董宏猷新书发布会";九月北京国际图书博览会期间召开"我的三国梦——《蓝猫三国》推介会";十二月在杭州举行"超级成长版'冒险小虎队'首发式暨小虎现象研讨会"。2007 年一开年,我们就请著名作家董宏猷来浙江,做了十几场阅读推广活动。春节前,著名青少年教育专家孙云晓在我社出版了一套新书,最近他将在浙江的 8 个地方举办 12 场报告会,宣传他的家教理念,推广新书。

3. 由单一的宣传推广到多形式的信息交流与沟通。从 2003 年开始,我社在全国少儿出版社中率先搭建了两个信息平台,一是创办了《浙少社图书市场资讯》,二是开通了短信群发系统。《浙少社图书市场资讯》到目前共编发了 20 期,我们以"传递市场信息的平台,销售浙少版图书的指南,建立客户战略联盟的金桥"来定位这本小刊物,让销售商通过它更好地了解我们的出版理念、营销策略、销售计划、图书特色、新书动态等,也让我们的编辑和销售人员从这里获得来自市场和读者的信息反馈。这种沟通和交流,无论对市场营销还是选题开发,都是十分必要的。而手机短信则能更加便利和迅速地将我社的最新出版动态,传递给我们的经销商,使他们及时做好进货、上架、宣传等工作。同时我们还建立了自己的网站,在淘宝网上办起了自己的书店,通过网络来宣传和销售自己的图书。

优质的图书产品,完善的图书结构,加上得力的宣传营销,使得浙少社在全国少儿图书出版界处于"领头羊"的地位,自 2003 年以来已经连续 4 年在少儿图书零售市场名列第一。在占领国内市场的同时,浙少社图书也大量输出海外。自 2001 年以来,共输出版权 59 个项目、193 种图书,受到了海外出版机构以及读者的欢迎。

四、改革体制机制,为出版社发展提供不竭动力

出版社要保持不断创新、持续发展的状态,需要在体制机制上进行改革,形成对于创新的激励和保障作用,充分发挥每个人的积极性和创造力,"让创造财富的源泉充分涌流出来"。

浙少社的内部机制改革开始于 1998 年。在用人上,实行了竞争上岗和双向选择,让富有工作激情和创新能力的人有一个良好的工作环境,对落聘人员采取内部退养,从而打破了长期以来死板僵化的用人制度,盘活了人力资源;在分配上,学习了作家出版社的做法,将个人收入与其工作绩效直接挂钩,"上不封顶、下保底",既保证了职工的基本收入,又充分体现了劳动和创造的价值,很好地调动了一线人员,特别是编辑和营销人员的积极性。浙少社改革的力度和可操作性,无论在浙江各出版社中还是全国少儿社中,都是走在前列的,也有力地推动了浙少社这些年来的不断发展。

2005年,根据中央和省委省政府的要求,在浙江出版联合集团的统一部署下,我们又进行了"转企改制"工作。经过将近一年时间的扎实工作,我们先后完成了清产核资、人员分流、社保衔接及新公司设立等规范动作,到年底正式注册登记为"浙江少年儿童出版社有限公司",真正实现了单位性质由事业转为企业、个人身份由事业单位职员转为企业职工的"双转变"。完成转企后,出版社成为真正的市场主体,为了自身的生存和发展,改革创新自觉性更强了,特别是在目前图书市场竞争日益激烈的情况下,只有不断创新选题和营销才可能站稳脚跟,才谈得上更好更快地发展。同时,改企后在内部机制上也有了更大的调控空间,更有利于建立起鼓励创新的制度和氛围。由于国家对转企出版社实行了税收优惠政策,出版社也有了更多的财力来投入创新。从去年开始,我社就制定政策,对富有创意的图书选题,包括新的出版领域、新的出版形式的开发,列入国家重点出版项目的选题,以及中长线产品,进行经济资助,调动了编辑人员创新的积极性,取得了很好的效果。我们还根据集团的部署,试行了出版信息管理系统,初步实现了出版管理的网络化和信息化。今年我们还将建立出版资源数据库,运用高科技手段来整合和运用资源,进一步提高效率、降低成本,并为数字出版打下基础。

发展无止境,改革创新也无止境。我们要按照出版工作的要求和市场经济的规律,根据新的形势和任务,勇于探索,不断进取,在为广大少年儿童提供优秀精神食粮的同时,发展壮大自己,努力完成多出好书和国有资产保值增值的双重任务。

(2007年3月22日)

加快转型升级，实现科学发展

——兼谈出版业面临的问题及应对的策略

　　按照深入学习实践科学发展观活动的有关要求，结合自己前一段时间的学习和调研情况，谈一点粗浅的体会和认识。主要围绕出版业在新的形势下，如何"加快转型升级、实现科学发展"这个主题，从三个方面进行探讨：一是出版业要不要科学发展，二是出版业能不能科学发展，三是出版业如何实现科学发展。有不当之处，希望得到大家的批评指正。

一、出版业要不要科学发展

　　回答是肯定的。出版业与其他行业一样，面对新的形势，必须要走科学发展的道路。原因很简单，就是传统出版业已经面临"成长的极限"，如果不进行转型升级，不走科学发展之路，将无法实现党的十七大提出的"文化大发展大繁荣"的目标，甚至会影响出版单位的基本生存。

　　我们可以从当前出版业所处的时代背景和传统出版所遇到的压力两个方面，来进行分析。

　　1. 当前出版业所处的时代背景，主要有四大特征：全球化、网络化、多元化和市场化。

　　首先是全球化。当前经济的全球化已经成为不争的事实，中国经济已经深深地融入世界经济之中也是不争的事实。全球化有力地推动了整个世界经济的发展，中国在这个过程里，既为世界作出了重大贡献，同时也获得了巨大的利益（比如浙江 2007 年 GDP 增长的份额中有一半是由外贸直接和间接贡献的）。但是，全球化所带来的负面影响也不容忽视。2008 年以来金融危机的蔓延,给我们上了很好的一课。由美国的次贷问题开始,经过各个环节不断放大、迅速传递,引发了全球性的金融危机,中国也难以幸免。而且这个危机的影响还在继续扩大和增强。经济全球化过程中,出版也迅速跟进。我们只要看看这些年来书店里的引进版图书越来越多,国际书展上中国人的身影越来越多,就可以真切地感受到全球化对中国出版的影响有多大。全球化对出版而言,一方面是给中国出版业带来了运用"两种资源"、做好"两个市场"的极好机遇,另一方面也让我们直接面临着国际出版竞争和文化安全等问题的挑战。

第二是网络化。最近这十几年来,以网络为代表的高科技,已经引起了人们生活方式、生产方式、思维方式的重大变化,而且随着新技术的不断出现和应用,还可能会有更加深刻的变化。在网络化进程中,出版是受影响和改变最为深刻的行业之一。数字化、网络化等新技术,一方面给出版生产力的发展提供了极大的动力,使我们告别了"铅与火",也告别了"纸和笔";另一方面也给传统出版带来了极大的挑战,是造成近十年来纸质图书阅读率持续下降的最重要的原因。举两个例子,一个是近年来"电子纸"的技术正在迅速地研制和试用,作为新一代的显示装置,电子纸的阅读效果被认为是"最为接近纸张的阅读",具有对比度高、视角大、超薄、省电、有良好的柔韧性等特点。2007 年开始荷兰有 150 名中学生,上学不用背着沉重的书包,只要拿上一张轻便的电子纸、一支电磁感应笔,所有的教材都在电子纸里,用于上课和做作业。这个意义十分重大,不但大大减轻了学生负担,对资源的节约和环境的保护都有重要作用,是一项构建节约型社会的关键技术。目前国内也有多家机构,在进行这方面的研究和应用开发。试想一下,如果这种技术成功推广,对我们整个出版产业链,包括编、印、发、供各个环节,将会带来多么大的影响和改变。另一个是拥有百年历史的著名的美国《基督教科学箴言报》已经宣布,2009 年 4 月起停止出版纸质报纸,而专注于网络版报纸。这也是美国首家以网络版替代纸质版面向全国的日报。

第三是多元化。包括思想多元化、文化多元化、媒介多元化、传播方式多元化、阅读需求多元化等等。随着三十年来中国的改革开放不断推进,这种多元化越来越明显地呈现在我们面前。不要说跟改革开放之前比,就是跟十年前甚至五年前相比,现在是社会阶层越分越细、社会行业越来越多,由此产生不同的利益诉求和社会需要；不同的思想和文化在快速传播和相互激荡，也极大地影响着我们传统的思想和文化。多元化对出版来说，一方面是极大地丰富了出版的内容和形式，伴随着改革开放三十年，中国出版品种的快速增长、形式的不断创新，多元化是重要因素；另一方面也极大地提高了对出版工作的要求，如何满足多元的、"小众"的阅读需求，如何适应多品种、小批量、个性化的出版形态，需要我们从思想观念、技术手段，到商业模式，进行重大的调整。

第四是市场化。中国这三十年来，一直走着以市场经济为取向的改革开放之路。今天在其他经济领域，市场化已经十分成熟，无论是产品的市场化、生产要素的市场化，还是生产经营主体的市场化，都已全面完成。而综观三十年的出版改革，不难发现，这是一部相对滞后，并且至今没有写完的市场化的历史。可以说，2003年以来中央一直在大力推进的文化体制改革，对经营性文化单位来说，对出版产业来说，就是市场化的进程。市场化对出版产业来说，一方面是符合出版规律、适应历史潮流的改革，有利于出版的繁荣发展，这个意义不必多说，我们已经说了6年了。另一方面也确实遇到了许多难题和挑战。这种难题和挑战，既有思想观念上的，如要不要改、怎么改，已经改制的出版社在建立现代企业制度中仍有一些禁区，包括产权结构、期权激励等；也有客观环境上的问题，我国出版业的市场化是在全球化、网络化、多元化的环境下进行的，是在传统出版面临成长困境情况下进行的，大大增加了难度。但是，必须看到，与其他经济领域一样，出版产业的市场化已经不可逆转，我们无法去回避，只能去积极应对了。

2. 在这样的大背景下，传统出版确实已经面临"成长极限"，需要应对许多新的压力和挑战。

传统出版面临困境，已经成为全球性的问题。前不久，我和集团所属单位的几位同事到日本的出版社考察，给我们一个很深的感受，就是日本以纸介质为主要载体的传统出版业，正在逐步走向衰退。主妇之友出版社成立于1912年，是在一家杂志的基础上发展起来的，目前有杂志20种，年出版新书200多种，在日本生活类书刊出版中名列前茅，与国内多家出版社（包括中国轻工出版社《瑞丽》杂志、浙江科技出版社）有长期的合作。目前该社和日本多数出版社一样，面临很大的生存和发展的压力，为了减轻压力，有几个刊物准备休刊,包括该社赖以起家的《主妇之友》杂志。

据介绍,日本的出版高峰是1998年,当时整个产业规模是2.5万亿日元。之后就开始下滑,到2007年只有2万亿日元。他们将传统出版的衰退归结为三个方面的原因:一是网络阅读,二是手机阅读,三是免费的商业广告(DM)。尽管日本的许多出版社都在进行着新介质出版的尝试,如讲谈社、小学馆等都办了网络版的杂志,但目前还没有一家形成真正成功的商业模式。

与国外出版业的情况相比,中国出版所面对的压力既有相同之处,也因国情和所处发展阶段的差异有自身特点。归纳起来,当前中国传统出版业面临的压力或者说挑战,主要来自以下5个方面。

一是网络化、数字化的冲击。如网络出版、手机出版和电子出版,尤其是网络出版。现在你只要打开任何一个大一点的门户网站,就可以找到无数的阅读资料,包括经典作品、原创作品,涵盖政治、经济、历史、文学、生活、少儿等等,应有尽有,目不暇接,而且绝大多数是免费的。这种冲击,虽然难以取代,但的确分流了传统阅读的读者群。这也是近十年来,纸质图书阅读率不断下降、实物销售量徘徊不前的主要原因。

二是自身结构调整所带来的压力。中国出版由于历史的原因,形成了有点畸形发展的产业结构:从销售和利润来说,大众出版、专业出版、教育出版三大板块,过多依赖教育这一块;一般图书和教材教辅两条腿,主要依靠后一条腿来支撑。有一种说法,把教材教辅的利润抽掉,中国至少有一半的出版社要关门。调整结构的口号已经叫了好多年,但成效并不明显,问题依然存在。新闻出版总署的领导一再提醒我们,这是政府对国有出版单位的一种保护,以时间换空间,这种格局是不可能长远持续下去的,结构调整宜早不宜迟。

三是出版成本不断提高的冲击。尤其是2007年以来,随着国际和国内环境、资源的压力持续增加,以及新的《劳动合同法》的实施,出版成本构成中所占比例最大的两块:纸张和人工成本大幅度提高,前者提高了二十几个百分点,后者也有百分之十几的涨幅,直接压缩了出版的利润空间。因此,出版进入微利时代,已经成为现实。近期纸张价格有所回落,主要是受宏观经济不景气和库存纸张过多的影响,从长远来看,还会呈现高位的态势。

四是出版管理和出版物市场不规范的压力。文化体制改革中,出版单位的转企改制改革正在积极推进,市场主体地位已经在形式上得到确立,但是与之相配套的行政管理体制改革没有同步推进,出版企业并没有充分享有独立法人应有的经营自主权。同时,规范、有序的出版物市场体系远未形成,图书市场的诚信问题、跟风模仿问题、盗版问题普遍存在,严重影响了出版的生存环境。浙少社《福娃奥运漫游记》被河北廊坊的一家印刷企业盗印,全国扫黄办都过问了,但至今仍然没有得到解决,就是一例。

五是近期发生并正在蔓延的金融危机对出版物市场的冲击。金融危机已经对包括出版在内的实体经济产生影响,股市狂泻、出口萎缩、企业倒闭、收入下降,都会直接或间接地影响出版的市场销售。2008 年 10 月起,全国零售市场指数同比出现负增长,这是极为少见的;省店本版图书增幅 10 月份也明显下降;主要发达国家 2008 年图书市场,德国前 9 个月为负 3%,英国前 10 个月为负 1%,日本全年预计为负 3%,美国降幅会更大。

在这样的大背景下,面对这些压力和挑战,出版业确实到了必须转型升级、科学发展的时候了。

二、出版业能不能科学发展

回答也是肯定的。出版业是一个历史悠久的行业,在中国已经有几千年的历史。我们谈出版史的时候,一定要提到孔子,说他是中国历史上最伟大的出版家之一,因为他亲自编辑整理了《诗经》、《尚书》、《春秋》等一大批文化典籍("删诗书")。出版业又是一个面向未来的行业,因为从本质上说,编辑出版工作是积累和传播文化,只是传播的载体和方式随着时代变化而有所不同。从甲骨、竹简、纸张,到网络、数字,不管载体如何变化,出版业作为文化的选择和提供者的角色没有变。

尽管目前出版业总体而言面临着许多困难,但只要我们视野更开阔一些、思想更解放一些,对新形势下出版面临的机遇和挑战进行认真的分析和研判,我们还是可以看到不少有利发展的积极因素的,还是可以得出这样的结论:机遇大于挑战。如果能够抓住这些有利因素、加快出版业的转型升级,是完全有可能攻艰克难、实现出版产业的科学发展的。

我认为,当前有利于出版转型升级和科学发展的因素,主要有以下五个方面。

1. 人民群众精神文化需求的增长。党的十七大提出了全面建设小康社会的战略目标，随着中国经济的发展、人民生活水平的提高，广大人民群众对精神文化产品的需求会不断增长，为出版业发展提供了广阔的空间。按照一般的规律，当经济发展到一定水平，特别像浙江进入了人均 GDP5000–10000 美元的发展阶段，人们的消费结构会出现很大变化，尤其是对文化消费的需求会有跳跃式的提高，加上国家为了应对金融危机和经济衰退，正在千方百计刺激和拉动内需。出版作为文化产业的重要组成部分，只要我们始终关注社会发展变化、千方百计满足广大人民群众的需求，就能够随着社会经济文化的发展实现自身的发展。

2. 政府的支持。政府对文化建设的投入和政策支持持续增加，为出版繁荣发展提供了有力支撑。一方面是政府的投入。随着政府财政收入快速提高，对文化建设尤其是公共文化的投入在增加，主要有：一是政府对文化项目包括出版项目的支持，比如中央和各省市的文化发展基金，中央已经确定的重点出版项目扶持基金（已有 1 亿，很快要到 2 亿）、出版"走出去"项目的扶持基金（如：古籍社《中国印刷史》、少儿社《绘本中国故事》都获得国务院新闻办的资金支持）；二是政府为保证群众基本文化需求而进行的采购对出版业的支持，比如义务教育教材，公共图书馆、学校图书馆、农家书屋所需图书等；三是对人才队伍建设的支持，包括引进、培养、奖励人才方面各种政策措施；此外，还有对一些文化活动的支持等等。另一方面是政策的优惠。包括部分增值税减免；改制单位所得税继续免除到 2013 年底；还有最近出台的《浙江省服务业发展规划（2008–2012 年）》，把加快发展服务业作为浙江经济转型升级的重要举措，提出 5 年服务业总产值年均增 12% 以上（同期 GDP 年均增 9%），到 2012 年服务业增加值占 GDP 比重达到 47%，并有一系列包括融资、土地、税收等在内的优惠和扶持政策，出版发行业作为文化服务业，被列为重点发展的 10 大服务行业之一。

3. "走下去"和"走出去"的机遇。随着新农村建设的深入推进，农民收入不断提高，农村图书市场将成为新的增长点，出版物"走下去"前景喜人。2007 年我随中宣部组织的调研组到山东农村考察图书市场，召开了多个基层书店和农民座谈会，跑了不少村庄的农家书屋和文化活动室，走访了一些农户，在寿光、潍坊一带比较富裕的乡镇，图书销售网点已经开始建立起来，卖的书多为农技类、少儿类，还有一些教辅书，定价都比较低。农民对出版物的意见可以归纳为三条：一是内容要让他们看得懂、用得上；二是书价要尽可能低，少一些废话和空白页；三是网点要多些，方便就近购书。浙江省店在嘉兴开展"农村小连锁"试点，以自己的信息管理平台为支撑，发挥新华书店的品牌影响，依托图书货源和书目资源，联合符合条件的农村图书经营户进行连锁经营，场地、人员、设备由经营户提供。这一模式如果成功并推广，无论对新农村建设还是对出版业，贡献重大。中国有8亿人口生活在县及县以下的农村，而我们的图书至少70%在大中城市销售，农村市场的潜力是无比巨大的。目前的主要原因还是穷，城乡收入差距大（全球平均1比1.58，中国1比3.23，这还不算政府投在城乡公共服务和社保上的巨大差距）。只要农村真正富裕起来，加上出版发行业的努力，是大有希望的。十七届三中全会对加快新农村建设、现代农业建设和城乡一体化建设，是一次很好的推动。随着中国国际地位的提高和海外华人阅读需求的增长，国外市场对中国图书的需求也在快速增长，加上政府对文化"走出去"的大力提倡和支持，抓住全球化的机遇，做好海外出版物市场开发已经为许多出版社所重视，图书"走出去"的两种形式版权输出、图书输出数量都在逐年提高，可能成为出版业一个新的增长点。

4. 数字化对传统出版业的改造和提升。数字化、网络化对传统出版业来说，既是重大挑战，更是转型升级的极好的战略机遇。对出版企业来说，抓住和用好这个机遇，以数字和网络技术改造传统的生产和经营方式，至少有以下几个意义：一是生产效率提高。你到发达国家的印刷企业和物流去看看，数字化的印前系统、无版印刷、按需印刷、高速轮转机、全自动的装订流水线、信息化管理的自动配送系统等，已经很普及，相比之下我们还是有差距。二是管理水平提高。各种管理软件的开发和应用，使得出版业的管理更加科学、规范和高效。三是营销能力提高。目前国外出版社利用网络来为纸质图书营销的趋势越来越明显，对许多英国出版社来说，网络营销已经成为一个基本的手段和主要的方式，通过网络宣传，读者和经销商会在最短时间对出版社的图书有所了解，并以最快的速度购买。四是实现商业模式的转型和重建。也就是建立数字出版的商业模式，既要形式创新、载体转移、内容搬家，更要从内容生产商到内容定制、运营、服务商。

5. 体制机制改革的推动。不论过去还是将来,改革都是出版业向前发展的强大动力。转企改制是体制改革的重要一步,但不是全部内容。转企改制后,出版单位的市场主体地位得到了确立,但这个主体的生命力如何,能否健康成长等一系列问题都有待解决。有人说,现代公司制度的发明,其意义不亚于蒸汽机。现代企业意义的公司制有三大优势,有限责任、多个投资主体之间的相互制约、包括期权等在内的多种分配形式。我们尽管已经改制,但离真正意义的现代企业还有很长的路要走。一些出版企业已经做的资本运作,包括兼并、重组、联合、股份制改造、上市,以及围绕增强主业的多元化发展等,为出版业发展提供了很大的舞台,留下了更多的想象空间。

人民群众的文化需求、阅读需求总是存在的,而且这种需求还会随着社会进步和人民群众生活水平提高而不断增长,作为内容提供者和服务者的出版业一定会存在,而且要比原来做得更好。在做好传统出版转型升级工作的基础上,中国出版业要实现科学发展,是完全可能的。

三、出版业如何实现科学发展

科学发展观,第一要义是发展,核心是以人为本,基本要求是全面协调可持续,根本方法是统筹兼顾。出版业要实现科学发展,必须深入学习、深刻领会科学发展观的科学内涵、精神实质、根本要求。要坚持解放思想,努力用新观念研究新情况,用新办法解决新问题,用新举措开创新局面,切实转变不适应不符合科学发展的思想观念、体制机制,着力解决影响和制约科学发展的突出问题。要突出实践特点,通过学习推动实践、通过实践深化学习,以集团提出的"调整出版结构,转变增长方式,做强出版主业,实现科学发展"为总抓手,与人才队伍特别是领导班子的业务能力结合,与各单位改革、发展、管理和创新结合,努力做好以下几个方面的工作。

1. 强化内容创新

出版社说到底就是内容服务商,不论载体、形式如何变化,内容是首要的因素。选题为上、内容为王是出版工作最重要的法则,内容的独特和创新是出版核心竞争力的主要体现,也是出版业科学发展的内在要求。目前国内出版社中,个别出版社已经"空壳化",没有内容生产的能力,成为工作室的书号供应者;一些出版社靠跟风出版、低层次重复来获得效益;不少出版社靠盲目扩大规模、提高定价来实现增长。这些情况都是内容创新能力不足的体现。一个有竞争力的出版社，关键是有独特的内容资源，做到内容的"人无我有、人有我优、人优我特"，通过内容的不断创新来适应市场、引导市场。

实现内容创新，需要注意几个问题：

一是注重内容的原创性。原创是内容创新的最重要的体现形式，就是要通过控制一流的原创作家，来控制最好的内容资源，占领某个领域出版制高点，进而实现对这个细分市场的控制。比如杨红樱在少儿文学领域，她的市场号召力还是无人能比的，并且也得到了国际出版集团的重视。

二是注重内容的独特性。原创是创新，整合也是创新，关键是要有独特性。就是要根据市场需求，形成自身鲜明的特色，推出具有独特性的产品，实行差异化竞争。每个社应该有自己的主打产品和强势产品，形成自己的专业特色，才有竞争力。这次去日本的美丽社参观，印象很深的是他们服装书的编辑出版，编辑人员都是服装专业毕业的，从设计、绘图，到制作、拍摄，都在社内完成，这样的图书一定是独特的。

三是注重内容的品牌效应和自主知识产权。要让内容优势转化为品牌优势，形成品牌产品和品牌出版社，这样更具有稳定性和扩张性，也可为出版社积聚更多的内容资源。一旦形成品牌，形成市场美誉，不但可以吸纳更多的作者资源，也可以控制更多的市场资源。要在保护作家著作权的同时，努力形成和保护出版社的自有的品牌和知识产权。"版权创造财富"是柳斌杰署长在最近召开的国际版权论坛上发言的题目。出版产业无论叫知识经济也好，叫创意产业也好，都是将知识或创意变成版权，然后将版权变成物质财富。按照新的《公司法》等规定，知识产权、文化品牌，不但可以卖钱，还可以出资、抵押等。出版社要多出自主策划、自有品牌、委托创作，或者买断版权的作品，争取获得多种载体的出版授权，这对于出版社核心竞争力形成和可持续发展具有十分重要的作用。

2. 推进结构优化升级

调整和优化出版业的产品结构，改变传统出版产品结构单一，主要依赖纸质图书，纸质图书中主要依赖教材教辅的被动局面，形成科学合理的，适应多元化、网络化时代阅读需求的产品格局，实现出版业全面协调可持续发展。

产品结构的优化和升级，主要有三个方面的含义：

一是大力发展一般图书。纸质图书的发展尽管这些年来遭遇了很多困难，但我认为仍然必须看到它的巨大优势：一方面它的市场规模巨大，零售市场有五六百个亿，在今后一个相当长的时期仍然是出版业主要的收入和利润来源；另一方面，纸质书的市场空间弹性很大，只要有好的产品和营销，还会有较大的成长可能。需要引起我们重视的是，纸质图书出版中，教材很重要（是目前最主要的经济支柱，也是我们的政治任务），包销书也很重要（国外也有这样的做法，就是为大企业或政府做定制书），但不能完全躺在这个上面，因为两者的知识产权和营销渠道都不在我们手里（既不是我们"想出来"的，也不是我们"卖出去"的），具有很强的不确定性，利润也越来越薄。要在维持教育出版稳定发展的同时，强化专业出版和大众出版，形成三个板块均衡发展的格局；要改变教材教辅和包销图书这条腿很粗，而市场图书这条腿过细的状况，实现两条腿支撑、两条腿走路。

二是积极探索数字化出版。这些年来，数字化出版所表现出来的强劲的发展势头和巨大的产业潜力不容忽视。最近举办的"香山论坛"上，一位国外出版业者提出"便捷为王"，认为传播的速度和获取的方便程度有时候比内容本身更重要。这个观点会引起争议，但确实反映出数字化的重要性。目前世界上已经有数字出版的成功模式，比如爱思维尔出版公司，在科技和医学期刊的数据库销售上，已经形成成熟的商业模式，取得了巨大的利益，今年上半年发生在国内多所高校的"学术断粮"事件就可证明。虽然从总体来说，出版社靠数字化要赢利和生存还为时尚早，但绝不可放弃探索。要实现可持续增长，在稳固原有领域的同时，进军新兴领域是必然的选择。当前，要求所有出版社都马上进入数字化出版并不现实，毕竟投资很大，对内容的要求也比较高，但有几项工作是需要尽早做起来的：（1）补充或者回签作品的数字出版协议。哪家社签得多、签得早，将来无论自己运营或交由第三方运营都将获得安全保证，形成优质的版权资源。（2）将出版资源数字化。商务印书馆已经将1897—1949出版书目中15000种现存纸书进行数字化，还将1904年创办的《东方杂志》819期全部数字化，可以多层次、多角度地为用户提供服务，包括检索、浏览、按需印刷等，数字化赢利指日可待。（3）建设出版社自己的网站。出版社可以通过自己的网站，在线展示和销售纸质版、下载网络版、提供专业数据库服务以及教育培训等。最近中国版协和中国出版科研所组织了全国出版业网站评选，我们有两家获奖——省店的博库书城网站获"十大发行企业网"，教育社的一起学网站获"最具创新网站"奖，是集团出版业向数字化转型探索的先行者。

三是多元化的产品经营。经济学上有规模经济和范围经济的概念，媒介经济既是规模经济又是范围经济。前者表现在一家媒介或一条产品线的产品应当具备规模，因为每生产一个单位产品的成本是随着规模的扩大而降低的；后者则表现在媒介集团中，一个集团不能只依靠一种媒体打天下，必须走多条产品线、多种媒体联合经营，以及上下游的联合经营。当然还有广义的多元化，一些集团已经在这样做了，经营领域拓展到了房地产、金融等领域。当然，因条件和环境不同，不能完全照搬。目前我们集团在主业的多元化方面已经有了一定的基础，接下去需要在图书产品线的梳理整合、书报刊电子音像网络数字多种媒体的布局、主业内各环节的优势发挥和互补，以及相关文化教育产品的开发等方面，进行积极的探索。

3. 提高经营管理水平

出版业长期以来是事业单位的管理模式，经营管理的水平一直比较低，无论是生产流程、产品质量、出版成本、财务会计、内部控制管理，还是市场营销、库存及应收账款管理等方面，都较为薄弱、较为粗放，不能适应现代出版业和市场竞争的要求，制约了出版产业的健康稳定发展。出版单位转企改制以后，承担着文化建设和国有资产保值增值两个方面的任务，没有好的经营管理，这两项任务都是难以完成的。

首先要转变观念，把出版单位当作企业来经营管理。效益是企业的核心，也是企业存在的价值。出版单位如果不能出好书并产生效益（社会和经济效益），那是一定要被淘汰的。因此，出版单位一定要千方百计创新产品、提高质量、开拓市场、控制成本、规避风险，才能站稳脚跟，赢得发展。

第二要规范化，形成科学合理的经营管理体系，使经营管理工作制度化、程序化，成为企业和员工的工作依据和行为准则，让企业生产经营和行政管理的各个环节、各个方面，都能够做到有章可循、有章必循。

第三要信息化，利用数字和网络技术，提高经营管理的水平和效率。包括出版管理信息系统、发行管理系统、财务管理系统、OA 系统、网络营销、网上书店、社店信息对接等等，对出版单位科学高效的管理，以及市场的拓展，都会产生很好的效果。

4. 深化体制机制改革

创新体制机制是行业和单位发展的不竭动力。改革开放以来,出版业的体制机制在不断调整和进步,对出版的发展起了重要的推动作用。但相比其他行业,仍然是严重滞后的。出版业要实现科学发展,必须进一步解放思想、转变观念,在体制机制上有新的突破,构建充满活力、富有效率、更加开放的体制机制。

一是通过转企改制,确立经营性出版单位的市场主体地位,建立真正意义上的法人治理结构,为做强做大出版产业提供重要前提条件。这也是文化体制改革的重点和难点所在。

二是进行内部机制改革,建立适应出版企业特点的组织结构、管理运营机制,落实经营责任,改革考核评价体系。尤其是考核评价机制,要符合科学发展的要求,改变以利润为唯一指标的考核办法,建立符合转型升级、科学发展要求的考核体系。

三是在转企改制的基础上,深化体制和机制改革,根据需要和条件,探索多种形式的资本经营模式(兼并、联合、重组、股份制改造以及上市等),实行跨媒体跨地域经营和多元化发展。

5. 加强出版队伍建设

科学发展观的核心是以人为本。出版业作为文化创意行业,人的因素具有决定的作用。出版业要实现转型升级、科学发展,关键在人。前一阶段,根据省委宣传部的要求,我们对集团人才队伍进行了一次全面调查,基本摸清了集团人才的家底,提出了下一步人才队伍建设的目标和措施。从出版转型升级、科学发展的要求来看,目前集团的人才队伍,无论数量还是结构,都存在不符合、不适应的情况,集团队伍建设的任务还很重。

我们要以科学发展观为指导,切实加强队伍建设。一方面要进一步提高思想认识,牢固树立人才是第一生产力的观念,尊重人才、依靠人才,充分发挥人才的积极性和创造性,切实把人才队伍建设工作作为一项战略任务来抓,增加队伍建设的责任感、急迫感和危机感,从长计议、从现在抓起,促进人才队伍与产业发展协调统一。另一方面要加强人力资源管理的制度建设,建立有利于提升队伍素质、激发人才积极性和创造性的长效机制,建立科学合理的人才引进、培养、使用机制，为人才发挥作用搭建平台、提供条件，通过不断提高人的素质，推动出版业的改革和发展。

最后，对当前的经济环境要有清醒的认识，及时采取措施，积极加以应对。由美国次贷危机引起的全球性金融危机正在迅速蔓延，对中国经济已经形成了重大冲击，出版业也难以幸免。在这重要关头，首先要树立战胜危机的信心，具有攻艰克难的勇气。同时要根据读者需求和市场情况的变化，采取积极的应对措施：一是调整产品结构，压缩市场前景不明朗的选题，推出适应当前市场需要的图书，如经管类、生活类、励志类、学习类图书；二是加强与上下游的合作，共同应对挑战，开展多种形式的营销活动，实行低价策略；三是加强内部管理和风险控制，尽量降低各类成本，减少库存压力，加紧应收账款的催讨和回收，确保资金的安全。危机也是机会，要以此为契机，加快出版的转型升级，实现科学发展。

（2008 年 11 月 16 日）

深化改革，努力创新，推动出版业又好又快发展

——第三期全国宣传文化系统"四个一批"人才建设研修班座谈会发言材料

这次"四个一批"人才建设研修班，对于深入学习贯彻十七大精神，学习实践科学发展观，推动出版改革发展具有很强的指导意义。六天来，我们出版组的同志通过聆听中宣部等部门领导的辅导报告、分组讨论、参观学习等活动，对中国特色社会主义理论、文化体制改革、新闻出版工作，以及当前的经济和外交形势等有了新的更深刻的认识，进一步增强了深化文化体制改革、实现科学发展的信心和决心。

下面就出版业改革创新、科学发展问题，根据小组讨论的意见，结合自己的实际工作，谈一点认识和体会。

一、改革创新是出版业繁荣发展的必由之路

事物发展的内在动力是变革，历史前进的普遍特征是创新。今年是改革开放 30 周年，我国的改革将进入一个新的阶段。加大力度、加快进度，是中央对文化体制改革的迫切要求，也是出版业繁荣发展的必由之路。

长期以来，出版行业受传统观念和计划体制影响，体制机制落后，创新能力不足，制约了行业的改革和发展，与人民群众对精神文化产品需求的增长，以及经济领域的改革发展相比，有很大的差距。尽管一些出版单位在事业体制下进行了内部机制的改革，一定程度上促进了社会效益和经济效益的提高，但是作为经营性出版单位，带有根本性的体制问题未能根本解决，市场经

济的主体地位没有真正确立，要实现更大的发展，还是受到了很大的制约。

2003 年文化体制改革正式启动，以转企改制为核心的出版体制改革进入了实施阶段。5 年来，在党委政府的领导和支持下，经过有关出版单位的努力，改制工作取得了初步成果。以我所在的浙江出版集团为例，按照中央的要求和省里的部署，从 2003 年开始转企改制试点，经过了清产核资、人员分流安置、社保衔接、法人治理结构建立和企业注册登记等步骤。到 2007 年底所属出版发行单位全部完成转企改制，确立了市场主体地位，实现了单位性质、人员身份和运行机制三个转变，激发了出版单位创新发展的动力和能力，调动了出版工作者的积极性和创造性，推动了出版主业的健康发展。

如集团所属的浙江省新华书店，通过改制优化了资产结构和人员结构，增强了企业活力和扩展能力。改制以来的 5 年中，通过实施连锁经营、现代物流配送，以及信息化建设，图书销售年均增长超过 25%，同时在跨地域经营上迈出了坚实步子，逐步由区域市场走向全域市场，先后在省外发展了 14 家连锁书店，博库网上书城在海外落地的项目也在洽谈中，有望以"BtoB"和"BtoC"的形式让中国图书走出去。再如浙江少儿出版社，改制以后根据读者和市场需求，调整选题结构和生产组织形式，一方面强化儿童文学等领域的出版优势，组织出版著名儿童文学作家的原创作品，另一方面拓展动漫读物等新的出版门类，同时开展了"名家校园行"等一系列阅读推广和市场营销活动，实现了社会效益和经济效益同步增长。近年来，浙江少儿出版社在全国少儿图书市场保持了市场占有率第一的局面。

可以说，这几年出版体制的改革创新已经为出版业带来了可喜变化。随着改革创新的不断推进，这种变化将更广泛、更深入。

二、出版业改革创新的重点及当前要做的主要工作

出版产业作为我国文化产业的重要组成部分，落实科学发展观，加快改革创新的步伐，全面提升产业素质，实现大发展大繁荣，任重而道远。当前要着力做好以下几方面工作：

1. 出版体制机制改革需要不断推进和完善。经营性文化单位的转企改制，是中央的要求，也是出版单位自身发展的需要，对于没有改制的出版单位，要进一步提高对文化体制改革重大意义的认识，按照"路线图"和"时间

表",加大力度,加快进度,积极认真完成转企改制任务。对于已经完成改制的出版单位,要在加快发展和深化改革两个方面做好文章:一方面通过改革促进发展,要运用企业主体地位和经营优势,围绕发展这个中心,理清思路,明确目标,制订规划,尽快做强主业,实现产业发展;另一方面要继续深化改革,转企改制是体制机制改革的基础和关键,深化改革的任务还很艰巨,包括法人治理结构完善、内部组织结构和机制建设,以及股份制改造等,改革无止境,需要不断探索和实践。

在积极推进改革中,要始终坚持正确的改革方向,处理好社会效益和经济效益的关系、出版产业和出版事业的关系。就出版产业来说,要摆正资本经营与主业发展的关系,前者是手段,后者是目的;摆正出版的产业属性与文化属性的关系,坚持出版的核心价值观;要建立科学的出版考核评价体系,利润固然重要,更重要的是文化建设方面的贡献;还要规范产业的交易标准和竞争规则。以此来保证正确的出版导向,保证出版改革和产业化进程的健康有序。

2. 通过持续创新,实现出版转型升级和科学发展。要树立这样的观念,创新是出版发展的本质要求,是出版转型升级的必然选择,也是解决出版业当前面临困难和问题的有效方法。

传统出版业已经面临很大的挑战。特别从去年以来,许多出版单位都遭遇了三大压力:一是图书市场竞争更加激烈,二是教材出版发行方式改变,三是经济环境影响特别是纸张价格快速上涨。这些压力进一步增强了出版业加快创新和转型升级的重要性和急迫感。

推动转型升级,实现科学发展,首先要加强内容创新。选题为上、内容为王是图书出版最重要的法则,内容的独特和创新是出版核心竞争力的主要特征,追求内容的"人无我有、人有我优、人优我特",改变低层次重复出版的现象,通过内容创新更好地满足市场、培育市场。第二是加快出版结构的调整。目前许多地方的出版业,主要依靠教材教辅和包销图书维持生存和发展,不利于出版社选题开发能力提高和自主品牌建设,制约了行业健康持续发展。要努力改变这种被动局面,加快出版结构调整,尽快形成专业出版、教育出版、大众出版均衡发展的格局。第三是增强市场营销能力和经营管理水平,让更多的优秀出版物占领市场、主导阅读,同时降低成本、减少风险,确保国有资产保值增值。第四是积极探索数字出版模式。数字出版所表现出的强劲发展势头和巨大产业潜力不容忽视,对传统出版业来说,这既是巨大的挑战更是转型升级的极好机遇,要发挥内容优势,及时进入,尽快形成商业模式。第五是有条件的出版企业,尤其是出版集团,要探索以资本为纽带,通过兼并、联合、重组、股份制改造、上市,以及跨媒体、跨地域经营和多元化发展,做强做大,成为文化市场的主导力量和战略投资者。

3. 出版业推进改革创新需要好的政策环境和人才队伍。关于出版单位转企改制的政策,一是要配套,从资产授权、清产核资、人员分流安置、社保衔接,到法人登记等,环环相扣、不留空白,并且对不同类别的出版单位要分类设计、分类指导;二是要优惠,包括继续免除出版企业所得税、对重大出版项目和重点出版基础工程进行资助、对公共文化建设需要的出版产品和服务实行政府采购,对原事业身份人员在分流安置、社会保险等方面给予必要保障,尽快提高企业退休人员的待遇等,让参与改制的单位和人员不吃亏,能得益;三是把改制政策交给群众,让群众理解和支持改革、积极参与改革,保证改革过程的顺利和平稳。

人才队伍建设是出版改革创新和科学发展的前提和基础,出版单位要根据产业发展规划做好人才队伍建设规划,切实加强人才的培养、引进、考核、激励机制建设。当前出版急需的是既懂出版又懂经营的出版经营管理人才,具有创新意识、能够策划和组织精品力作的编辑人才,熟悉数字化技术、国际版权贸易的专门技术人才。由于产业发展和转企改制等原因,近年来出版单位新人较多,包括出版单位领导、编辑、营销等人员,希望中宣部在继续抓好"四个一批"人才培养的同时,加大对宣传文化队伍政治导向、方针政策等方面的培训,提高队伍的整体素质。

三、努力学习和实践,为出版改革发展作出贡献

通过这次研修班的学习和讨论,我们组的同志们深感收获很大。进一步坚定了政治方向,加深了对深入学习实践科学发展观的认识,增强了深化体制改革、加快出版发展的责任意识,同时拓展了视野,交流了经验,提高了业务水平。

尽管出版工作目前遇到不少困难和挑战,但是我们认为有利出版业发展

的机遇更多。随着十七大精神和科学发展观的学习贯彻、人民群众对精神文化产品需求不断增长、政府对公共文化建设投入增加、新农村建设推进、文化走出去工程实施，以及体制机制改革带来生机活力、数字化等高新技术对传统出版的改造提升，出版业发展的空间巨大。只要我们坚持改革创新，一定能迎来出版的大发展大繁荣。

回去以后，我们要深入学习实践科学发展观，进一步增强改革创新的意识、提高改革创新的本领、加快改革创新的步伐，为推动文化大发展大繁荣做出自己应有的贡献。不辜负党和人民的培养，无愧于社会主义文化建设这项伟大的工程。

（原载《中宣部简报》2008 年 9 月 27 日）

出版社内部机制改革的有益探索

浙江少年儿童出版社成立于 1983 年 3 月,是一家以少儿类图书、期刊的出版发行为主要业务的专业出版机构。1996 年 12 月,我由浙江省新闻出版局(省出版总社)人事教育处处长,调至该社担任社长职务,之后又兼任总编辑职务。

当时的浙少社,由于种种原因,正处于班子失和、队伍涣散、效益下滑的困境之中。解决出版社所面临的各种问题,让这个曾经被评为全国优秀出版社的单位重新走上健康发展的道路,是省局(总社)交给我的光荣而艰巨的任务。

首先是调查研究,摸清真实的情况,找到产生问题的原因。我分别找了社领导成员、中层以上干部,以及部分离退休老同志谈话,认真听取他们对出版社现状及下一步工作的意见和建议。事实证明,这项工作十分重要,一方面使我掌握了很多情况,收集了很多建议,另一方面也增进了相互之间的了解,知道了双方的态度和想法。通过这次调研,我还深切地感受到,浙少社干部职工中,蕴藏着极大的改革创新的热情和能量,只要组织和引导得当,将成为出版社发展的强大动力。

经过一段时间的调研,我对出版社存在的问题有了较为清晰的认识,主要有三个方面:一是班子和队伍建设方面。班子不团结,难以形成合力。主要领导之间的意见分歧,也导致中层干部及员工队伍出现分化。而班子和队伍的问题,已经影响了正常的生产经营管理。二是产品和利润结构方面。由于教材政策的调整,原本是出版社经济支柱的"小学生作业本"系列逐步退出市场,靠计划内的教材教辅过日子已经不行,而走市场的一般图书规模和效益都明显不足,使得出版社的营业收入和利润不断下降。三是激励机制方面。用人上能上不能下、能进不能出,分配上干多干少一个样、干好干坏一个样,存在"大锅饭"和"铁饭碗"现象,严重制约了编辑和发行人员的积极性和创造性,阻碍了出版生产力的发展。

经过深入细致的调研和酝酿,针对出版社存在的突出问题,我提出了从三个方面入手,对出版社进行调整和改革的思路。

一是加强领导班子的团结与合作,努力形成管理核心。要求每个班子成员都要出于公心,客观公正地对待每一个员工,客观公正地处理每一件事情。这样才能树立威信、凝聚人心。同时,明确工作分工和各自职责,制定科学、民主的议事规则和决策机制,班子内部允许有不同意见,但对外必须一个声音,保持班子的统一和协调。二是调整组织结构,增强组织功能。将图书编辑室由原来的三个增加到五个,即在低幼室、知识室、教育室的基础上,新增了文学室和综合室。这样做的意图,既是为了调整出书结构,丰富图书的产品线,实现出版社由原来的主要依靠计划内教材教辅到主要依靠市场图书的转型,又试图理顺原先不和谐的人际关系,并为未能获得合适的工作平台的业务骨干,提供施展才华的机会和舞台。三是对出版社用人和薪酬制度进行改革。实行中层岗位的竞争上岗和部门内的双向选择,并将编辑、营销人员的薪酬与个人的工作业绩直接挂钩,更好地调动他们的积极性和创造性,尽快实现多出好书、多销好书。

上述三项工作,班子建设和部门调整这两项,尽管也遇到过这样那样的阻力,但无论是统一思想,还是实际操作,总的说来难度都不算太大。用人和薪酬制度改革的难度就相对较大了,但它的意义也最为重要,因为涉及每一个员工的切身利益,当时在浙江出版界也没有可供借鉴的模式和经验。

正当我为破解出版社用人和薪酬分配这个难题而苦恼的时候,1997年11月作家出版社社长张胜友来到了浙江。他是受当时的浙江省委宣传部领导的邀请,来为浙江出版界做关于思想解放、改革创新的报告的。作家出版社早在1995年就进行了大规模的改革,在用人和分配体制上大动干戈,一年后出书和销售成倍增长,取得了显著成效,一跃成为出版界大鳄。张胜友因而被《纽约时报》称为"引发中国出版业革命第一人"。

根据作家出版社的经验,结合自身的实际情况,我们对出版社的用人和分配机制做出了重大的改革和调整,提出了以下的基本思路和原则:用人上,实行按需设岗、竞争上岗、双向选择、全员聘用、定期考核、动态管理;分配上,遵循"效率优先、兼顾公平"的原则,将个人收入与工作绩效紧密挂钩,出工拿工资(岗位工资)、出效拿奖金(绩效工资),上不封顶下保底。

改革的原则和基本思路,经过领导班子反复商量,并在中层干部中征询意见后,准备发动全社员工来讨论。一方面是充分征求大家意见,使改革方案更为完善,另一方面也是思想发动和思想统一的过程。那是1998年的夏天,社里正组织全体员工,在萧山的一家宾馆进行暑期集中学习。我们把用人和分配机制改革的原则和思路,作为一个重要的讨论议题,要求大家认真学习、深入讨论,提出自己的意见和建议。犹如一石激起千层浪,社里用人和分配制度改革的原则和思路,对全体员工产生了极大的心理冲击,大家热烈讨论、踊跃发言,提出了很多好的想法和意见。更有不少人,已经按捺不住了,趁早开始谋划,准备在新的机制下大干一场。晚上玩扑克牌的人没了,许多人在房间里商量着新的选题;中午休息的人也不多了,有的冒着酷暑跑到当地的新华书店,进行市场调查和选题论证。浙少社就像一台上足发条的机器,准备高速运转了。

当然,改革方案的实施也不是一项容易的工作。

用人机制改革遇到的最大难题是,人往哪里去?包括两种人,一是按需设岗后,因为原来岗位被撤并而富余的人员;二是双向选择后,没有部门愿意要的人员。我们提出的基本原则是,绝不将他们推向社会。对前一种人员,我们尽可能发挥他们的作用,通过做工作,让他们在其他部门和岗位,得到合适的安排。如办公室原有的两个专职驾驶员岗位撤销后,两人通过双向选择到了发行部,从事图书营销工作。对后一种人员,先做有关部门的工作,给他们一个试聘一年的机会,实在不行则实行社内待岗,待岗期间发给一定的生活费。有两位资历较老的人员,因为种种原因落聘了,社里每年各发2万元生活费,直到重新聘用或者退休。这样的待遇在当时已经算相当高了,甚至高于当时杭州市职工平均工资,事实证明为了让改革平稳顺利推进,花得还是很值。

分配机制改革方案在实施中遇到了来自两个方面的难题:一是出版社不同岗位类别的人员之间收入如何平衡;二是相同岗位类别的人员收入差距如

何拉开才科学合理。出版社主要有三种岗位类别，即编辑岗位、市场营销岗位、行政管理和生产辅助岗位。编辑和市场营销是出版社的生产和经营部门，直接关系到出版社的产品和经营情况，都是很重要的岗位，而且这些岗位是可以量化考核的。行政管理和生产辅助岗位，包括行政、财务、编务、校对和印制，对出版社正常运营也是很重要的，但是除了校对之外难以量化考核。鉴于此，我们在实施中，对编辑和营销人员实行直接与创利、回款挂钩的办法，机会大、风险也大；而对行政管理人员，则实行与全社人员对他们的考评情况挂钩的办法，差距不是太大。总体上，编辑和营销人员的收入，比行政管理和生产辅助人员的收入，要高出百分之三十左右。对同类岗位的人员，拉开分配差距的办法也要尽可能科学合理。比如编辑人员的绩效工资主要有三部分：创利、超工作量和获奖。创利绩效部分，开始我们按作家出版社的做法，对创利越高的部分提取绩效工资的比例也越高（创利20万之内按6%，20至40万7%，依此类推）。实行一段时间后发现差距拉得过大，而且有的为了冲高利润采取提前结账的方式，不尽合理。于是对这项政策进行调整，不管创利多少都按照7%的同一比例计奖。超工作量绩效部分，开始时按照编辑每年的发稿字数，超过规定的数额后进行奖励，后来发现字数的统计是个很大的难题，因为不同类别的书稿，编稿的难易程度差别巨大，比如文学类与工具书、幼儿读物与高中生读物，在字数折算上缺乏客观依据。于是，将用于这项绩效工资的款项，改作对编辑部扩大销售规模的奖励，对编辑部图书或期刊销售额超过5000万、3000万的，分别评为优秀、良好，予以奖励，进一步提高编辑部门整体协作、创造效益的能力。

这样的改革，在现在看来算不上完善和彻底，与其他出版社相比力度也并不大，比如我们对编辑和营销人员实行的是"零指标"，利润计提绩效工资的比例也很低，但对于原来的内部机制已经是一次很大的进步了，因而极大激发了全社同志的工作热情，增强了大家的市场意识、精品意识和成本意识，有力地促进了出版社社会效益和经济效益的提高。与此同时，一批编辑和经营人才也在实践中迅速成长起来，真正做到了"出书、出人、走正路"。

自1998年起，浙少社用人和分配制度的改革，一直在进行探索和逐步完善。2002年，借着浙江出版联合集团要求各出版社深化改革的机会，浙少社又对用人和分配制度做了调整，如合并了行政办公室和总编办公室，增加了年功工资等。2005年,按照中央文化体制改革的要求,浙少社进行了"事转企"改制,同时也进一步按照企业的标准对内部机制进行了调整和规范。

我始终认为,用人和分配制度的改革是没有止境的,只能循序渐进、逐步完善。尤其是国有单位的改革,由于体制和思想观念的限制,不能操之过急,否则将欲速而不达,甚至走回头路。当然也不能无所作为、不思进取,这是不负责任的表现。正确的做法是,认准一个目标,一步一个脚印地走,并且在走的过程中不断修正自己的步伐和姿态,就一定可以实现目标。

浙少社用人和分配机制改革以来,社会效益和经济效益都取得了显著的提高。新书的出版品种,从全年完不成100种上级下达的任务,到后来的每年四五百种;实现利润,从全年200多万到1000多万;在全国少儿图书市场的地位,从十名以外到名列前茅,连续7年排在全国少儿类图书市场占有率第一的位置。这些年来,有大批优秀图书在国家级评选中获奖,包括中宣部"五个一工程"奖、国家图书奖等,出版的期刊被评为百种重点社科期刊。出版社保持了全国优秀出版社的荣誉,又被评为首届中国出版政府奖先进出版单位,被授予全国一级出版社资质。

对于一家没有特殊资源和政策的地方出版社,取得这样的业绩是非常不容易的,因而被全国同行称为"浙少现象"。而"浙少现象"的出现,从根本上说,得益于1998年开始的那次改革。

由此,我也更深刻地理解以用人和分配制度为主要内容的内部机制变革,对于一个组织极端重要的作用。

(2010年3月6日)

谷歌模式对出版行业的借鉴意义

数字和网络技术的快速发展,电子阅读器、手机和网上阅读等新型阅读方式的日益普及,正冲击着以纸质阅读为代表的传统出版业。根据中国出版科研所"第七次全国国民阅读调查"提供的数据,在接触过数字化阅读的国民中,91%的读者在阅读电子书后不会再购买此书的纸质版,只有9%的人表示在阅读过电子书后仍会购买此书的纸质版。随着数字技术的日益成熟,如亚马逊 Kindle、苹果 iPad 及国内汉王等数字阅读产品功能加强、价格降低,数字化出版物的需求会迅速增长,将会扩大出版物市场规模,同时也可能动摇甚至取代纸质图书的主导地位。目前在一些地方,如我国的江苏扬州、美国的加州等,正在试行用电子阅读器取代传统的教科书,一旦试行成功并进行推广,则传统出版业的整个产业链,包括出版、发行、印刷和纸张供应,都将面临极大的考验。

在给传统出版带来极大挑战的同时,数字化也为出版行业创造了极好的机遇。这种机遇可以从两个方面来理解和把握:一方面,出版的本质是对知识和信息的选择、积累和传播,纸质也好、数字也好,只是知识的载体和介质的区别,都属于出版的范畴,就像甲骨、青铜器、竹简、丝帛等也曾做过载体一样。在数字技术快速发展的推动下,以电子阅读器、手机、网络计算机等为载体的数字出版正在兴起。这是出版产业中一种新兴业态,改变了知识内容的集成方式,也改变了获取知识的消费方式。由于其表现知识的形式十分丰富,传播知识的速度十分快捷,越来越受到消费者的欢迎,将有力提升国民的阅读率,有力促进出版业发展。另一方面,数字技术对传统出版业也会有提升和改造的作用,比如运用计算机技术对传统出版的流程进行管理,显著提高了生产效率；运用网络技术销售图书，既加快了销售速度，又降低了销售成本，因为它不需要建设零售卖场。目前国内最大的网络书店当当网，每年纸质图书销售的增长率在100%以上，就是一个很好的例证。

如前所述，出版本质上是对知识和信息的选择、积累和传播，这与谷歌公司"整合全球信息，使人人皆可访问并从中受益"的使命十分相似。因此在借鉴谷歌模式方面，出版行业具有天然的优势。谷歌获得成功的六个独特规则，几乎都可以在出版行业借鉴和运用。

一是创造富饶而不是短缺。对出版行业来说，随着信息和网络技术的快速发展，出版物尤其是以图书和期刊为代表的传统出版物，已经不是人们获取知识和信息的唯一来源，其作为知识和信息产品的稀缺性已经被大大消除；与此同时，社会的变迁和进步，极大地推动了读者阅读需求的个性化与多元化，需要有更加丰富多样的出版物来满足和适应。在这样的背景下，出版业试图靠少品种多印量甚至是市场短缺，来获取更多利益的做法很难奏效了。出版行业应该跟谷歌公司一样，通过创造富饶而不是短缺来获得自己的利益。出版物的富饶，不仅是出版内容的丰富化，还有出版形态的多样化，包括传统的纸质出版物及手机、网络和电子出版物等。也只有这样，才能更好地满足读者的阅读需求，出版业自身也才能得以生存和发展。

二是有计划地犯错误。谷歌公司认为，如果可以从中吸取教训，错误也有很大的价值。谷歌的大部分产品都是以"测试版"形式发布，这就意味着这些产品还远未完成，会有很多错误。然后结合消费者的反馈进行改良。这一规则对出版业很有启发意义。以往我们十分注重出版物的完美，认为白纸黑字的东西不容有任何质疑，小心谨慎的结果是影响了内容和形式的求新求变。由此造成的后果，一是使得许多创新创意的选题无法顺利出版，二是抑制了编辑人员大胆思考大胆实践的能力。当然，这并不是说质量问题可以放松，而是说知识和信息是不断发展变化的，如果过于追求完美，就会束缚自己的手脚，也可能耽误新知识和信息的及时传播。其实，很多出版物也可以先做"测试版"，广泛听取读者意见，然后不断修订完善。

三是放弃对消费者的控制。谷歌通过发布"测试版"以及其他方式，让客户对公司的意见得到了有效和顺畅的反馈，既降低了他们对公司的不满，又获取了外界人员提供的信息和好处，实在是高明之举。其实质是创建一个平台,或设计一种机制,让消费者参与进来,贡献他们的聪明才智,为企业创造价值。这也是谷歌取得成功的主要原因之一。这种模式在出版行业应该建立,也可以建立。出版单位通过这种模式,可以广泛听取读者、经销商、作者等各方面的意见,让他们共同参与选题策划、书稿加工、封面和版式设计,以及销售活动。这样做的好处至少有三:一是让我们的出版物更加符合读者和市场的要求与期望,二是提高读者、作者、经销商对出版社的忠诚度,三是为出版社做了很好的广告宣传。数字化为建立这样的平台提供了有利条件,出版社可以将自己的出版资源按知识点或信息点进行"碎片化",然后将这些"碎片"("零件")提供给读者,由读者按照自己的需要和兴趣进行"组装",从而满足其量身定做自己的出版物的乐趣。

四是让路给消费者。谷歌公司并没有告诉人们如何使用其搜索引擎或者其目的是什么,而是让用户控制其技术。这一点出版行业也是可以学习借鉴的,尤其是在数字化出版的新业态中。出版者可以在自己的产品中加入更多的内容和服务,然后让路给读者,由读者以自己喜欢的方式去理解和使用这些内容和服务。这样做可以带给消费者更多自我实现、自主发挥的空间,起到引起兴趣、激发激情、增强自信的作用,从而给出版单位创造社会和经济效益。

五是尽可能低价,最好免费。谷歌公司不会因为使用其搜索引擎而向任何人收费,Skype、亚马逊和 eBay 也是如此,它们仅仅收取市场可以承受的费用,这已经成为网络时代一种新的商业模式了。当然,天下没有免费的午餐,这样做实质是先锁定消费者,再想办法赚钱。谁获得的用户数量越多,谁的竞争地位就越强大,谁就可以在广告等方面获取更多的商业利益。这样的规则同样适用于出版业,当然起初用起来可能会比较痛苦,甚至是被迫的。日本的传统出版业利润已经连续十几年呈下降趋势,造成的原因是多方面的,其中之一就是商业广告(DM)的冲击。这种广告中包含着许多本来应该出现在图书或杂志上的内容,如菜谱、健康知识、育儿大全等等,读者可以很容易免费得到,不会再到书店去买这类图书或杂志了。给我们的启发是,许多出版物,特别像生活类的图书和杂志,是可以免费或低价销售的,只要有一定的读者数量,广告商自然愿意把钱给你。说到底,客户才是企业最重要的资产,掌握客户是一切商业模式的核心。对谷歌是这样,对出版企业也是这样。

　　六是别阻挡意见。谷歌公司的这条规则,就是要让所有员工都能够平等地发表意见,从而确保管理层的决定符合公司的使命。这正是目前国内出版单位应该做却没做好的。作为国有企业,出版单位都应该建立相应的制度,让员工能够对事关企业改革发展的重大问题充分发表意见,参与企业的民主管理。但在实际工作中,真正做到的寥寥无几。不少出版企业的管理者,过于相信自己的水平和能力,不愿意或不善于听别人的意见,尤其是跟自己的想法不同的意见。由此造成的后果是,企业的命运过于倚重主要领导个人的品质和能力,员工的积极性和创造力受到抑制。要改变这种状况,仅靠教育和借鉴是不够的,需要从体制、机制等方面着手。但对出版企业来讲,这确实是至关重要的一条规则。

(2010 年 10 月 6 日)

出版工作的现状及发展趋势

——在全省宣传部长培训班上的讲课材料

一、出版的基本概念

1. 出版的概念及源流

出版是指编辑、复制作品并向公众发行的活动。

在中国,出版的历史源远流长。商周的甲骨卜辞、青铜铭文,是出版的萌芽;春秋的竹木简牍、帛书,是古代的正式出版物;汉唐时期纸张、雕版印刷术发明后,出版业已然形成;到了两宋时期,出版业趋于成熟,全国形成了三大刻书中心:四川、浙江、福建,其中浙刻最精美,两宋监本大半为杭州所刻,同时毕昇发明了活字印刷术。1897 年商务印书馆成立,标志着中国现代出版业的开始。我党的第一个出版机构——人民出版社,1921 年 9 月在上海成立。

2. 出版的构成要素

(1)编辑——指策划、组织、审读、选择和加工作品的活动。

(2)复制——指以印刷、复印、临摹、拓印、录音、录像、翻录、翻扫等方式将作品制作一份或者多份的行为。

(3)发行——通过商品交换将出版物传送给消费者的活动。

3. 出版的一般过程

(1)精神产品生产——主要是编辑工作阶段,包括信息采集、选题策划、组稿、审稿、编辑加工、整体设计、审定发稿。

(2)物质产品生产——将精神产品加工制作成具有一定外在形态、能够广为发行的物质产品阶段,包括制作"母版"、批量复制、组合包装。

（3）产品流通——出版物发行阶段，包括出版物的总发、分销、零售等。

二、出版工作的方针任务

1. 出版工作的方针原则

为人民服务、为社会主义服务的方向；百花齐放、百家争鸣的方针；贴近实际、贴近生活、贴近群众的原则；将社会效益放在首位，实现社会效益与经济效益相统一；依法管理，行业自律。

2. 出版工作的主要任务

出版的根本任务是促进社会主义先进生产力和先进文化的发展，满足广大人民群众日益增长的精神文化需求。

3. 出版工作的导向把握

出版导向是出版工作的生命线，必须高度重视、认真把握。把握出版导向主要有三个方面：政治导向，文化导向，社会导向。

三、出版工作的法律法规

1. 以"一法多条例"为基本框架，正在形成较为完备的法律法规体系。

2.《著作权法》，1990 年颁布，2001 年、2010 年两次修正，目前正在进行第三次修正。这是目前我国出版领域唯一的一部法律。

3. 国务院和新闻出版总署又陆续颁布了《出版管理条例》、《印刷业管理条例》、《音像制品管理条例》、《信息网络传播权保护条例》、《出版物市场管理规定》、《电子出版物管理规定》、《互联网出版管理规定》等法律法规。

此外，还有很多专项的规定，比如质量管理、书号管理、重大选题备案等管理规定。

四、出版行业的基本情况

根据新闻出版总署公布的《2011 年新闻出版产业分析报告》，2011 年全国出版、印刷和发行服务实现营业收入 14568.6 亿元，较 2010 年增长 17.7%；增加值 4021.6 亿元，增长 14.8%。这表明，全国出版产业主要经济指标持续向好。

1. 编辑出版基本情况

2011 年，全国有图书出版社 581 家，其中中央级 221 家、地方 360 家；出版图书 37 万种,较 2010 年增长 12.5%;其中新版图书 20.8 万种,增长 9.6%;总印数 77.1 亿册(张),增长 7.5%;定价总金额 1063.1 亿元,增长 13.6%。出版期刊 9849 种,较 2010 年降低 0.4%;总印数 32.9 亿册,增长 2.2%;定价总金额 238.4 亿元,增长 9.5%。出版音像制品 19408 种,较 2010 年降低 10%;出版数量 4.6 亿盒(张),增长 9.6%;发行数量 3.9 亿盒(张),增长 3.5%;发行总金额 18.3 亿元,降低 9.3%。数字出版实现营业收入 1377.9 亿元,较 2010 年增长 31%,增速虽有放缓,但仍在各类别中位居前茅,表明产业转型升级步入稳步发展的轨道。

2. 出版物发行基本情况

2011 年,全国共有出版物发行网点 168586 处,与 2010 年相比增长 0.42%;出版物发行业从业人员 72.44 万人,增长 0.08%;新华书店系统、出版社自办发行单位出版物总销售金额 1953.49 亿元,增长 11.36%。

3. 印刷复制基本情况

2011 年,全国印刷复制实现营业收入 9305.35 亿元,与 2010 年相比增 17.52%;增加值 2324.91 亿元,增长 9.63%;利润总额 614.60 亿元,增长 6.26%。

4. 浙江出版联合集团简介

集团成立于 2000 年 12 月,由省新闻出版局(出版总社)按"政事分开"要求分设成立,2007 年完成整体"事转企"改革,是省政府直属国有独资出版企业集团和国有资产授权经营单位;现有直属单位 15 家,包括出版单位 11 家,全资子集团 3 家;全资和控股法人单位 110 余家,在职员工 8600 余人。

集团在 2010 年迈入资产和销售"双百亿",到 2012 年资产总额达 124.44 亿元,当年实现总销售 134.6 亿元,主营业务收入 90.38 亿元。全年出书 7906 种,其中新书 3433 种。在全国出版集团总体经济规模综合排名中名列前茅,连续四次入选全国"文化企业 30 强",被新闻出版总署评为全国新闻出版"走出去"先进单位。集团所属浙江省新华书店集团、浙江印刷集团、浙江教育出版社等单位在各自门类的总体经济规模综合排名中均在前十之列。浙江少儿出版社在少儿图书零售市场占有率排行榜中,连续十年保持全国第一。

集团未来的发展,以"坚持做强出版主业,坚守文化责任之道,坚定创新发展之路"为企业发展理念,在"十二五"期间建设成为主业突出、特色鲜明,具有较强竞争能力和经济实力,在全国出版第一方阵中发挥骨干作用和重要影响的现代出版传媒集团。具体工作中,一是坚守责任,出好书强主业。包括调整出版结构,提升出版能力,着力抓好主题出版、重大项目出版和"六大产品线"建设。二是面向市场,拓领域上规模。要求编、印、发、供产业链各环节,都要面向市场、拓展渠道,不断扩大销售规模,促进销售新增长。三是改革创新,促转型谋发展。面对改制后的新形势,按照现代企业制度和授权经营要求,着力内部机制改革创新,紧紧把握以数字网络为代表的新技术发展脉搏,加快转变发展方式,积极探索产业转型升级之路。

五、出版工作面临的形势

当前出版工作面临的形势,主要有四大特征:全球化、数字化、多元化和市场化。

1. 全球化

全球化有力地推动了整个世界经济的发展,中国在这个过程里,既为世界作出了重大贡献,同时也获得了巨大的利益。经济全球化过程中,出版也迅速跟进。我们只要看看这些年来书店里的引进版图书越来越多,国际书展上中国人的身影越来越多,就可以真切地感受到全球化对中国出版的影响有多大。例如,近年图书市场最畅销的《乔布斯传》,简体中文版由中信出版社全球同步推出。全球化对出版而言,一方面是给中国出版业带来了运用"两种资源"、做好"两个市场"的极好机遇,另一方面也让我们直接面临着国际出版竞争的压力和文化安全等问题的挑战。

2. 数字化

在数字化和网络化进程中,出版是受影响和改变最为深刻的行业之一。一方面给出版生产力的发展提供了极大的动力,使我们告别了"铅与火",也开始告别"纸和笔"。出版的本质是对知识的选择、积累和传播,甲骨、竹简、丝帛也好,纸质、数字也好,只是知识的载体和介质的区别,都属于出版的范畴。随着数字和网络技术的迅速发展,网络阅读、手机阅读、电子阅读器阅读将日益普及,由于其形式丰富、速度快捷、成本低廉,越来越受到欢迎,将有力提升国民的阅读率,有力促进出版业发展。另一方面也给传统出版带来了极大的挑战,尤其是科技类期刊和工具类图书,由于数字化传播带来的信息更新快捷和检索查询方便,数字阅读正在成为主要的阅读方式。如果教育类图书,特别是中小学教材的数字化进程加快,电子书包普及,那么传统书业将会受到重大冲击,因为它会影响到整个传统出版产业链(编、印、发、供)赖以生存的根基。

3. 多元化

多元化是改革开放以来中国经济社会最显著的特征之一,所有制形式多元化、利益主体多元化、思想文化多元化等,已经成为社会的常态。多元化对出版来说,一方面是极大地丰富了出版的内容和形式,改革开放三十年来,中国出版品种的快速增长、形式的不断创新,多元化是重要因素;另一方面也极大地提高了对出版工作的要求,如何满足多元的、"小众"的阅读需求,如何适应多品种、小批量、个性化的出版形态,需要我们从思想观念、技术手段,到商业模式,进行重大的调整。

4. 市场化

与其他经济领域相比,出版的市场化进程是缓慢的,这与出版行业的双重属性和两个效益有关。2003 年以来中央一直在大力推进文化体制改革,推动经营性文化单位转企改制,就是要让出版社成为真正的市场主体。市场化对出版产业来说,一方面是符合出版规律、适应历史潮流的改革,有利于出版的繁荣发展;另一方面也确实遇到了许多难题和挑战,如怎样处理社会效益和经济效益的关系,能不能改变产权结构、实行期权激励等等。由于我国出版业的市场化是在全球化、网络化、多元化的环境下进行的,是在传统出版面临成长困境情况下进行的,难度大大增加了。

六、出版行业的发展趋势

1. 经济持续稳定发展,推动出版物消费增长

改革开放以来中国经济已经保持了 30 年的快速发展。十八大报告提出,到 2020 年要实现国内生产总值和城乡居民收入比 2010 年翻一番。人民群众的收入水平不断提高,对精神文化产品的需求也会不断增长,为出版业发展提供了广阔的发展空间。按照一般的规律,当经济发展到一定水平,特别像浙江已经进入了人均 GDP 超过 10000 美元的中等发达阶段,人们的消费

结构会发生很大变化,对文化消费的需求会大大提高。在这样的背景下,出版物作为文化产业的主要产品形态,整体的消费需求会有较大增长,整体的市场规模会有明显扩大;与此同时,出版物的消费结构也会发生很大的改变,数字出版将快速增长,而纸质出版仍有空间但增长相对缓慢。有人说传统出版业会走向消亡,我不这么认为。纸质图书的阅读体验,那种书香和质感,是无法替代的。在此也呼吁一下,要保护和扶持实体书店,因为它是城市的文化地标,也是群众文化活动的重要场所。近年来不少实体书店倒闭了,十分可惜。

2. 党和政府高度重视,为出版业提供发展保障

全面建成小康社会,既要让人们过上殷实富足的物质生活,又要让人们享有健康丰富的文化生活。党和政府对文化建设越来越重视,为了加快文化大发展大繁荣,国家和省里出台了一系列配套的政策和措施,出版作为文化强国和文化强省建设中的重要力量,也得到了许多支持和保障。如国家提倡开展全民阅读、建设书香社会,有利于形成良好的阅读风尚,具有很强的行为导向;在全国农村所有行政村建设农家书屋,近 3 年中央财政投入 20 多亿,省财政也投了 1 个亿;鼓励"走出去",设立专项资金支持出版物走向国外;设立政府出版基金资助重大出版项目,其中国家出版基金每年 2 到 3 亿元等。还有所得税、增值税的返还和减免,直接为出版企业提供资金支持。这些政策措施,为出版业的持续发展提供了强有力的保障。

3. 体制机制改革继续推进,形成出版业发展的强大动力

出版单位转企改制工作自 2003 年开始,目前已基本完成。事转企是文化体制改革的重要一步,但不是全部内容。转企改制后,出版单位的市场主体地位得到了确立,但这个主体的生命力如何、能否良性发展等一系列问题都有待解决。一些出版企业已经开展的资本运作,包括兼并、重组、联合、股份制改造、上市,以及围绕主业的多元化经营等,为出版业发展提供了更大的舞台,留下了更多的想象空间。出版体制机制改革的继续推进,将极大地激发出版工作者的积极性和创造力,提高出版企业的活力和创新创造能力,成为出版业改革发展的强大动力。

4. 技术不断进步,促进出版行业转型升级

数字和网络技术的发展进步,既给传统出版业造成极大的冲击,同时也带来了很大的机遇。出版行业要在新形势下生存和发展,转型升级是必然的趋势。运用数字和网络技术促进出版业的转型升级,主要体现在两个方面:

一方面是大力发展数字出版。——载体变化。以 ipad 为代表的平板电脑、新一代的电子书阅读器、大屏幕智能手机等阅读终端不断成熟,为数字阅读带来越来越丰富的载体。——内容主体变化。海量的数字化内容,使阅读选择更加自主多元。目前许多著名的图书馆以及像亚马逊网上书店差不多已把世界几千年积累的纸质读物,都转换成数据库了。尤其是搜索引擎的广泛使用,让每一个人的阅读有了便捷的空间和可能。——商业模式变化。全新的数字化业态,颠覆了传统出版的盈利模式。随着数字化的不断深入,全新的数字出版业态已经开始形成,出现了一些相对成熟的商业模式,如 kindle 模式、ipad 模式和 Google 模式等。集团所属数字传媒公司已经与中国移动、中国电信、中国联通三大阅读基地合作,重点开拓移动阅读市场;同时正在建设"浙江文化资源数据库服务平台"和集团版图书数据库,为多媒体传播打好基础;还在建立"同步学"教育平台,实施网络在线教育等等。

另一方面,传统出版的盈利模式已经十分完备和有效,至今仍然是出版业生存和发展的基础,而且会与数字出版长期共存、协同发展。运用数字技术对传统出版业进行提升和改造是大有可为的,比如运用计算机技术对传统出版的流程进行管理,显著提高了生产效率;运用信息技术对出版物的物流和分销系统改造,极大地促进了流通效率;运用网络技术销售图书,既加快了销售速度,又降低了销售成本,因为它不需要建设零售卖场。目前国内最大的网络书店当当网,每年纸质图书销售的增长率在 100% 以上,就是一个很好的例证。浙江省新华书店与河南省新华书店的连锁经营,以及省内的"小连锁",都是依托于物流和分销系统的信息化开发和运用。省店的博库网上书店也正在快速发展中。

5. 市场竞争更趋激烈,新的产业格局逐渐形成

伴随着出版业市场化,出版物市场竞争日益激烈,新的产业格局也逐渐形成。竞争主要来自三个方面:一是民营书业。民营资本在中国出版业已经登堂入室,并在某些出版领域占据重要位置,如在文学、社科、生活等图书门类中,由民营出版机构组织策划的畅销图书已占这些门类畅销书的 70% 以上。由于民营书业具有国有书业不可比拟的优势,特别在机制的灵活性和对市场的敏感度方面,使得其在较短的时间里得到快速的成长,有的民营出版发行公司年销售已经达到十亿元以上,实力超过了不少出版集团。二是境外资本。虽然外资目前在出版业不如民营资本活跃,进入中国十年的贝塔斯曼公司2009年黯然退出中国市场,但这并不代表外资在中国书业会一直无所作为。近年,台湾地区著名的诚品书店已分别与苏州市、杭州市签约,先在长三角布局,进而向全国市场进军。三是出版集团。包括:地方出版集团,主要利用地域优势,依托教育类出版物的出版发行,形成核心竞争力,如凤凰出版集团;中央出版集团,主要利用行业优势或品牌优势,依托行政性资源或品牌资源,形成核心竞争力,如中国出版集团、中国教育出版集团和中国科技出版集团;高校出版集团,主要利用高校的品牌和资源优势,依托教育或专业资源,形成核心竞争力,如北师大出版集团。

未来的出版产业格局中,大型出版传媒集团将占据主导地位。按照新闻出版总署《关于加快出版传媒集团改革发展的指导意见》,要实现出版传媒集团跨媒体、跨地区、跨行业、跨所有制、跨国界发展,到"十二五"期末,进一步做强做优国家层面人文、教育、科技3大出版传媒集团,培育5家左右年销售收入超过200亿元的大型骨干出版传媒集团;基本形成南北与东中西部布局合理,中央与地方、图书出版与报刊出版、单一媒体与多种媒体、综合型与专业型、大型集团与"专、精、特、新"各类出版传媒企业优势互补、合作竞争的新格局。

6. 实施"走出去"战略,提升中华文化的国际影响力

实施"走出去"战略是党中央、国务院赋予出版战线的重大任务,是提升国家文化软实力和弘扬中华文化的重要手段,也是中华文明对人类进步事业有所贡献的重要途径,党中央对此始终高度重视。十七届六中全会首次提出"建设社会主义文化强国"的宏伟目标,进一步提出要"提高文化开放水平,推动中华文化走向世界"。党中央、国务院还在国家"十五"、"十一五"、"十二五"时期发展规划、《文化产业振兴规划》等重要文件中明确了一系列支持文化"走出去"的方针政策,有力地推动了中华文化"走出去"的实践。

中国出版"走出去"目前主要有三种形式和路径:一是产品"走出去"。加入WTO前,中国出版"走出去"基本上以图书实物出口的形式进行。"十一五"期间出版物出口数量增长了22.9%,随着海外营销渠道的逐步拓展,2011

年实物出口的增速达到 10%。集团所属浙江华硕国际贸易公司、博库海外连锁书店主要从事这项业务。二是版权"走出去"。这是绝大多数出版单位必然要经历的阶段,也是当前中国出版"走出去"的重要手段。去年集团所属出版单位向非汉语国家输出图书版权首次突破了 100 项。三是资本"走出去"。近年来,许多出版单位逐渐不满足于实物和版权"走出去",开始在海外设立机构"直接出海",被业内人士喻为"走出去"的升级版,演绎出资本"走出去"的新方式。集团已在法国巴黎成立了合资的东方书局,近期将在日本东京设立独资的东京分社。

随着这项战略的不断推进,中华文化在国际上的影响力将持续扩大,对于出版单位而言既有经济效益更有社会效益。

最后,我代表出版集团,衷心感谢各市县委宣传部多年来对集团工作的支持,同时也希望今后能够有更多的合作机会,在图书出版、阅读活动、基层文化建设等方面一起来做有益的事情,共同推动浙江的出版工作和文化强省建设。

（2013 年 4 月 8 日）

四、引进优资　走向海外

版权贸易与出版竞争力

——在北京国际版权贸易研讨会上的发言材料

在出版全球化的背景下,在中国出版社大步走向市场的进程中,版权贸易正受到极大的关注和重视。"两个市场、两种资源"对所有出版社来说,既是机遇也是挑战:谁能够正确把握和运用,谁就可能不断做强做大,在新一轮竞争中占据先机,赢得更大的发展空间;稍有不慎,也可能全盘皆输,经济上得不偿失且不说,更重要的是失去了时间和机会。这就要求我们,必须从提高出版竞争力的战略角度来认识和规划版权贸易,而不能只把它当作权宜之计,更要防止盲目跟风。

关于出版竞争力的表述有很多,构成出版竞争力的要素也确实有很多。我认为,衡量一个社出版竞争力的强弱,关键要看它的产品结构、图书品牌和原创力。打个不太恰当的比方,优化结构是把船造得更牢,塑造品牌是把帆做得更大,而原创力则提供了持续的动力。只有船坚帆满风正,出版社才能在市场经济的大海中乘风破浪,不断前进。

下面,我就以浙江少年儿童出版社为例,谈谈版权贸易如何与出版竞争力相结合,促进出版社向前发展。

浙少社是一家地方专业少儿社。与国内许多出版社,特别是京沪两地的出版社相比,在资源、品牌、规模等方面都没有什么优势。因为没有计划内的教材教辅,经济实力也有限。但这些年来,我们通过对一般图书的大力开发,使得市场竞争力不断增强。根据北京开卷图书研究所统计,在全国少儿图书市场占有率排行中,浙少社已连续3年名列前3位,自2002年6月起跃居第1位,2002年12月浙少社市场占有率达到了7.58%,比第二位5.21%多2.37

个百分点。在连续 3 年的全国少儿畅销书排行前 100 种图书中，浙少社每年都有 20 种以上列入，2002 年 12 月更是高达 39 种。这种强劲而持久的市场竞争力，来自多方面因素，其中版权贸易起到了十分重要的作用。统计数据表明，我社市场占有率提升最快的 3 年，恰恰是版权贸易最活跃的 3 年。

浙少社的版权贸易起步于 1990 年，2000 年开始进入快速发展的时期。据统计，从 1990 年到 1999 年的 10 年时间里，我社版权贸易项目共有 26 个。2000 年之后的 3 年，平均每年 20 个以上，其中 2002 年一年的版权贸易项目数就有 26 个，相当于过去 10 年的总和。通过版权贸易，有力地促进了我社的结构调整、品牌塑造和原创力的提高，大大增强了市场竞争力，推动出版社持续发展。

一、版权贸易与结构优化

1. 结构问题是制约出版竞争力的重要因素

出版物的结构关系到出版社市场定位和竞争能力，是近年来大家十分重视的问题。从国内出版业总体来看，结构问题相当突出，主要表现在结构单一，过多地依赖教材教辅，而面向市场的一般图书的开发能力不足，缺乏富有特色、具有独占性的产品。产品结构单一造成利润结构脆弱，一旦教材教辅发生动摇，不少出版社将难以维持。浙少社原来也有计划内教辅，但我们从 20 世纪 90 年代初开始就逐步失去了，这就逼得我们必须把结构调整好，在一般图书领域形成多元的产品布局，形成优势和特色，争取在激烈的市场竞争中求得生存和发展。

2. 调整结构的基本思路

近年来，我们根据图书市场的情况和自身特点，在出书结构上提出了"整体推进、重点突破"的战略。所谓"整体推进"，就是在少儿出版的一些主要领域、主要细分市场，都要有所作为，而不是把所有鸡蛋放在一个篮子里。这是为了做强做大，也是为了防范风险。所谓"重点突破"，就是要选择一个或几个市场份额较大或者处于市场成长期的领域，培育优势，努力创新，占领制高点。少儿文学、低幼读物、科普百科是我们着力抓的重点细分市场。之所以进行这样的结构布局，一是因为这些领域市场容量大（三者相加，占了少儿图书约 60% 份额），二是我们有较强的编辑力量。还有一个十分重要的原因，就是出版资源非常丰富,特别是国外的资源。

3. 以国际资源优化出书结构

版权贸易为优化结构提供了契机。为了在这些细分市场做大规模,形成竞争优势,我们在抓原创的同时,把眼光投向海外资源。通过每年的法兰克福书展、波罗尼亚儿童书展和北京国际图书博览会,或是版权代理机构,购买了许多优秀的图书版权。这些书投入市场后,都获得了很好的市场反馈,其中不少图书成为市场竞争的强势产品。如科普百科领域,我们从日本小学馆引进的《最新21世纪少年儿童百科》累计销售已达20多万册,销售额2000多万元。此后又陆续跟进了英国金飞士出版公司的"我想知道为什么"系列,英国马歇尔出版公司的《最新21世纪动物百科》,日本小学馆的《21世纪少年儿童科学教室》,英国DK出版公司的《最新21世纪中学生科学百科》等,使得我社在这个细分市场占据了重要位置。在少儿文学领域,2001年9月我们推出了从台湾新学友引进的"冒险小虎队"(13种)(德国原版,作者为奥地利人),一年多时间已印了11万套143万册;2002年我们从德国直接购买了"冒险小虎队"后17种的全球中文版权,仅仅3个多月时间已印了8万套136万册。这一套书就已实现了近2500万销售码洋。加上我们大量原创文学作品的推出,我社在儿童文学细分市场2002年12月份以15.85%的占有率,牢牢占据第一的位置。在低幼读物领域,我们先后从香港、台湾地区,以及韩国、日本和欧洲等引进了许多优秀读物,用"樱桃小丸子"形象制作的教育类、游戏类图书的销售也非常好。

可以这样说,版权贸易在我社调整结构,在多个重要细分市场形成竞争优势,起了十分重要的作用。

二、版权贸易与品牌塑造

随着出版物市场由卖方市场进入买方市场,出版社的竞争必然由品种竞争演化为品牌竞争。这种竞争包含着两个层面的意义:一是出版物(产品)品牌的竞争,二是出版社品牌的竞争。两者的关系是出版物品牌营造和烘托出版社品牌,而出版社品牌带动和促进出版物品牌。通过版权贸易,塑造图书品牌和出版社品牌,已成为出版社品牌战略的重要内容。

1. 直接引入国外知名品牌

这是经常用到的塑造品牌的方式。2001年10月,我们与香港翡翠动画有限公司签约,开发"小丸子学习系列"(15 种)。这是以著名的日本卡通形象樱桃小丸子为品牌标志的低幼读物。由于国内电视台早已播放樱桃小丸子的电视剧,小丸子天真可爱、聪明活泼的形象在中国小朋友中有很高的认知度。这套书出版后市场反应很好,已经销售 66 万册。为了将这个品牌做大做强,我们在 2002 年又与香港方面签约,再开发小丸子系列三十多个品种,有教育、游戏、故事、挂图等,覆盖了低幼读物的主要领域。当然,这套书的制作难度还是相当大的,因为按照现行政策,卡通读物不能直接引进,我们只是用了小丸子的品牌形象,以及电视故事,并没有现成的原版图书。这样去做,主要就是看中小丸子品牌的号召力。

最近,我们与英国 CHORION 公司签订了"诺弟"系列图书的引进开发合同,计划 3 年内推出 45 种以上"诺弟"品牌的图书。诺弟形象是由英国著名作家 Blyton 和荷兰插图画家 Beek 共同创造,在国外特别是欧洲已有相当高的知名度,并且已开发了包括电视、玩具、文化用品、主题公园等在内的系列产品。图书销售也相当好。但是,这个品牌在国内知道的人很少,市场风险显然是有的。但我们觉得,诺弟的形象,比较符合中国人的审美心理,他所具有的正直、善良、勇敢等品质十分符合国内的教育理念,并且它的图书品种的开发已比较成熟,如果电视片能引进、国内主题公园能建造,则市场潜力就更大了。

2. 利用国外资源构筑自己的品牌

这需要自身的创意和对国外资源的自如运用。浙少社 1998 年曾推出过一套"中国幽默儿童文学创作丛书",在少儿出版界产生了较大影响,被专家称作"跨世纪少儿文学十大现象"之一。经过近年来的深度开掘和不断延伸,"幽默儿童文学"已成为浙少社重要品牌图书。为了让中国的孩子能阅读到更多优秀的幽默文学作品,也为了扩大我社的这个品牌的市场效应,我们将视野拓展到了国外。经过一年多的反复选择、比较,首批"世界幽默儿童文学精品文库"14 种已签约,将于 2003 年出版。我们做这套书的选择标准是:国际上一流的幽默儿童文学作品。具体挑选时,主要瞄准国际一流出版社的幽默类儿童图书,包括兰登书屋在内的美国、法国、德国、意大利、新西兰等国的著名出版社,都为我们提供了相关的书目,并与我们签订了合作协议。

《幼儿智力世界》是我社办的一个低幼期刊,是全国低幼期刊中发行量最大的刊物之一,也是出版社的重要利润来源。但是随着同类刊物增多,市场竞争加剧,加上刊物本身内容和形式制约,近年来发行量呈下降趋势。为了让期刊品牌得以延伸和扩展,赋予它新的符合时代发展要求的内涵,我们从2002年起对它进行了改刊,由月刊改为半月刊,其中的下半月刊引进法国最大的儿童期刊出版社巴亚出版公司出版的期刊的部分内容。改刊后,刊物的定位更准确、内容更丰富:上半月以思维能力训练为主,下半月以动手能力训练为主;同时将国际上最好的幼儿读物内容很好地融入其中。一年多的实践证明,改刊是成功的,尤其是引进国外优秀出版资源,打造了自己的期刊品牌,这在全国少儿期刊中还是首创,引起了广泛关注。

3. 通过版权输出在海外市场树起出版社品牌形象

由于种种原因,国内绝大多数出版社在版权贸易中都存在很大的贸易逆差,即引进项目大大多于输出项目。浙少社在这个方面可以说是个特例。就版权贸易项目数而言,我们一直处于顺差,从1990年至2002年,共引进38个项目,输出51个项目。尤其是2000年至2002年,3年共有35个项目(159种图书)输出。目前有不少家东南亚及港台出版社密切关注着我社出版动向,一有合适的新书,有的还是模拟本或征订目录,马上要求购买版权,还经常出现一本书多家争购的情况。

这种情况的出现,说明我社在海外图书市场的品牌效应正在逐步形成。这也是我们"运用两种资源、做大两个市场"和"引进来、走出去"战略的具体体现。为了加强版权输出,扩大我社图书在海外市场的占有率,我们主要做了两方面的工作。一是强调编辑人员选题的立意要高、视野要宽广,创意策划的图书从内容到形式,不但要适合国内市场,还要尽可能地适应海外市场。二是利用各种方式向海外宣传推荐我社的品牌图书,形成更多的交易机会。我社参加各种国际书展、海外交流的人员都负有引进与输出的双重任务。有时候,尽管输出的获利并不是很高,而且寄样书、寄光盘、签合同等手续又很麻烦,但不因利小而不为。因为我们更多的还是从长远角度来看这个问题:为了在海外市场树起出版社的品牌,为了中国文化的传播。

三、版权贸易与原创力提升

浙少社这几年尽管引进的力度在不断加强,引进的品种在持续增长,但从指导思想上，我们始终把原创作品作为出版社发展的战略重点。在出书结构上，原创图书一直占据整个品种的 70% 以上。尤其在原创儿童文学方面，投入了很大的精力，也取得了显著的效益。我社策划出版的"红帆船诗丛"和"中国幽默儿童文学创作丛书"是国内原创儿童文学的著名品牌；在 2002 年评出的国内儿童文学创作最高奖中国作协第五届（1998—2000 年）全国优秀儿童文学奖中，我社有《我们去看海》、《笨狼的故事》和《书本里的蚂蚁》等 3 部作品获奖，是获奖最多的出版社。我社策划的原创科普百科读物"走进博物馆丛书"、《科学改变人类生活的 100 个瞬间》，低幼读物"儿童诵读系列"、"完全妈妈丛书"等，无论是创意还是制作水平都可以与国外同类书媲美。

一个出版社要做大做强做长久，主要的还是要靠自己的原创力，靠自己对图书产品的不断开发和持续创新。但是，这种原创能力与加强版权引进并不是矛盾的。相反，只要在出版思路和出书结构上处理好原创与引进的关系，在版权引进中真正贯彻"以我为主、为我所用"的方针，还可以推动和促进出版社原创能力的提高。从某种意义上说，提升原创力比调整结构、塑造品牌具有更重要和深远的意义，因为持续的创新能力才是一个出版社核心竞争力所在。

1. 促进编辑理念转变

在对儿童阅读特性的把握上，我们更多地从成人的视角看儿童，编出来的儿童读物，多居高临下的说教，缺乏童心童趣。国外的儿童读物则十分重视根据儿童心理特点，从形象到故事和语言都尽可能贴近儿童本位，符合儿童的接受特点。在对目标读者的定位上，我们很少做细致深入的研究，常常是模糊的、宽泛的。尤其是低幼读物，我们为了让更多的家长来买书，总是把适应的年龄要定得很宽，如"适合 0—4 岁婴幼儿"，其实这个年龄跨度的孩子差异是非常大的，国外通常要细分到几个月甚至几周。通过引进版图书的编辑，国外先进的图书编辑理念对我们的冲击和影响确实是明显的，把这些理念吸收、消化，注入我们自己的选题创意，引导作者的创作，无疑是积极有益的。近年来，我社出版的不少原创儿童文学作品和科普百科读物，也尽可能立足于儿童本位，努力适应儿童的阅读特性。如"幽默"是少儿读者最喜欢的特质，我们就努力开发这一类选题。我们原创的低幼读物，在年龄和知识门类的细分上，尽量地吸收国外优秀的同类读物的经验。如"完全妈妈·新世纪婴幼儿成长手册"（15 种），就是一套借鉴国际先进的育儿理念、编辑理念创作的"本土育儿经典读物"。

2. 推动图书制作水平提高

这方面的影响更为直接和外在，因为国外图书在图文编排和制作上的确有许多值得我们学习借鉴的东西。比如科普百科类读物，一直是我们出版社引进的重点类别，这些图书的制作水平非常高，是少儿图书中的"高端产品"，受到读者和专家的高度评价。《最新 21 世纪少年儿童百科》巨大的销售量，《最新 21 世纪中学生科学百科》在 2002 年被评为冰心奖大奖，都说明了这一点。我们的原创百科读物除了个别品种外，要达到或超过这个水平，还是有相当难度的。但可以说通过这几年对这些图书的引进，在编辑和制作过程中的确学到了不少东西，我们自己的同类图书的制作水平也有了很大进步。2002 年我社推出了《中国军事博物馆》，这是一部军事类的百科读物，以图文并茂、生动活泼的形式，首次将全国军事类博物馆的精华荟萃于一书。在编排的体例、版式和制作上，吸收了不少国外少儿百科类图书的优点，采用"超文本"等手法，书中既有对重大军事事件、军事人物的综合介绍，又有对精品军事文物的立体描绘，还穿插了许多与主题紧密相关的知识和故事，使读者能在趣味盎然的轻松翻阅中，获得军事知识。这本书的编辑制作水平受到了专家和读者的高度评价。

3. 使得市场运作能力增强

国外对图书的市场运作十分重视，方法也比较成熟。比如对卡通读物的开发，影视、图书、文具、服装等几个领域联动，形成立体发展的态势。即使是图书，也是故事书、图画书、游戏书、教育书、挂图、卡片等彼此拉动，相互补充，覆盖图书市场几个主要门类。这几年，我们通过对引进版图书的市场运作，积累了一些好的经验，并在此基础上，有所创新提高，对原创图书的市场运作起到了很好的作用。

"小丸子"系列图书是我们开发得较充分的一个国际品牌。2002 年我们与中国著名的饮料品牌"娃哈哈"达成协议，开发"娃哈哈"系列图书。在设计方案上，我们就借鉴了"小丸子"、"诺弟"等我社引进品牌的经验，也借鉴了国外出版社与著名商业企业合作的经验。我们大致规划了三步走的目标，推进"娃哈哈"图书的市场运作。首先是赋予"娃哈哈"这个知名商业品牌的文化内涵,打造知名的图书品牌;第二是以"娃哈哈"形象为基础,塑造中国自己的卡通形象;第三是借助"娃哈哈"成熟的营销手段和网络销售图书产品。

"管家琪系列图书"是我社与台湾作家直接签约引进的一套图书。在这套书的市场运作上,我们借鉴了作家本人及台湾出版社的成功经验,策划了管家琪在大陆7大城市的巡回演讲、新书发布、签名售书等系列活动。这次宣传营销活动被中国版协少读工委评为"2001年中国少儿出版十件大事"之一;管家琪也被台湾媒体评为台湾儿童文学"登陆"大陆最成功的作家,并且她的成功是因为"出版社的行销"。通过这个大型的系列活动,我们锻炼了队伍,积累了经验。2002年著名儿童文学作家秦文君在我社推出了"小杜齐"系列2本,我社从福州书市开始,邀请她到10大城市开展了系列宣传活动,历时3个月。有了"管家琪系列图书"成功的营销经验,这一次就显得驾轻就熟了。

正因为我们在引进版权过程中坚持"以我为主,为我所用"的原则,学习、借鉴了国际上优秀少儿图书的成功做法和经验,有力地提升了原创力,促进了原创图书的出版和营销水平的提高。这也是我社原创图书一直保持旺盛势头,赢得国内和海外市场的重要原因。

以上是关于版权贸易与出版竞争力问题的几点想法。提出并思考这个问题,主要是为了能够从出版社发展战略这个层面上,来认识和规划版权贸易工作,防止随意性和无所作为。版权贸易既是经营活动,更是文化建设工作;对版权贸易工作既要有战略层面的思考,更多的是策略和机制上的筹划和组织实施。这里主要从出版社经营战略的角度切入,这些想法还很不成熟,仅供大家参考。

(原载《中国版权》2003年第2期、《中国图书评论》2003年第5期)

以我为主,为我所用

　　随着出版业全球化,"两个市场、两种资源"已经很现实地摆在了每一个出版人的面前,既是机会也是挑战,看你能否正确认识和把握。浙江少年儿童出版社高度重视版权贸易工作,始终坚持"以我为主,为我所用"的原则,一方面充分利用国际出版资源,有力促进自身的结构调整、品牌塑造和原创力的提高,另一方面积极输出原创读物版权,努力在海外市场有所作为。版权贸易,有力地促进了出版社的发展和两个效益的提高。

一、基本情况

　　浙少社是一家地方专业少儿社。与国内许多出版社,特别是京沪两地的出版社相比,在资源、品牌、规模等方面都没有什么优势。因为没有计划内的教材、教辅,经济实力也有限。但这些年来,我们通过积极开发一般图书,使得自身的品牌知名度和市场竞争力不断增强,社会和经济效益持续提高。

　　根据北京开卷图书市场研究所统计可知,在全国少儿图书市场占有率排行中,浙少社自 1999 年起名列前三位,自 2002 年 6 月起跃居第一。其中 2004 年我社的占有率为 6.82%,比排在第二位的出版社高出了 2.5 个百分点。2005 年 1—6 月,我社的占有率达到了 7.98%。在全国少儿畅销书前 100 种排行中,我社近年来一直保持在 30 种左右,其中最多的年份达到了 49 种。

　　对这几年浙少社两个效益持续提高的原因进行分析,可以发现版权贸易在其中起了很大的作用。浙少社的版权贸易工作起步于 1990 年,2000 年开始进入快速发展期。从 1990 年到 1999 年的 10 年时间里,我社版权贸易的项目总共 26 个。2000 年之后的 5 年,平均每年在 20 个以上,也就是说现在一年的版权贸易项目数量接近于过去 10 年的总和。通过版权贸易,增强了出版社的市场竞争力,推动了出版社持续发展。

二、主要做法

1. 引进优秀的外版图书,优化本社的出书结构

出书结构关系到出版社的市场定位和竞争能力。近年来,我们根据图书市场的情况和自身特点,在图书结构上提出了"整体推进、重点突破"的结构战略,就是在少儿图书的主要领域、重点的细分市场都要有所作为,以做大规模、防范风险;同时在一个或几个市场份额较大或处于成长期的领域形成优势,占领制高点。通过版权贸易,利用世界各国的丰富优秀少儿图书资源,有助于我们形成合理的产品布局,形成自身的优势与特色,从而优化结构,占领市场。

近几年来,随着素质教育的提出和对儿童阅读的重视,少儿文学逐渐成为市场热点。我们较早看到这一点,加大了在这一块选题的投入。一手抓原创儿童文学读物开发,一手抓国外优秀少儿文学图书引进。在引进的图书中,最成功的当属"冒险小虎队"系列。这套由奥地利作家创作、在德国首次出版的少年小说,自 2001 年 9 月在大陆出版以来深受孩子们欢迎。2004 年12 月,我们又推出了"超级版冒险小虎队"(10 种),在今年 1—6 月全国少儿图书销售排行中一直名列第一。整套丛书已累计发行近 1000 万册,创下了少儿图书发行量的新纪录。以"冒险小虎队"系列为代表的引进版读物,以"冰心儿童文学新作奖获奖作品集"为代表的原创读物,以"世界少年文学经典文库"为代表的经典读物,形成了少儿文学图书的强势阵容,使浙少社在少儿文学这个少儿图书最大的细分市场中稳居第一。

科普百科和低幼读物也是少儿图书细分市场中份额较大的门类,而且国外这方面的图书具有许多先进的理念和新的知识点,值得介绍给国内的读者。前者如日本小学馆的《最新 21 世纪少儿百科》、英国 DK 出版公司的《最新 21 世纪中学生科学百科》等,后者如香港翡翠动画公司代理的"樱桃小丸子"系列、英国 CHORION 公司的"诺弟"系列图书等。这些图书出版后,在满足读者需求的同时,也增强了我社在相应领域的出版阵容,弥补了原创图书的不足。其中有的书单本发行突破了 20 万册,成为同类图书中的强势产品,

获得了很好的社会和经济效益。

2. 利用丰富的国际资源，塑造自身的出版品牌

图书市场已经由卖方市场进入了买方市场，出版社的竞争必然由品种竞争转化为品牌竞争。面对丰富的国际出版资源，我们既可以用"拿来主义"的方式，直接将人家的品牌图书引进出版，还可以梳理、整合这些资源，为塑造自身的品牌服务。

"中国幽默儿童文学创作丛书"是我社原创的品牌图书。为了让中国孩子能够阅读到更多的优秀幽默儿童文学，也为了品牌的延伸和拓展，我们将视野扩大到了国外，策划了"世界幽默儿童文学精品文库"。这个想法得到了许多国外出版机构的支持，包括兰登书屋在内的美国、法国、德国、意大利、新西兰等国的著名出版社，为我们提供了国际一流的幽默儿童图书。通过这一项目，我社作为"幽默儿童文学重镇"的地位得到进一步巩固和提高。

《幼儿智力世界》是全国低幼期刊中得奖最多、发行量也一直名列前茅的刊物，2002年由月刊改为半月刊。为了提高刊物的品质，让中国小朋友能够看到国际一流的幼儿读物，我社与法国的巴亚出版公司合作，在下半月刊中引进巴亚公司低幼期刊的部分内容。合作三年多来，已经取得了明显的成效。通过应用国际上最好的幼儿读物资源，打造自己的期刊品牌，这在全国少儿期刊中还是首创。

3. 通过版权贸易，提高原创能力

一个出版社要做强做大做长远，主要还是要靠原创能力，靠自己创意、自主开发的图书产品。但这种原创能力与加强版权引进并不矛盾，相反，只要在指导思想和出书结构上处理好两者关系，贯彻好"以我为主，为我所用"的方针，还可以推动和促进出版社原创能力的提高。

第一是促进了编辑理念的转变。比如在对儿童阅读特性的把握上，少了成人视角，多了儿童本位；少了居高临下的说教，多了童心童趣。在目标读者的定位上，由模糊、宽泛，到清晰、精确。通过版权引进，国外先进的编辑理念对我们的冲击和影响是明显的，把这些理念吸收、消化，融入我们自己的选题创意，无疑有十分积极的意义。

第二是推动了图书制作水平的提高。国外图书在图文编排和制作上的确有许多值得我们学习和借鉴的，如属于少儿图书"高端产品"的百科类读物,制作水平相当高。我社的"走进博物馆"在编排的体例、版式和制作上吸收了不少国外百科的优点。

第三是提高了市场运作能力。国外出版社对图书的市场运作十分重视,方法也比较成熟。通过引进版图书的出版和宣传营销,我们学到了一些好的思路和方法,并在此基础上有所创新提高,对原创图书的市场营销起了很好的作用。

4. 在用好国际出版资源的同时,我社也加大了版权输出的力度,努力在海外市场有所作为

自2000年至2004年,我社共引进65个项目,输出46个项目(300多种图书),引进和输出项目比为10∶7。相对于全国出版界近年来引进和输出比为10∶1,我社输出图书无论是所占的比例还是总的数量都是较多的。为了加强版权输出、扩大我社图书在海外市场的占有率,我们一方面要求图书的策划与制作尽可能符合海内外两个市场的需求,另一方面利用各种机会向海外介绍图书。尽管与引进相比输出的获利不算高且手续麻烦,但我们更多地是从长远的角度看这个问题:为了中国文化的传播,为了在海外树起出版社品牌。

三、几点体会

一是要从战略高度认识和规划版权贸易工作。图书是人类文明的载体,外向型出版是出版工作的重要组成部分,通过版权贸易,既可以促进中外文化交流,为读者提供精神食粮,又可以提高出版社的市场占有,促进出版社发展。因此,要认真去规划,积极去推进。当前尤其要重视版权输出工作,在当今世界"中国热"和"汉语热"的背景下,既是责任也是机会。近几年来,我社已有大量图书输出到港台地区和东南亚国家,也正在向欧美市场拓展,如将于2005年北京国际图书博览会期间,推出著名作家张之路的两部英文版儿童文学作品《The Empty Trunk》(《空箱子》)、《Do You Have Mouse Pencils?》(《有老鼠牌铅笔吗?》),就是一种有益的尝试。

二是要从实际出发,讲求实效。"两个市场、两种资源"既是机会又是挑战,关键在于如何把握。不能够不计效益,盲目引进;也不要过于谨慎,该出手时不出手。根据出版价值、市场前景、投入规模、制作难度等,作出尽可能符合实际的判断。

三是重视人才的引进和培养。实践证明,出版社要在版权贸易方面有所作为,关键在人才——版贸人才和编辑人才,尤其是版贸人才。版权贸易人才,不只是懂外语,还要懂出版,懂国际贸易,版权贸易又是一门实践的学问,需要不断锻炼和积累。出版社除了要注重人才的基本素质和条件,还要提供更多的实践的机会,特别是参加国际版权贸易活动的机会。

(2005 年 8 月 6 日)

少儿图书对外合作的现状与前景

——在浙江省出版对外交流与合作研讨会上的发言材料

很高兴参加这个会议,跟国内外同行探讨出版的对外交流与合作。在全球化趋势日益明显、中外文化交流日益频繁、中国出版大步走向世界的背景下,在浙江这个经济发展迅速、文化底蕴深厚、出版改革走在全国前列的地方,研讨"出版对外交流与合作",具有特别重要的意义。根据会议的主题,结合少儿出版社的实际,我讲三个方面的内容。

一、国内少儿图书零售市场概况

1. 整体市场情况

进入新世纪以来,中国图书零售市场呈现了持续增长的势头。根据北京开卷图书市场研究所的统计可知,2002 年以来,图书市场年度平均增长率为 9.14%,今年 1—6 月份的同比增长率接近 10%,如果下半年没有什么意外,全年整体零售市场的增长率超过去年 7.33% 的水平是很有希望的。

在图书零售市场规模不断扩大的同时,不同类别图书的销售比重也在发生变化。目前市场份额最大的仍然是教辅类图书,占整体市场的 19.43%,但去年以来这个板块似乎发展势头不好,市场份额比上年下降了 0.47 个百分点;而少儿图书超过了文学和经管类图书,2005 年市场份额达到了 9.57%,比上年增长了 0.89 个百分点,位居第二,并成为当年增长幅度最大的门类。今年 1—6 月,少儿图书市场继续保持扩张势头,市场份额上升到 10.33%。

2. 少儿图书市场情况

少儿图书市场是由 9 个细分门类构成的,包括少儿文学、少儿艺术、游戏益智、少儿英语、科普百科、卡通动漫、少儿古典读物、低幼启蒙读物、幼儿园教师用书等。其中在少儿图书市场份额中占10%以上的有4个板块:少儿文学38%,低幼启蒙13.68%,科普百科12.38%,卡通漫画10.56%,这四大板块占了全部少儿市场的四分之三。

少儿图书市场也是目前中国图书市场中竞争最为激烈的一个细分市场,2005年共有501家出版社参与其中。它们中有专业少儿社34家,还有以人民文学社、外研社、吉美社为代表的非专业社,以童趣出版公司(人民邮电社)为代表的有外资背景的出版机构,以及大量与出版社合作的民营文化公司。这些出版社可以分为三个阶梯,其中市场占有率超过5%的有3家(2005年):浙少社7.02%、人民文学社6.28%、吉美社5.53%,它们是处于第一阶梯的领先者。占有率处于1%—5%的有23家。还有475家的占有率不到1%。

3. 引进版少儿图书市场情况

目前引进版少儿图书在零售市场中占有多少份额,还查不到准确的数据。但从今年上半年图书零售市场作者零售量排行看,应该是一个不小的数字。在上半年排名前10位的作家中,国外的占了4位,分别是丹·布朗(美国,《达·芬奇密码》)、J·罗琳(英国,"哈里·波特")、布热齐纳(奥地利,"冒险小虎队")、亚历山大(英国,《新概念英语》);少儿图书作家有5位,杨红樱、J·罗琳、布热齐纳、郭妮和郑渊洁,其中国外的2位。可见引进版图书在中国图书零售市场的份额有多大,以及少儿图书特别是引进版少儿图书的影响力有多大。

近年来,在国内图书市场销售最好的三套少儿书(超级畅销书)均为引进版,它们的销售情况分别是:"哈里·波特"(800万册)、"冒险小虎队"(1200万册)、"鸡皮疙瘩"(500万册)。这些图书对少儿图书市场乃至整个图书市场都产生了十分显著的推动作用。

二、浙少社对外合作的案例与体会

1. 出书门类和市场占有

浙少社成立于1983年,是浙江省唯一一家专业少儿出版机构。出书范围为0—18岁少年儿童读物,包括少儿文学、低幼读物、科普百科、卡通动漫等,年出书品种近900种,其中新书近400种,还出版两种期刊。年销售额约

2 亿元人民币。在国内少儿图书市场的占有率连续三年保持第一,处于中国少儿出版的领先地位。

2. 2000—2005 年版权贸易情况

浙少社的对外合作工作起步于 1990 年,2000 年开始快速发展。1990—1999 年的十年时间里,版权贸易项目总共 26 个,平均每年不到 3 个。2000—2005 年的六年时间里,版权贸易项目共有 130 个,平均每年 22 个。可见近年来版权贸易的活跃程度。

六年来,我们在引进大量国外优秀少儿读物的同时,也向海外输出了大量的原创图书,努力开展文化交流活动。在总共 130 个对外合作项目中,引进 76 项,输出 54 项,引进输出之比约为 10∶7,远好于全国平均的比例 10∶1。

其中比较成功的案例有:

引进版权:百科类《最新 21 世纪少儿百科》(日本小学馆),1996 年初版,2005 年修订版,单册累计发行达到 25 万册,2500 万码洋,是小学馆在中国市场销售最好的百科类图书。文学类"冒险小虎队"(德国艾格萌特出版社),从 2001 年起共推出 40 种,总发行达到了 1200 万册,是近年来总发行量最大的少儿图书,并且由此引发了国内少儿图书"互动式阅读"和冒险题材的大流行,也为我社创造了很好的经济效益。还有《幼儿智力世界》与法国最大的少儿期刊出版机构巴亚出版社的合作;从韩国著名的出版机构科元出版社引进幼教类图书《孕妈咪宝贝》;从日、美等国引进知名动漫类品牌图书"樱桃小丸子"、"飞天小女警"等。

输出版权:文学类《安徒生童话全集》。2005 年 4 月 23 日是童话大师安徒生诞生 200 周年,我们与丹麦官方的纪念安徒生 200 周年基金会取得联系,并获得授权,出版了由国内著名翻译家任溶溶先生翻译的《安徒生童话全集》,还请了国内优秀的插图画家、装帧设计家来绘画和设计。这套书出版后,获得了高度评价。丹麦方面说,如果安徒生在世,看到这么精美的书也会十分高兴的。海外有多家出版社竞相购买这套书的版权,最后给了台湾一家出版社。还有低幼类如"读名著学画画"被马来西亚出版社购买,知识类如《科学改变人类生活的 100 个瞬间》、《绘画本中国通史》分别被香港和日本的出版社买走,动漫类如"开心西游"输出到韩国,"杨利伟蓝猫航天系列"已被越南的一家出版社看中。

3. 对外合作的几点体会

这些年来,浙少社在对外合作交流中,始终坚持"以我为主,为我所用"的原则,努力"利用两种资源、做好两个市场"。具体地说有三点体会。

第一,从大处着眼,从促进中外文化交流、承担出版工作者的社会责任的角度做好此项工作。在引进图书的选择上,严格坚持标准,把积极健康的、有利于中国孩子成长的图书引进来,为孩子们提供优秀的精神食粮,丰富他们的精神文化生活。在输出版权上,更多地考虑有利于传播中华文化,更多地考虑培育海外市场,不过分计较经济上的得失,不因利小而不为。

第二,通过对外合作,优化出书结构,提高市场占有率。这几年浙少社根据图书市场的情况和本社的实际,提出了"整体推进、重点突破"的选题结构原则,就是要在少儿图书的重点细分市场都要有所作为,做大规模,防范风险;同时在一个或若干个市场份额较大或处于成长期的领域形成优势,占领制高点。在实施的过程中,我们注意运用国际上丰富优秀的出版资源,来强化优势,形成合理的结构布局。随着上面提到的这些图书的引进,我社在少儿文学、科普百科、卡通动漫等细分市场的占有率稳步提升。在占领国内市场的同时,我们也积极开拓海外市场,近年来每年都有数十种图书版权输出,包括少儿文学、低幼启蒙、卡通动漫、知识百科等类别,既传播了中国文化又获得了可观的经济效益,同时也使我社在海外的知名度得到提升。

第三,在对外合作中增强自己的原创能力。我们始终认为,一个出版社要做强做大做出品牌,主要还是要靠原创能力,靠自己创意、自主开发的图书产品。在对外合作中,通过引进、消化、吸收,来提高原创水平,主要表现在:一方面促进了编辑理念的转变(如布热齐纳"蹲下来与孩子对话"),另一方面提高图书的制作水准(如通过做英国 DK 出版公司的百科类图书,原创图书如《中国军事博物馆》的制作达到了新的高度),同时也塑造了自己的品牌(我社《幼儿智力世界》杂志与巴亚的合作,目的是利用国际上最好的低幼读物资源,打造自己的期刊品牌)。

三、对未来的展望

从总体趋势来看,随着全球化的不断推进和中国的综合国力的持续提高,出版的对外合作与交流会不断向深度和广度发展。少儿图书与成人读物相比,由于较少有意识形态及文化方面的障碍,将在其中扮演十分重要的角色。我对未来出版的对外合作与交流是充满信心的,主要基于以下原因。

1. 图书市场需求持续增长

尽管这些年来图书的阅读率有所下降,多种媒体尤其是电子媒体的冲击仍在,但正面的积极的因素可能更大一些。随着经济社会的发展,人民生活水平的提高,中国改革开放政策的持续稳定,国内图书市场的需求会进一步增长。作为国内图书市场重要的参与者,优秀的引进版图书仍然会有很大的市场空间。而中国影响力的增强("中国热"、"中文热"的兴起),以及国内图书内容质量和制作水平的提高,也为中国图书走向国际提供了可能。国内、国际两个市场需求的持续增长,为出版的对外交流提供了重要的前提条件。

2. 政府支持力度加大

从中央到地方,各级政府对文化产业的发展、对中国的文化产品走向世界都很重视,出台了一系列的政策。如中宣部等11个部委在2006年4月"世界读书日"前夕,发出了"倡导全民阅读活动"的文件;近日国务院转发了财政部等十个部门《关于推动我国动漫产业发展的若干意见》,建立原创动漫产品的发展基金;上周国家广电总局决定"中国国际动漫节"长期落户杭州(杭州的动漫产量占全国的20%);上月国家新闻出版总署召开专题会议,组织实施"中国图书走出去工程",在推荐目录中我社有5种入选,1种列入重点推荐。这些政策措施将有力地推动出版产业发展,特别是出版的对外交流。

3. 出版社主动性大为提高

目前浙江的多数出版社已经完成了转企改制。作为一个文化企业,既要有参与文化建设的社会责任,也要追求自己的商业利益。加强出版对外合作,就是两者的结合,应该积极主动去做。就浙少社来说,把国外优秀的少儿读物引进中国,把中国优秀的少儿读物输出国外,既是一种商业活动,更是一种文化交流,既能获得经济效益,更能体现社会责任。浙少社已经在这方面做了不少工作,搭建了一个很好的交流平台。目前我们与国际上许多知名出版机构有业务往来,如时代华纳、迪斯尼、学者、DK、巴亚、艾格萌特、科元、小学馆等,有的还成为各自的首选合作伙伴;除了日常的沟通之外,我们每年都会参加法兰克福书展、波罗尼亚儿童书展、北京国际图书博览会等活动,进行一系列的合作交流活动。今后,我们将在政府的指导和帮助下,继续推进这项工作。我们也十分愿意与各位在这方面进行合作,共同发展浙江的文化产业。

浙江是发展文化产业特别是出版产业的一片沃土。浙江的文化积淀深厚,七千年的文明史留下了大量的文化遗产,有着丰富的出版资源。浙江的经济发展水平较高,是全国第一个人均 GDP 超过 3000 美元的省份,也是农民人均收入最高的地方,为图书市场的繁荣提供了很好的条件。浙江的各级政府对发展文化产业十分重视,提出了建设文化大省的战略任务,制定了一系列的政策措施,我特别注意到省委领导在关于建设文化大省的讲话中,提出要把浙江建设成文化产品的制造中心和集散中心。浙江人的文化水平较高、市场意识较强,有着不断创新的意识和要求。我相信,通过不懈的努力,包括加强对外合作与交流,浙江的出版一定会在整个中国出版的格局中占据重要地位,成为推进经济社会发展的重要力量。

谢谢大家!

(2006 年 8 月 8 日)

关于中国儿童图书"走出去"的几点思考

近年来,许多国家出现了持续的"中国热"、"汉语热",关心中国、希望了解中国的外国人越来越多。这无疑给中国出版业带来了极好的机会,使得我们有望加快推进中国图书"走出去",向世界各国传播中华优秀文化,同时通过市场化运作形成"走出去"可持续发展的强劲动力。

这股"中国热"当中,自然包括了少年儿童和他们的家长,让我们看到中国儿童图书"走出去"是一片希望的田野,等待着我们的出版工作者、作家和艺术家去开垦,去耕耘。作为少儿出版工作者,一定要认真思考、积极布局,抓住机遇、有所作为,自觉贯彻国务院新闻办、新闻出版总署"中国图书对外推广计划",努力做好儿童图书"走出去"工作,为传播中华文化、实现社会效益和经济效益,作出自己应有的贡献。

一、中国儿童图书"走出去"的意义和优势

相对于成人图书"走出去"而言,中国儿童图书"走出去"有着它特殊的意义,体现在文化和市场两个方面。

一方面,中国儿童图书"走出去"具有十分重要的文化意义。儿童是国家的未来,是优秀文化和传统的继承者。他们正处在吸收大量文化知识的黄金时期,也是世界观和人生观形成的重要时期,可塑性比较强,接受事物比较客观。一本优秀的儿童图书能够影响一个人甚至一代人的成长。因此,儿童图书有其特别重要的意义。从目前的情况看,中国民众对西方的了解远远超过西方民众对中国的了解,少年儿童的层面更是这样。与成人读物相比,儿童图书受西方主流意识形态影响较少。儿童图书所反映的大多是人性初始的

情感体验，与现实政治、经济和生活没有很直接的关联，这就为跨国界阅读提供了最大的可能。从某种意义上说，如果我们在成人读物"走出去"上花一分力气，就应该在儿童读物"走出去"上花两分的力气，因为后者是事半而功倍。

另一方面，中国儿童图书"走出去"的市场前景和商业价值也值得期待。儿童图书通常是一个国家图书市场的主体，在整个图书市场上占有较大的市场份额。国外书业儿童图书所占比例一般在 15% 以上。例如韩国的儿童图书占了市场份额近 50%，2007 年儿童类新书增长达 168%，在全年销售排行榜前 100 名中，儿童图书占了 25 席。所以，儿童图书的"走出去"容易形成商业模式和商业价值。而我国少儿图书在整个图书业中所占比例明显偏低。2007 年全国少儿图书占全部图书总品种的 4.21%、总印数的 3.97%、总定价的 3.59%，零售市场份额经过多年努力达到了 11%，与国外平均水平比仍然有很大差距。对于中国的少儿出版社来说，如果能国内、国际两个市场一起做，那将是机会无限、前景乐观。

与成人图书"走出去"相比较，中国儿童图书"走出去"还有着自己明显的优势，概括起来主要有三点。

一是文化隔阂较少。不同国家和地区之间由文化差异形成的文化隔阂是"走出去"的主要障碍，而儿童图书一般以童话故事和少儿生活为主，题材和内容的全球共性较强，不同文化的隔阂较少，所以儿童图书是比较容易"走出去"的类别之一。

二是翻译成本较低。翻译问题已经成为影响中国图书"走出去"的一个重要而紧迫的难题。相对而言，儿童图书多以图画为主，形象直观，内容比较浅显，文字比较简单，文字障碍较少，因此翻译难度相对不大，翻译成本也相对较低。

三是主体较为成熟。图书"走出去"的主体应该是各个出版社。经过改革开放和市场经济的历练，国内少儿出版社"用好两种资源，开发两个市场"的意识和能力较强，经济基础较扎实，能够在"走出去"上先行一步。

二、中国儿童图书"走出去"的现状

1. 国内儿童图书出版春意正浓。少儿出版是整个出版界的朝阳领域。近年来，我国少儿图书出版业在出版规模、图书质量、版权贸易、重点出版工程等方面都有较大的发展和进步。目前国内573家出版社中有515家出版儿童读物,其中130家出版社设有专门的儿童读物编辑室。2007年全国出版儿童图书10460种,2.5亿册,总定价24.35亿元,分别比上年增长11.56%、22.38%和35.66%。发行量在500万册以上的儿童畅销书有10多种,50万册到100万册的有几十种,少儿图书的重版率达到50%以上。少儿图书质量稳步上升,出现了一批质量上乘的精品读物和社会效益、经济效益俱佳的"双效"图书。

2. 儿童图书版权贸易日益频繁。近年来,每年出口儿童读物约8万种次、60万册,贸易额100多万美元;进口儿童读物约3万种次、30万册,贸易额150多万美元;儿童读物版权贸易占全行业版权贸易的约20%。中国的对外翻译出版单位共用14种外文出版950种儿童图书计200多万册,发往110多个国家和地区。20世纪末启动的"中国儿童动画出版工程"成效显现,对原创动漫的发展起了先导作用;新闻出版总署每年"六一"前向全国青少年推荐百种优秀图书,推动了原创少儿读物的出版和阅读;近年来中宣部出版局倡导优秀"口袋本"的出版,形成了儿童"口袋本"创作和出版热潮。许多专业少儿社采取各种方式,积极向海外推荐自己的优秀儿童图书,已经取得了明显效果。在少儿原创文学和卡通图书方面,杨红樱的小说和"虹猫蓝兔"等一批国产动漫,在国内持续畅销的同时,开始走向世界。这些都证明了中国儿童图书版权贸易的春天正在来到。

3. 儿童图书版权贸易逆差仍未消失。我们还是应该看到,中国儿童图书的大繁荣还要经过较长时间的努力,儿童图书版权贸易的逆差也没有从根本上扭转。据国家版权局的统计数字,2007年全国引进版权11101项,输出版权2571项,引进输出比例为4.32∶1。少儿图书情况可能更甚。从国外图书馆网站和网络书店的数字看,目前输出版权的基本上是成人读物,儿童图书很少。而反观国内市场,根据开卷图书市场数据,"哈利·波特"系列图书进入每月开卷少儿类畅销书排行榜前30位的累计次数已经达到了279次。2007年上半年,引进版图书的码洋比重占全国图书市场的18.9%,其中少儿图书占20.51%。在全部十个图书类别中,引进版少儿图书的码洋比重仅次于文学。1999年至今,美国、英国和日本始终占据着中国引进版图书市场份额的前三名。日本引进版图书主要集中在少儿图书,其中卡通漫画图书的码洋就占整个日本引进版图书的 24%，少儿文学类图书达到 8.7%。日本儿童小说《窗边的小豆豆》、《小时候就在想的事》是国内少儿类畅销书排行榜上的常客。新闻出版总署前副署长石峰曾经说：引进国外少儿读物在少儿类出版物中占有相当大的比重，西方的价值观通过这些出版物时刻在影响着一部分儿童，这就好比把教育自己孩子的权利交给了别人。当然不是说国外的东西都不好，但一个民族必须有可以世代绵延的独立精神和价值体系，才能够形成自身的民族凝聚力。

中国少儿图书"走出去"任重而道远。我们必须认真寻找原因，弄清楚哪些是经济文化发展的客观因素，哪些是宣传、操作、政策层面的主观问题，哪些是短期很难改变的，哪些是可以通过我们的主观努力和工作有所改善的。妄自菲薄和超前冒进都不可取。

三、中国儿童图书"走出去"的主要障碍

虽然目前国内的版权贸易总体形势是引进大于输出，但是中国毕竟是文明古国，又是当代世界的一片热土，海外出版商对中国图书的兴趣也在日益增强。企鹅集团的中国区经理周海伦认为，中国出版了很多好书，但是真正适合版权输出的图书有限。以下原因阻碍了中国图书对外输出：一是缺乏被其他国家读者理解的文化背景。很多高品质图书虽然在国内获得很大成功，但具有一定文化性和地域性限制。这也是世界其他国家遇到的共同问题。比如，企鹅之所以引进《狼图腾》，不仅因为它在国内是畅销书，更重要的是作者写作该书时是在向不熟悉故事背景的人讲述故事。那么，它适合中国人看，也就同样适合其他国家的人来阅读。可惜这样的书太少了。二是小说类图书的故事情节缺乏持续的"画面感"。一些图书很优秀，充满中国文化特色的美感。但是，读者在读书的时候不能产生持续强烈的画面感，这可能跟中国文化的"温文尔雅"有很大关系。但是，对于欧美的图书市场，它可能并不具备对读者的亲和力。三是缺乏高品质译本。很多优秀的富含中国文化的作品十分吸引那些想了解中国的读者，但是，能够将两种文化完美对接的翻译者却难找到。许多在中文环境里很美很具特色的句子，经过翻译之手，却使得国外读者看不懂。当然，有一些文化基因很难完美地翻译出来，不同文化背景的读者也很难了解这种文化基因。

　　除了上述文化背景、阅读习惯以及翻译水平等方面的障碍之外，就儿童图书来说，与国外优秀儿童图书相比，我们还存在着不小的差距，阻碍了儿童图书"走出去"的步伐。

　　1. 原创作品不成熟。原创是儿童图书"走出去"的源头活水，中国儿童图书要走向世界，必须依靠国内原创作品的繁荣发展。著名儿童文学作家梅子涵指出：我国原创儿童文学作品种类繁多，涌现出了大量的优秀作家，但纵观这些原创作品，普遍不成熟，缺乏大气，缺少像安徒生这样的大家。他认为，儿童文学首先要写人性真情，而不是写魔幻虚无，追求感官的刺激。著名作家黄蓓佳也认为，中国儿童文学不能跟在罗琳和布热齐纳后面，要反映中国孩子的欢乐、苦恼、困惑。中国儿童文学要走向世界，必须要反映中国儿童的真实生活、情感，甚至困境。中国版协少读工委主任海飞指出，当代中国主流少儿读物在今天仍然面临诸多挑战，比如品牌名著、品牌作家和品牌产业缺失，低俗出版物屡禁不止等。少儿图书创作和出版的春天真的来了吗？这是一个当今许多少儿出版工作者和儿童文学工作者仍在不断提出的问题。

　　2. 作品格局不平衡。一是经典作品和时尚读物之间的不平衡。经典作品特别少，时尚读物非常多。虽然时尚读物对于培养孩子的阅读兴趣也是有好处的，但我们仍要强调主流阅读，应该花大力气来做经典作品。二是儿童文学体裁的不平衡。长篇小说、长篇童话、低幼文学非常多，但儿童诗歌、散文、寓言，尤其是儿童影视剧的创作和出版非常薄弱。三是儿童文学题材的不平衡。大多数作品反映的都是都市生活，反映农村生活、留守儿童、进城民工孩子、民族地区儿童生活的作品非常少，关注角落的就更少，比如反映流浪儿童的生活等。伟大的作品多是写苦难的，或是从不同角度看我们的社会。四是知名作家和新作家的作品出版数量不平衡。知名作家作品竞争哄抢激烈，有些新作家虽然作品写得不错，但因为知名度不够，出版相对还比较难。出版社有意识地针对海外市场培育新人新作做得更少。

　　3. 外在形态有差距。儿童图书应该是内在美与外在美的珠联璧合，国内童书除了上述不足外，在插图、装帧、设计、印刷等方面与国外还有距离，特别是与欧美儿童读物相比，还有较大的差距。一是童书插图的质量上有较大差距。虽然随着绘本和动漫图书的发展，儿童图书的插图有很大的进步。但是，由于国内艺术品市场的快速发展，几百元的插图稿费与几千几万元一尺的艺术绘画相比,实在太不起眼。因此,当代名画家逐步远离图书插图行业,连环画家也大多转行进入市场画,很少有一流的画家给童书画插图。二是儿童画的儿童特色不够突出,图书装帧设计也存在许多误区。中外儿童画的质量差别,不但表现在绘画技巧上,也表现在对儿童心理的研究上。儿童画要接近儿童特性,符合儿童的阅读习惯。和国外相比,中国儿童图书的绘画笔调成人化明显,色彩上不够鲜亮和有视觉冲击力。三是印刷质量差距不容忽视。国内印刷品在总体上与境外出版物仍然有明显的差距,即使与深圳做外加工的外资印刷企业相比差距也不小。这种差距一方面来自材料,但主要的原因还是管理和技术。

此外,儿童图书"走出去"被边缘化也是一个重要阻碍因素。在中国图书"走出去"工作中,人们更多地关注的是成人图书,而对儿童图书"走出去"缺乏远见,政府和企业两个层面对儿童图书"走出去"都不够重视。少年强则国强,少年弱则国弱。在大力提倡全社会关心未成年人成长的今天,重视少儿出版,打造优质童书,树立国际品牌,进而推动儿童图书"走出去"已成当务之急。

四、少儿出版社在"走出去"上要做的主要工作

中国儿童图书"走出去",主体应该是各个专业少儿出版社。面对儿童图书"走出去"的极好机遇,针对当前存在的主要障碍,少儿出版社要做的工作有很多,但是其中最为关键的还是加快推进三个方面的建设。

1. 优质童书产品线建设。这些年来,尽管国内少儿图书出版呈现快速增长的势头,但是深入分析不难发现,带动这种增长的主要因素不外乎两个:畅销书和品种规模。先看畅销书情况,令人遗憾的是,近年来少儿畅销书基本上是"洋货"在唱主角,从"哈利·波特"到"冒险小虎队丛书"、"鸡皮疙瘩系列",轮番占据了国内少儿类畅销书榜首位置,国内原创少儿读物除了个别作家的作品,很难与之抗衡。再看品种规模情况,由于非专业社和民营公司进入少儿出版领域等原因,少儿读物新增品种中,大量的是跟风模仿和低层次重复品种,内容和形式有创新的并不算多,能够向海外输出版权的更少。

实现儿童图书"走出去",前提是我们自己要有更多更好的优质少儿图书产品。专业少儿社对此承担着重要责任,必须进一步加强优质童书产品线建

设,在繁荣国内少儿出版的同时,为中国儿童图书"走出去"提供更多的出版资源。第一要重视国外市场,积极参与国际的文化交流和市场竞争,努力在交流和竞争中拓宽视野,发展壮大自己,在国际图书市场上实现社会效益和经济效益。第二要加强市场调查,根据国外读者的阅读趣味和阅读倾向,提出选题,规划品种。第三要充分发挥自己的专业优势,包括作者、编辑、制作优势,提高产品质量,包括内容、翻译、绘画、装帧、印制质量,做到有特色、有创意、有品位,努力塑造图书品牌,并且由点到线、由线到面,形成优质丰富的儿童图书产品线。

近年来,许多专业少儿社在这方面已经进行了有益的尝试,获得了宝贵的经验。比如接力出版社"淘气包马小跳系列"的成功开发与热销,引起了法国 Philippe Picquier 出版社的高度关注,该社负责人亲临接力社,与作者杨红樱和社方反复磋商,最终买下这个系列的欧盟版权。江苏少儿社抓原创儿童文学的创作和出版,并以此为平台,推动本版图书"走出去"。在近年多次国际书展上,有多部儿童文学作品被海外出版社选中,其中黄蓓佳的作品是输出版权最多的,《亲亲我的妈妈》《我要做好孩子》分别被法国、韩国、德国出版社同时购买了版权。

2. 国际化品牌建设。儿童图书"走出去"也同样存在着造大船的问题,品牌建设是关键。建设国际出版品牌,依靠的还是主业的强盛,图书的品位,具体地说,就是能有多少图书走向欧美主流出版机构。近年来,全球出版业的垄断状况在加剧。美国成人虚构类图书市场,排名前 10 的公司占了 88% 市场份额,单是一家兰登书屋,其市场份额就高达 22%。英国大众出版市场,排名前 10 位的公司占了 62% 的市场份额。现代图书市场不断向强者大者倾斜,5% 的畅销书往往可以占到零售市场约 50% 以上的份额。而国外出版社在引进中国图书的时候,也常常简单地盯住国内有影响力的畅销书,大家熟悉的"走出去"的案例,无一不是国内极具影响力的图书。而出版社个体规模的大小,品牌影响力的强弱,直接关系到对畅销书的资源占有能力和操控能力。

总的来说,中国儿童图书出版这几年虽然有较大的进步,但在整个出版结构中,并不是一个最强的板块。国内专业少儿出版社的规模都属于中偏小,即便像连续 5 年居少儿图书市场份额第一位的浙江少年儿童出版社,年销售规模也仅 2 亿码洋。2007 年少儿图书零售市场中排前 10 位的出版社，规模相对平均，没有拉开很大差距，这说明了中国少儿图书缺少像高教、外研这样的大品牌，更不用说国际影响。少儿出版社整体规模的平均化、同质化，对出版物的创新和品位质量提升都不太有利，因此影响到中国少儿图书在国际上的品牌。

在集团化的语境下，中国少儿出版中心的形成和国际化少儿出版品牌的出现受到进一步的制约。出版资本按市场流向的重组，可能是在较短的时间内形成中国少儿图书国际出版品牌的一个比较有效的办法。中国儿童图书"走出去"，有必要扶持几家可能走向世界的国际品牌。这个品牌的形成，一是靠少儿出版社自身规模和力量的逐步强大，二是靠出版体制的改革和市场环境的改善。

少儿出版社扩张规模、做强做大，除了做大主业外，延伸儿童图书产业链，实行多种经营，也是一条重要的途径。在传统出版日渐边缘、创意产业不断红火的 21 世纪，如何凭借自身的内容优势，扩展产业链，实现规模的迅速扩张，应该成为少儿出版社发展战略的一个重要选择。可惜的是，全国少儿出版社到目前为止，在这方面还鲜有大的动作。

3. 机构和队伍建设。在欧美，版权贸易是一个重要的产业，是出版社重要的经济来源。与西方相比，由于文化的差异和经济发展水平所限，东方国家出版社的国际化程度相对较低，版权工作在出版社内部的重要性也远不如西方。在中国，这种情况更加突出。由于人才、体制等各种因素，国内出版社在过去相当长的一段时期内并没有对版权贸易引起足够的重视，版权贸易人员多半挂在总编室或办公室下面，更有许多出版社做不到专人专岗。他们的主要职能仍然停留在一般版权事务的处理上，很多还兼顾一些文字编辑工作，没有能力和条件进行国际组稿、全球营销，以全球视角进行市场开发。同时，他们身兼引进与输出两方面的工作，往往顾此失彼。

国外大型出版社，特别是大的出版集团，版权引进与输出工作分归不同部门，版权输出一般集中在集团的版权部，一个口子对外，即使出版社谈好了版权输出，合同还是由集团版权部来签。不仅如此，具体到输出，还分不同的人员负责不同的国家和地区。专业人员既懂出版，又精通外语，还可以在营销推广方面给予引进方许多建议和经验。参加国际书展的版权部门，一般只负责集团下属出版社的版权销售,较少或基本不接洽版权引进业务。单个出版社由于版权图书数量有限,不可能单独派员参加很多国际书展。下属出版社也可以销售版权,但主要任务是引进版权。因为引进版权需要比较复杂的市场论证和成本核算,必须由出版社甚至编辑来做综合评估。

　　除了建立相应的版权机构,加快版权贸易复合型人才队伍建设更是亟待解决的问题。目前版权销售工作还没有成为国内出版社的经济支柱,所以在出版社层次对版权销售人员的配备基本上摆不上议事日程。而出版集团总部的对外合作部门设置和人员配备,基本没有把版权销售列为重点,或者缺少有关专业人员,或者是现有人员的综合素质不适应版权工作。不过,规模稍大的中央社、高校社,如北京大学出版社、外研社等,版权部门的设置和人才配备相对完善,所以版权工作,特别是版权输出工作要比地方出版集团领先一大步。因此,版权输出队伍的建设和业务培训,是中国图书"走出去"的一个重要课题,也是少儿出版社需要解决的一个重要问题。

五、推进儿童图书"走出去"的几点建议

　　推进中国儿童图书"走出去",除了作为主体的少儿社要奋发有为之外,相关政府部门和各个集团也应给予强有力的引导和支持,否则很难取得成功。当前建议抓好以下三项工作:

　　一是重视和支持原创少儿读物出版。古人说:"问渠哪得清如许,为有源头活水来。"中国儿童图书"走出去"在最初的时期,必须要有政府的推动和政策的支持,但最终还得靠内容和质量来吸引国外小读者和出版商的兴趣。图书的版权贸易毕竟是市场行为,研究中国儿童图书内在质量和发达国家的差距,研究中西方文化差异对儿童阅读心理的影响,从而提高国内儿童图书的质量,是一个首要问题。从这个意义上说,从本源上推动国内儿童图书出版的繁荣,才是问题的根本。尽管有各国不同文化的差异,但优秀的作品总是能够跨越文化的鸿沟,在世界范围产生共鸣。政府在这方面可以做的工作有很多,比如深化全民阅读尤其是儿童阅读,形成全社会良好的阅读风尚;推荐和奖励优秀原创少儿读物,以此来引导少儿读物的创作和出版;对少儿出版社实施优惠的产业政策如税收减免,支持其尽快做强做大,促进少儿出版繁荣,等等。

二是尽快出台具体有效的扶持措施。尽管中国有几千年辉煌的文明史，但当代中国的经济、文化仍然处于弱势，而且我们还有汉字和西方大多数拼音文字之间的阅读障碍，以及东西方不同的文化背景。儿童图书出版作为文化产业，还有意识形态的特质和思想阵地的功能，这决定了行业外和来自民间的资本难以进入主流少儿出版领域，制约了少儿出版造大船和走向世界。作为一个相对封闭的行业，国家的政策和资金支持更是必不可少。比如设立儿童图书对外推广专项基金，突出儿童图书"走出去"的重要性和特殊性；重视儿童图书"走出去"的平台建设，包括波罗尼亚国际儿童书展的参展组织；支持儿童图书"走出去"的本土化战略，通过在国外注册、收购、兼并出版社，将我们的少儿图书出版融入西方社会。

三是发动社会力量支持儿童图书"走出去"。要进一步解放思想，通过多个层面，深入多个领域，采取多种方法，调动各方面的积极性，推动中国儿童图书走向世界。在政策允许的范围内，尽可能吸引全社会的资本和力量来繁荣少儿出版，推动少儿图书"走出去"。比如成立由国家和民间共同出资的基金会，资助中国儿童图书的翻译和出版；设立国际或区域性的儿童文学奖、儿童插画奖、儿童图书奖，提升中国儿童图书的国际影响力；支持发行企业在海外设点销售"走出去"图书，支持出版发行企业和互联网公司积极开展儿童图书数字化"走出去"的尝试。

总而言之，中国儿童图书"走出去"，必须有大动作、大手笔，才会有大效果、大改观。多抓实事，少说空话，改变观念，坚定信心，只要我们持之以恒，中国儿童图书走向世界一定会有显著成效。

（2008 年 8 月 29 日）

让中国图书走出国门

——在墨尔本全球华文传媒峰会上的发言材料

尊敬的各位华文传媒业的同行,女士们、先生们:

很高兴能够参加这样的盛会。首先请允许我代表浙江出版联合集团,向会议主办方提供这个机会表示深深的感谢,向在座的各位华文传媒业精英表示由衷的敬意和诚挚的问候。

浙江历史悠久,文化灿烂,山清水秀,美丽富饶,素有"鱼米之乡、丝绸之府、文物之邦、旅游之地"的美誉。改革开放以来,浙江人民率先开始以市场为取向的锐意改革,使浙江的经济、社会、文化和自然优势得到充分发挥,物质文明和精神文明建设取得令人瞩目的成就,经济总量位居全国第四,人均收入名列各省之首,文化和各项社会事业取得长足进步,成为祖国东南沿海经济文化蓬勃发展、全方位对外开放的重要省份。

浙江出版联合集团,是一家立足浙江、面向全国、走向世界的大型出版传媒机构。集团以图书、期刊、音像制品和电子出版物的出版、印制、发行为主业,兼营与出版产业相关的物资贸易等业务。现有出版单位 10 家:浙江人民、美术、科技、文艺、少儿、教育、古籍、摄影、电子音像等出版社和浙江省期刊总社;全资子集团 3 家:浙江省新华书店集团、浙江印刷集团、浙江省出版印刷物资集团;投资公司 1 家。集团全资和控股法人单位共有 109 家。

这些年来,得益于浙江具有丰厚底蕴的传统文化、迅速发展的经济建设,以及文化体制改革的先发优势,浙江出版联合集团在社会效益和经济效益两个方面都有了很大的发展。2007 年共出书 5277 种,其中新书 2151 种,重印书 3126 种。出版期刊 13 种。出版音像和电子出版物新品种 231 种 90.6 万盒(片)。在 2007 年揭晓的首届中国出版政府奖评选中,集团共获 9 个奖项,在全国各出版集团中名列前茅。集团所属出版社出版的《中国印刷史》、《浙江通史》、《黄宾虹全集》等获得优秀图书奖。到 2007 年底,集团资产总额 78.63 亿元,净资产 48.90 亿元,当年实现销售收入 56.96 亿元。

目前,集团多项业务在全国处于领先地位。如所属浙江省新华书店,连锁经营 5 年来,每年图书销售以高于 25% 的速度增加,它的信息平台、现代物流及诚信服务,是国内最优秀的。浙江少年儿童出版社,已经连续 6 年在全国少儿图书市场占有率位居第一,成为名副其实的市场领先出版社。集团的美术类、财经类、生活类图书,在全国市场也有相当大的影响力。

在做好国内市场的同时,集团也十分重视中国图书"走出去"工作。我们的出版社,每年有数十种图书的版权销售海外。如去年以来,浙江人民出版社的《少林功夫》输出俄罗斯,浙江少年儿童出版社的《绘本中国故事》输出美国等。浙江省新华书店开办的"博库网络书店",正在与海外有关机构洽谈,准备以"BtoB"和"BtoC"形式在海外落地。

让中国图书走出国门,是中国政府正在着力推动的一项工作,也是国内出版机构开发海外市场的自觉行为。这些年来,与一般商品进出口情况形成强烈对比,中国图书的进出口逆差非常严重。为了让世界各国人民能够以自己熟悉的文字,通过阅读图书更多地了解中国,中国政府从 2005 年开始,正式启动了"中国图书对外推广计划",以资助翻译费用的方式,鼓励各国出版机构翻译出版中国的图书。目前,这个计划的内容还在不断丰富,要打造图书版权贸易和实物出口两个平台。

为了承担"走出去"的社会责任,也为了开拓海外图书市场,我们集团制定了一系列的方案和措施。主要有:

1. 博库网络书店海外落地。依托浙江省新华书店集团的物流、备货和数据库(目前有 130 万条图书信息,可供图书 30 万种),落地模式为,由博库提供适合当地语言、读者和结算货币的订货结算软件系统,并提供日常维护;图书投递可以根据需要和费用,分为航空快递、航空集运分送、海运分送等。

2. 负责供货或合作开办海外中文书店。集团所属浙江华硕国际贸易公司是浙江省唯一一家专业从事图书进出口的公司,在美国、西班牙、英国、日本等有合作书店,负责提供货源、合作举办中文书展等业务。华硕公司依托浙江省新华书店集团的备货、物流和信息化配送系统,在供货折扣上也有很大的优惠,对于新办书店还将给予特殊的支持。

3. 合作出版或合资建立海外出版机构。形式可以是:①项目合作,在国内完成翻译初稿,在国外编辑修改润色,在国外或国内印刷。利用国内翻译制作成本优势,尽可能将出书环节移到国内。②合资在国外建立出版机构,以版权输出或当地组稿等形式,出版适合当地读者阅读需求的图书。③中文期刊在海外落地,或合作办外文版期刊,介绍中国文化、社会生活、经济及商品信息。

此外,还可以在海外举办各种中文书展,在国内代理印刷图书、期刊及企业所需各类印刷品,在海外投资兴办印刷企业等等。

正在这儿举办的"墨尔本中国浙江图书音像展销会",就是我们与澳洲华夏传媒集团,在中国文化"走出去"方面进行合作的一次有益尝试。我们十分愿意通过与海外有关机构和人士的合作,让更多的中国图书、中国文化走向世界。这既是一种文化使命,也是一次商业机会。

在座各位多年来从事中华文化的传播推广工作,功德无量,令人感佩。各位长期生活和工作在海外,熟悉各国的文化背景和阅读需求,熟悉各国的传媒业包括出版业运营模式,对中国文化有着特殊的认识和特殊的情感,真诚希望大家对中国图书"走出去"工程给予更多的关注和支持,真诚希望浙江出版联合集团有机会与大家在文化项目上进行有益的合作。

最后,欢迎全球华文传媒界的各位朋友,来浙江来杭州来我们集团参观考察。相信那儿的人文和景色与墨尔本一样,会给大家带来惊喜并留下深刻印象。

（2008 年 10 月 17 日）

五、重视人才　完善机制

坚持改革方向，把握评审质量

——浙江省出版总社首次专业技术职务评聘工作情况

　　浙江省出版总社首次专业技术职务评聘工作，自1986年4月全省第一次职改工作会议至今，历时已一年多。一年多来，在总社党委的领导下，在所属单位和广大专业人员的支持、配合下，根据中央、省有关职称工作的文件精神，做了大量工作，现已基本完成所属事业单位出版、中专教师、财会、卫技、图书资料类专业人员的专业技术职务评聘工作；做好了所属企业浙江新华印刷厂专业技术职务评聘试点的准备工作；作为全省出版系列的主管部门，还为外系统评定了部分出版专业的高（副职）、中级职务。

　　这次专业技术职务评聘工作，大致经历了两个阶段：一是试点与全面开展前的准备，二是全面开展。

　　在试点与全面开展前的准备阶段，我们主要做了以下四个方面的工作：

1. 建立了各级评审组织

　　1986年5月以来，我们根据组织法有关规定，在系统内相继建立起16个评审委员会。包括：（1）出版系列：作为主管部门，牵头建立了省出版专业人员高级（副职）职务评审委员会；组织建立了总社出版专业中级职务评审委员会；批准建立8家出版社各自的出版专业初级评委会。（2）外系列：征得系列主管部门同意，在总社及下属有关单位，分别建立4个系列6个评委会，它们是：中专教师中、初两级评委会；财会人员中、初两级评委会；工程技术人员初级评委会；卫技人员初级评委会。此外，总社还于1986年5月成立职称改革办公室，作为负责组织协调总社各单位职改工作的工作班子，同时也是高（副职）、中级评委会的办事机构。上述评审组织的建立，为总社搞好这次专业技术职务评聘提供了组织保证。

2. 起草、下发了出版系列《实施细则》

该《实施细则》于 1986 年 5 月着手起草，三易其稿，1987 年 4 月由省职改领导小组正式转发。《细则》体现了中央职改领导小组批转的《出版专业人员职务试行条例》及其《实施意见》的精神，并结合了我省出版部门的实际情况，为全省出版专业人员职务评聘工作提供了依据和规范。

3. 对省里切块下达的高、中级职务指标进行了测算、分配

确定职务指标限额，是这次职改工作的一项重要内容，有利于对整个专业人员队伍建设进行宏观控制。为了使这项工作尽可能科学、合理，1987 年上半年，我们对所属各出版社逐个进行摸底调查，根据各单位专业技术人员实际情况及岗位设置需要，确定专业技术职务的比例结构和限额指标。这项工作于 1987 年 7 月完成。

4. 进行了职称改革的试点工作

实行专业技术职务聘任制，是对原有职称制度的改革。为了取得经验，指导面上的工作，经省职改领导小组批准，我们于 1987 年上半年在浙江人民出版社进行了职改试点。试点工作总的说来是成功的，达到了预期的目的，为系统内职改工作全面铺开积累了有益的经验。

在充分准备的基础上，自 1987 年 7 月起，总社事业单位职称改革工作开始有领导、有计划、有步骤地全面铺开。这一阶段做的主要工作是：

1. 抓学习动员

这次专业职务评聘工作，涉及总社 10 个单位、6 个系列、近 400 名专业技术人员，牵涉面广，工作量大，政策性又很强。为了使大家明确职称改革的意义，提高认识，统一思想，我们要求各单位把动员、学习、提高认识，作为第一项工作来抓。根据这个要求，各单位首先组织领导班子、评委会成员学习有关文件；继而召开全体专业人员参加的动员大会，布置学习、讨论，要求大家深入领会职称改革的意义及方法。有的单位，如浙江科技出版社，还召开了党员大会，统一党员思想，使党员在职改工作中发挥表率作用。通过学习，为下一步的评审工作打下了良好基础。

2. 组织召开各级各类评审会议

至 1987 年 12 月，总社及所属单位，共召开各级、各类评审会议 40 余次，评审通过 334 人的专业职务任职资格，其中：副编审 82 人（包括外系统 44 人）；编辑 93 人（包括外系统 21 人）、记者 2 人、一级校对 7 人（包括外系统 5 人）、讲师 7 人、会计师 4 人；助理编辑 87 人（包括外系统 1 人）、助理讲师 5 人、助理会计师 12 人、二级校对 12 人；三级校对 8 人、技术设计员 7 人、教员 2 人、会计员 6 人。此外，还向各有关评委会推荐编审 1 人、主任记者 1 人、高级讲师 1 人（已通过）、主治医师 7 人（已通过）、馆员 1 人（已通过）、助理馆员 10 人（已通过）。

3. 进行了检查验收和聘任增资工作

总社所属各事业单位，至 1987 年 11 月，已基本完成专业技术职务推荐、评定工作，并写出小结和请求验收的报告。根据省职称改革领导小组（87）04 号文件，我们组织验收小组，以召开座谈会、抽样查阅晋升材料等形式，分别对上述单位进行检查验收。经验收合格，各单位已于 1987 年年底以前，基本上落实了聘任和增资兑现方案。据统计，全系统涉及增资的专业技术人员共 85 人，月增资 1884.10 元，连同补发金额合计 8524 元。

一年多的职称改革工作，总的说进展是健康、顺利的，步骤是稳妥的，深受广大专业人员的欢迎。回顾这一段工作，我们感到在下述几方面是做得较好的。

1. 坚持了改革方向

实行专业技术职务聘任制，是专业技术干部管理体制的一项重大改革，其核心是要精心选拔、合理使用人才，充分调动专业技术人员的积极性。为体现这一方向，我们在评审工作中注意了这样两点：(1)注重工作实绩。在布置填写《专业技术职务呈报表》、准备送审材料时，我们就强调要反映各自的专业工作情况。评审过程中，既不排斥资历，又不唯资历，不搞论资排辈，而是注意了对专业水平及成就的考察和评价。个别同志资历虽到，但工作实绩稍差，未评上；另有几个同志，资历上还差一点，但工作出色，被破格评上；(2)选拔了一批优秀中青年业务骨干。这次评审、通过的副编审中，年龄在 45 岁以下的有 7 人，占通过的在岗副编审总数的 25%。这些同志，都是各出版社业务尖子,具有较高的专业水平、显著的工作成绩。他们的晋升,对我省的出版事业无疑是注入了一股活力。由于坚持了改革方向,使评审工作成为激发广大专业技术人员积极进取的动力。现在,一个注重实绩、鼓励竞争、让优秀中青年业务骨干脱颖而出的良好环境,正在各单位逐渐形成。尤其在出版社,组织出版"双佳"书已成为编辑人员的自觉行动。

2. 把好质量关

评审质量的好坏,直接影响到专业技术队伍的建设,关系到职称改革的成败。为了保证质量,在组建各评委会时,注意物色那些专业水平较高、作风正派、责任心强的领导和专家加入。有鉴于浙江人民出版社试点工作经验,在执行专业技术职务评委会组织法的前提下,进一步要求各评委会中行政领导、支部成员不少于三分之一,以加强对评审工作的领导。在评审前的准备阶段,强调了呈报的材料要翔实,不要有水分;个人申请理由要在一定范围内宣读,以经受其他专业人员的检查。各评委会开会时,总社职改办都派员列席、监票,保证了会议程序的合法性。在评审中,能比较公正地对待每一个被评对象,重材料,重实绩,较好地掌握了评审条件。从评出的结果看,总的说质量是好的。最近进行的抽样调查表明,78%的专业技术人员,认为评上人员能胜任或较胜任实职。

3. 做好思想政治工作

由于历史原因,职称工作欠账过多,这次高、中级职务又有严格的额度限制,专业人员中有一些基本具备条件的人,未能晋升到相应的专业技术岗位上,这部分人中,难免会产生这样、那样的思想问题。为此,我们要求所属单位党政领导,要关心专业技术人员,将深入细致的思想政治工作贯穿在职称改革的全过程。尤其对没能评上的同志,更要做耐心细致的思想工作,防止出现消极现象。从现在的情况看,这方面的工作是有成效的,各单位未出现明显消极现象,更没有发生意外事故。大多数未评上的同志,能够正确对待评审工作,态度比较好。如有的出版社一些资历较深的老同志,这次申报副编审职务,因名额所限未获推荐。社领导多次找他们个别谈心,解决他们的思想问题,使这些同志克服消极情绪,心情舒畅地继续干好工作。

在首次专业技术职务评聘工作中,由于缺乏经验,难免出现一些问题和不足之处。归纳起来，主要有以下三点。

一是对本系统出版系列的专业职务评聘工作较为重视，投入了很多精力，而对外系统出版系列及本系统其他系列这方面工作投入精力少了些，尤其是没有主动和各厅局、地市取得联系，催促他们抓紧出版专业技术职务的评聘工作。

二是对专业水平的考察、评价，缺乏较为科学的定性、定量的客观标准，因而在评审中难免有些主观因素介入。

三是行政兼职口子过大。行政领导原来"一般不兼任专业技术职务"，随着口子不断开大，现在已成"基本上兼任"。这对干部（特别是年轻干部）的定向培养和使用是不利的。

上述问题，有待于在今后的评审工作中加以解决，争取把工作做得更好一些。

（原载《出版研究》1988 年第 2 期）

提高技术素质，稳定工人队伍

——出版印刷行业技师评聘试点情况

一

1987年，正当职称改革工作在各专业系列逐步展开之际，国家有关部门又推出了劳动人事制度方面新的改革项目——实行技师聘任制。这年的6月，劳动人事部发布了经国务院批准的《关于实行技师聘任制的暂行规定》。嗣后，劳动人事部又与新闻出版署联合下达了《关于出版印刷行业贯彻执行〈关于实行技师聘任制的暂行规定〉的实施意见》，明确了评聘印刷行业技师的目的、任职条件、评聘程序以及聘任待遇等。

与专业职务评聘相比，技师职务评聘工作有这样几点明显的差异：第一是评聘的对象不同，技师评聘的对象是在生产第一线工作的高级技术工人。第二是考核的方法不同，技师的考核严格规定要从"应知、应会"两个方面进行，即：既要测试其理论知识，又要考核其实际操作能力。第三是评定的标准不同，技师的评定，在"应知、应会"考试合格的前提下，重工作实绩而轻学历。第四是待遇不同，技师不分等级，不论原工资如何，一律实行平均每月20元的职务津贴，并享受本单位中级职务专业人员的其他待遇。

应该说，国家的这一改革措施，包括有关部门对技师评聘的种种政策规定，对于鼓励工人钻研业务，不断提高技术素质，稳定工人队伍，适应经济建设需要，有着十分重要的意义。

二

根据国家劳动人事部、新闻出版署及省里有关的文件精神，征得省劳动人事厅同意，我省出版总社于去年初确定在浙江新华印刷厂、浙江新华印刷二厂进行印刷技师评聘的试点。试点工作主要有两方面的目的：一是评出我们出版系统的印刷技师，以此推动两个厂生产技术的发展；二是作为全省印刷行业的牵头单位，拿出该行业技师考评的实施细则和培训、考核大纲，为全省推开提供依据和经验。

试点工作大致分为六个阶段。

第一阶段，建立组织机构、制定细则草案。按照文件要求，在总社建立了工人技术考核领导小组，全面负责指导、协调工作，并作为最后评审表决的机构。领导小组下设办公室和六个专业考核小组。新华厂和二厂分别在厂、车间两级建立"考评领导小组"和"考评小组"，负责对申报者进行资格审查、实绩考核和提名推荐。为了使试点工作有一个具体的依据，也为下一步在全省开展提供一个大致的蓝本，我们根据国家和省里有关文件，结合我省出版印刷业特点，草拟了《浙江省出版印刷行业实行技师聘任制的实施细则（试行）》，对印刷技师的考评范围、条件、程序等作了具体的规定。

第二阶段，调查摸底、确定对象。出版印刷行业列入技师聘任制范围的工种有50多个，按规定，参加技师考评者必须是在这些工种工作的七、八级工。经过调查核实，共确定33人作为技师考评的对象，其中新华厂31人，二厂2人。对那些原先在技术工人岗位，以后从事管理工作、专业技术工作或不实行技师聘任工种工作的高级技工，我们要求厂里向他们讲明政策，做好思想工作，不参加这次技师评聘。这样做，保证了技师考评对象都是生产第一线的工人。

第三阶段，理论培训、考核。这项工作主要借助了浙江印刷发行学校的师资力量。由于目前全国印刷行业尚无系统的高级技工理论培训大纲、教材，只能请印校牵头编写大纲、指定教材。共编写了各专业培训大纲18份，为搞好培训奠定了基础。培训的形式以分散自学为主，集中辅导为辅。为了让更多的人学到理论知识，我们适当放宽了培训面，让部分中级技工也参加。尽管当时两个厂正值赶印秋季课本，参加培训的又大都是机长等生产骨干，脱产时间很少，但是大家的学习热情很高，取得了较好的效果。经总社命题考试，四门课合格人数为76人（含参加培训的中级工），合格率为77%。

第四阶段，操作考核。操作考核是技师考评的重要环节，为了充分体现技术水平,测试出应考者的技术本领,各专业考评小组在命题时都针对各工种的难题和关键性技术问题,并从工作质量、操作规程、技术要求、实际工时等方面严格要求。考核时,六七双监考专业人员的眼睛盯着应考者,容不得半点虚假。由于要求高、把关严,操作考核的合格率比较低,两个厂参加32人,过关的只有18人。

第五阶段,工作实绩考核。为了使技师考评工作更好地发挥鼓励先进、调动职工生产积极性的作用,我们确定工作实绩考核的成绩占总成绩40%(理论、操作考试各占30%)。考核的内容包括了劳动态度、出勤率、产量质量、安全文明生产、技术革新和传授技艺等。这些内容较客观地反映出一个人的工作实绩。

第六阶段,评审、聘任。在上述五个阶段工作的基础上,总社工人技术考核领导小组根据理论、操作、实绩等考核材料,对各厂推荐上来的考评对象进行全面、综合地分析。经充分酝酿之后,以无记名投票方式表决、确定。共评出我系统印刷技师16名,其中新华厂14名,二厂2名。这些评审通过的技师,已分别与厂方签订了聘约,为厂长所聘任。

综观试点工作全过程,我们认为对政策的贯彻执行、对考评质量的把关等都是比较严格的。在报考范围的掌握方面,限定只有生产第一线的高级技术工人才能参加报考;在考评中,坚持宁缺毋滥,把好质量关,让那些真正符合任职条件,在解决技术难题、改进工艺及日常生产中成绩突出者,成为我省首批印刷技师。对考评工作整个程序的安排也比较严密,力图摸索出一套较为科学、规范的办法,以指导全省工作的开展。

三

从这次试点工作之中、之后收集到的情况看,实行技师聘任制确实可以带来稳定工人队伍、提高技术素质的成效。

首先,稳定了生产第一线工人的情绪。近年来,由于宏观上失控、分配不公等原因,造成第一线技术工人思想波动,不安心工作。这种情况的存在,严重地影响了积极性的发挥。实行技师聘任制,在一定程度上改变了上述情况。被评聘为技师的高级工社会地位得以提高,经济待遇得以改善。虽然涉及的人不多,但这件事本身使工人们感到自己受到了社会的重视,感到有奔头。

其次，发挥了技术骨干的生产积极性。通过技师考评，一批技术尖子被评上并聘任了技师职务。他们中间绝大多数在机长、班组长等关键岗位上工作。根据技师的任职要求，他们应在本工种的工作中发挥技术特长，解决生产中的难题和关键问题。这就给他们压了担子，促使他们发挥生产技术特长。

再次，促进了技术培训工作。过去，由于缺乏必要的激励手段，技术培训工作难以展开，学习技术对许多人来说是"要我学"。技师考评工作后，这一状况有所好转。这次参加高级工理论培训的大多数人学习态度较好，是本着"我要学"的思想来的。在两个多月的培训、考核中，他们除认真听讲外，利用每天下班时间和休息日进行自学，取得了较好的成绩。技师考评工作正常化后，将实行工人技术等级证书制度，凡报考高级工以评聘技师者，必须持有中、初级技术等级证书。这样，中、初级工技术培训工作也将相应被带动，从而使整个技术培训工作走上正轨。

四

尽管我系统印刷技师评聘试点已经取得了如前所述的成效，但由于这是一项崭新的工作，还有许多关系应予理顺，还有许多问题等待解决，需要不断探索。目前，有三个问题比较突出。其一，数量偏少。根据技术工人数百分之二的比例，新华厂可评技师20名，新华二厂可评4名。而两个厂实际评审通过分别只有14名和2名。这一状况与首次考评条件掌握较严，许多高级技工还不适应这样的考核（尤其是操作考核）有关。这个数字与两个厂实际的生产技术水平，以及它们在全省印刷行业中的地位是不相称的。其二，分布不均衡。由于历史原因，有的工种高级工较多，有的则几乎是空白。技师是在高级工中考评的，因而带来了在工种分布上不均衡的问题，一些较老的工种技师相对集中，而有的新工种（如引进设备上）尽管技术要求高、发挥作用大，却一时难以评聘技师。其三，年龄偏大。这次评定的技师，年龄最大的58岁，平均超过50岁。这样的年龄层次，不论从体力、脑力上讲，都已处于衰退阶段。这不能不说是个缺憾。

为了解决试点中遗留的问题，进一步理顺关系，我们设想，技师考评工作进入正常化后,应做好这样几件事。一是考评重点转移。就工种而言,要转移到代表现代印刷技术的新尖工种,高、精、尖设备的关键岗位上;就对象而言,要转移到四十几岁,能力、作用正处于鼎盛时期的工人身上。二是考评标准、方法规范化。要对试点中取得的经验进行总结,使印刷技师的考评标准、方法等通过"培训考核大纲"、"实施细则"等形式加以固定,作为今后这项工作的较为完备的规范。三是制定有关的配套措施,如技师的岗位职责、考绩方法、待遇等等。

总之,我们希望经过努力,能够准确、完整地贯彻国家关于实行技师聘任制的政策规定,使这一改革措施充分发挥出稳定工人队伍、提高技术素质的作用,促进我省印刷业的发展。

(原载《出版研究》1990 年第 2 期)

出版社人才管理浅议

出版社是人才荟萃之地，各系列、各学科的专业人才构成了一个人才群体。研究、改进出版社的人才管理工作，充分调动各类专业人员的积极性和创造力，对于提高图书质量、促进出版社社会效益和经济效益的提高，具有现实意义和历史意义。

一、出版社人才管理的目标

根据我国出版事业的方针和性质，出版社既是宣传教育机构，又是科学文化机构，肩负着服务现实和积累文化的双重责任。出版社的工作千头万绪，最终还是要落到多出好书上来。因而，出版社人才管理的目标可以表述为，最大限度地发挥各类专业人才的知识、才能和创造力，编辑出版更多的优质图书。

这是一个总目标，它还应分解为若干个子目标或阶段性目标，并以一些具体的指标来阐明。

在设置出版社人才管理目标时，至少有三个方面的问题需考虑。一是目标的明确性。即人才管理的目标要明确、具体，在条件允许时尽量做到数量化。例如，一个出版社经过对专业人才的合理配置和使用，全年要完成的出书品种、优质图书率、重版率，等等。二是目标的系统性。人才管理目标光有社一级的不行，要层层分解落实，即在大目标下各个部门都要有自己的小目标，形成一个目标系统。如要提高图书整体质量，编辑室的目标是什么？装帧室、校对室的目标又是什么？不能使目标成为一个空架子。三是目标的可行性。这主要取决于对人才素质的正确评估。如要组织出版一部大型辞书，就应先考虑：编辑人员的素质能否保证其内容的准确性、权威性，校对人员的素质能否保证其差错率近于零,装帧、印制人员的素质能否保证其设计和印制精美,发行、财务人员的素质能否保证其适当的经济效益等等。当然,它还受到其他客观因素的制约,如图书市场、出版社经济情况等。因而要把目标建立在扎实的基础之上,使它经过努力可以实现。

二、出版社人才管理的原则

所谓人才管理原则,是指人才调控过程中应遵循的基本准则。出版社人才管理原则,与出版社的人才特点及多出好书的管理目标相关联。

(一)结构合理原则

人才结构是指群体内人才的组合形式。它的合理与否,对发挥人才作用、产生群体效应,有重要影响。

就出版社而言,怎样的人才结构才算是合理? ①从职能来说,一个出版社包含许多职能,有管理、编辑、装帧、印制、校对、后勤等,这些职能都是进行图书出版工作所需要的。为了完成这些职能,就要配备相应的人才,且各类人才还要有一个适当的比例。假如一个出版社缺少某一职能的人才,或者行政干部过多、编辑人员过少,都是难以正常运行的。②从层次来说,出版社需要各种不同层次的人才。一方面,不同职能需要的水平层次不一,如编辑人员要求的学历层次是大学、研究生,而印制、校对、财会人员以大专、中专学历为宜。另一方面,同一职能中也应有层次之分,如编辑中有高(正高、副高)、中、初三级(四档)专业职务人员,相互协作,各司其职。同时,各层次的人才要保持合理的比例,否则,不是人才短缺,就是人才浪费,无法实现人尽其才。③从知识来说,出版社人才的知识结构要与出书门类相适应。作为地方出版社,各社的编辑人数不多,出书范围却较大,每个编辑都要有各自的知识领域,以尽量扩大群体的知识覆盖面。完整、合理的知识结构,可以形成知识交叉、专业互补,从而形成群体优势。④从年龄、个性来说,老、中、青三者组合成的合理年龄结构,可以使出版社既不缺乏经验,又具有锐气,并能保证出版社的发展前景。而人才的个性结构的合理、协调,能够形成出版社内部和谐、融洽的气氛。

(二)动力原则

行为科学给出这样一个关系式:工作成绩=能力×动力(积极性)。

它给我们以启示,即在能力不变的条件下,人才的动力大小(积极性高低），与工作成绩成正比。作为管理者，应想方设法，激发人才的积极性，使他们的聪明才智充分发挥出来。

动力分为内在动力和外在动力，动力原则也就包括了两个方面的内容：满足内在需要、利用外部刺激。

人的内在需要具有层序性，包括生理需要、心理需要（社交的需要、创造的需要等等）。客观条件、心理发展水平不同，需要的结构模式也不同。一般来说，人才的精神方面的需要强度更大，特别是创造的需要。出版社的编辑莫不希望能够编出品位高、效益双佳的图书，因而管理者要特别注意满足他们工作上的需要，如良好的工作环境和气氛，学习、进修的机会，工作上的独立自主等。

外部刺激包括实施奖惩、开展竞争等。"奖"起着正面引导的作用，不但使本人有成就感，增进保持荣誉的动力，还有利于形成积极向上的心理氛围，激励人们上进；"惩"可以起劝阻和警告作用，使本人与他人不再发生或减少错误行为。竞争的激励作用也很强。如评聘专业技术职务，就是一种比水平、比能力、比贡献的竞争，运用得当，可以激发专业人才去努力工作，积极进取。

（三）弹性原则

人才的智力、才能是发展、变化的。出版社人才管理者在对人才安排工作、分派任务时，要富有弹性，促其发展。一般说，给处于"基础期"的人才（如从事编辑工作时间不长的大学毕业生）安排工作，应具有递增性，即开始时不要太多、太难，随着工作熟练和经验增多，逐步加多、加难。对处于"旺发期"的人才，安排的工作要具有挑战性，因为这个时期人才的智力、能力和精力都处于最佳状态，极富创造性。据对我系近五年获"树人奖"、省版协优秀图书一等奖的责任编辑有关情况分析，他们编得奖书时的平均年龄为37岁。这个年龄或许可以说是编辑人才的"峰值"年龄，而此峰值的前十年至后十年（28至48岁）或许就是编辑人才的"旺发期"。对这一时期的人才如不提高要求、加重任务，会限制其能力的发展和潜力的挖掘。对于"反授期"人才，应根据其知识渊博、经验丰富、年龄偏大的特点，让他们逐渐地从直接编稿、审稿中脱出来，更多地进行传、帮、带，培养年轻人才。

三、出版社人才管理的方法

人才管理的具体方法和手段，可以列出很多种，这里根据出版社实际主要谈三点。

（一）测评

实施人才调控，首先要对人才情况进行测评。

关于测评内容。由于工作性质有别，出版社各个专业岗位上的人才测评内容各不相同。但大体上可以归纳为思想素质、业务能力、工作实绩等几块。以编辑岗位为例，它的测评内容主要有：①思想政治方面，包括贯彻出版方针、政策水平、职业道德、工作态度等；②知识水平方面，包括学历、论著、外语水平、进修情况等；③业务能力方面，包括活动能力、识鉴能力、文字能力等；④工作实绩方面，包括发稿的品种、字数，优质图书情况，重版率，以及"齐清定"情况、编辑周期等。

关于测评标准。根据不同的测评内容，标准有软、硬之分。硬标准，是指对内容的客观记录；软标准，是指对内容的主观评价。还是以编辑为例，发稿的数量（品种、字数）、重版率等项内容，可以作客观记录，适用硬标准；而思想素质、业务能力方面的情况，通常用软标准。

进行具体测评工作时，有三点要注意。其一，测评的内容要尽可能完备，否则不足以全面体现人才的素质。实际工作中，一些难以用硬指标衡量的内容，如编辑的"职业道德"，容易被忽略。这个内容不只是反映道德修养，且与专业工作直接有关，是绝对不可略去的。其二，测评指标要尽可能量化。硬标准不难做到此点，软标准也应通过评级、打分等办法尽可能做到量化。其三，测评的内容、标准要统一。对同一系列的专业人才的测评内容和标准，全社应是一致的。不然就难以相互比较，无法得出正确结论。

完整的人才档案是测评工作的基础。一般将人才档案分为人事档案和业务档案。相对说来，出版社人事档案工作规范些，业务档案虽开始建立，但不够完备，尤其对原始材料的整理归类有待研究改进，应使业务档案能够反映专业工作的全貌（如编辑的选题、组稿、加工、评介等各环节的情况）。建立了较为完整、准确的人才档案，才能保证测评工作有所依据，使测评工作得以顺利开展。

（二）调配

调配，就是按照人才管理的原则，根据人才测评结果，进行人才调整和配置。出版社人才调配分不同层次的调配和不同职能岗位的调配。前者指人才由低层次向高层次,或由高层次向低层次的转移,如晋职、晋级,降职、降级等;后者指在同一层次(职务等级)不同专业岗位的转移,如编辑室之间,或其他室之间的平职调动。

调配是人才管理的一种基本手段,其目的是使人才结构趋于合理,并达到人尽其才。不论哪一种调配,都应以人才测评为依据,并符合前述的人才管理原则。

(三)激励

关于激励的作用和内容,已在"动力原则"中谈及。这里谈谈运用激励手段时需要注意的几个问题。

在满足内在需要时,要将这种需要与群体目标相联系,从而提高执行群体目标的自觉性。很显然,当出版社的出书情况(社会效益和经济效益)与专业人员的个人需要(精神的和物质的)关系越密切,就越容易激发他们多出好书的积极性。在满足内在需要时还应明确,所满足的需要是合理的。人才不是完人,不排除有不合理的需要,对此,管理者要通过思想政治工作,进行正确的引导。

在使用奖惩这一外部刺激方法时,应注意须以工作绩效为依据,掌握公平原则。任何奖惩,如果没有工作绩效作依据,都是行不通的。同样,任何奖惩如果不公平、不平等,那就不但起不到正激励的作用,反而会挫伤积极性,成为负激励。所以,出版社管理者在使用奖励手段时,既不能搞平均主义,也不能随意地拉差距,因为两种做法都没有以工作绩效为依据,都有失公平。此外,奖、惩要并用,以奖为主。因为奖可以使人产生一种积极的情绪体验,受到激励。惩作为一种必不可少的管理手段,在应用时要注意方式,因为人才一般有比较敏感、自尊性强的特点,批评也罢、处分也罢,要考虑其承受能力和实际效果。

四、制约出版社人才管理的两个主要因素

(一)管理者的素质

作为人才群体的管理者,出版社领导自己首先应是个人才,是个"用才之才"。具体地说,他们必须具备这样几个方面的素质:①正确的思想。出版社领导要坚持社会主义的出版方向,始终把社会效益放在第一位,并以此作为人才管理的一个主要目标。还要深刻理解党的知识分子政策,尊重和爱惜人才。②高尚的品德。管理者应做到公正无私,诚实热情。前者使管理者任人唯贤,后者使管理者接近人才、服务人才。③丰富的知识。一方面,管理者对人才活动规律、管理业务知识要熟悉,工作中能够按客观规律办事;另一方面,对出版工作的特点和规律也要掌握,以便正确识人、用人。④科学的态度。人才管理是一项十分复杂的工作,必须建立在科学的思维和理智的基础之上。管理者思路要清晰,方法要先进(如运用电子计算机技术),使管理工作真正发挥其应有的作用。

(二)被管理者的参与程度

让被管理者参与管理过程,不只是体现了一种民主的作风,还在于它对管理的成效有直接作用。因而,出版社在制定管理目标(包括定总目标、分目标),进行人才测评(包括确定测评内容、标准、评级打分)及奖惩处罚、职务升降时,都应充分听取各类专业人才的意见。作为被管理者的专业人才,他们参与管理的程度越深,就越能够理解和接受管理,进而自觉地为出版社多出好书尽才、尽力。

(原载《出版研究》1991 年第 4 期)

对出版系统深化"两制"改革的几点想法

改革开放以来,出版系统在劳动人事和工资分配两项制度方面已经出台了一些改革措施,如实行社长负责制、承包责任制,对专业人员进行考核和聘任,在两个直属厂实施工资总额与经济效益挂钩,等等。这些措施对激励干部职工的工作积极性、提高出版系统的两个效益、推动我省出版事业的发展,都起了促进作用。但是也应看到,就用人和分配整个机制来说,还不尽合理、完善,能上不能下、能进不能出,以及分配上的平均主义现象,在各单位仍然程度不同地存在,制约了人们积极性的更好发挥。随着新一轮改革的展开,这个问题将会愈益突出。如何在前些年改革的基础上,深化两项制度改革,进一步激发广大干部群众的积极性和创造力,亟待我们认真研究和解决。这儿谈几点粗浅想法,意在抛砖引玉。

一

深化"两制"改革,首先要转变观念,提高对改革必要性、紧迫性的认识。当前,关于"两制"改革确有不少思想扣子需要解开。

其一,将现行机制中一些封闭、僵硬的东西视作社会主义的优越性,认为社会主义就是让大家捧"铁饭碗"。这实际上是对社会主义的极大误解。我们说,社会主义的优越性,就在于它能创造出比资本主义更高的劳动生产率。而现行机制存在的弊端是,在用人上,个人难以自主选择单位和岗位,单位也难以自主选择个人;在分配上,还有干多干少、干好干坏一个样现象,没有很好体现按劳分配原则。这些,制约了劳动生产率的提高,妨碍了社会主义优越性的充分体现。

其二，这几年成效不错，还是安安稳稳维持下去，不必大动干戈。应该看到，出版系统的成绩正是通过不断改革、锐意进取得来的，要有新的发展必须进一步深化改革。纵观全国形势，改革正朝着更广的领域、更深的层次推进，竞争日趋激烈，生机与危机并存。如果抱着安稳守成的态度，在用人和分配上维持老的一套，就不能在竞争中再争一席之地，到时候别说是发展，就是守成也守不住。逆水行舟，不进则退，即此理也。

其三，以为"两制"改革只是对企业甚或只是对工人的。诚然，深化改革的主战场在企业，尤其是国营大中型企业，但这并不意味着机关事业单位可作壁上观。事实上，用人和分配方面问题在这些地方一样存在，一样影响人们的积极性和工作效率。就出版系统而言，出版社是自收自支事业单位，实行企业化管理，经济上自负盈亏，面对剧烈的竞争，应该且必须和企业一样实行"两制"改革。省新闻出版局（出版总社）机关担负着指导全局的职责，一方面，我们不能"下面干、上面看"，自己捧"金饭碗"，却要人家打破"铁饭碗"；另一方面，改革开放的深入发展对机关工作提出了新的更高的要求，若不对机关的用人和分配机制进行调整，将难以适应。因而我认为，在出版系统深化"两制"改革上，机关、事业、企业，干部、专业人员、工人，都要有所动作。否则，既不利于各块的改革开放及各项工作，还会因失衡而影响系统的整体效果。

二

出版系统企业深化"两制"改革，在当前情势下可表述为：围绕转换经营机制，实行管理干部、专业技术人员聘任制，优化劳动组合，拉开分配档次。

企业转换经营机制，"两制"改革作为其中的一部分应该服从和服务于它。目前我系统各企业都有转换经营机制的设想，如浙江新华印刷厂提出搞"分厂"、"中心"，走专业化道路，调动两个积极性；浙江省新华书店提出"一放、三联、一转"，把科室全方位推向市场，等等。我们考虑企业的机构设置、人员调配、分配形式等问题，要与整个经营机制的转换相适应，配套成龙，切莫搞成"两张皮"。

企业用工制度改革的方向是实行全员劳动合同制，打破干部、工人的界限，大家都是企业的职工，在平等、自愿和协商一致的基础上与企业签订劳动合同。这一步肯定要走,也只有到了这一步,才可以比较彻底地解决能上能下和能进能出的问题。鉴于目前此项工作还在试点,从实际出发,可以先着手搞聘任上岗和优化劳动组合。一是在科学合理地设置岗位的基础上,对企业的管理干部、专业技术人员、业务人员实行聘任制。在聘任中,打破干部工人的身份界限,根据能力和表现,择优聘任、竞争上岗,并签订聘任合同,明确责、权、利,作为考核依据。二是对生产工人、营业员,在定岗定额的基础上竞争上岗,优化劳动组合。对合同制工人,仍按合同进行管理;对原有固定制职工,根据企业实际,既可搞岗位责任制,按岗位职责管理,也可搞内部合同制,按合同规定进行管理。通过这些措施,逐步形成能上能下、双向选择、竞争上岗、优化组合的比较灵活的用人机制,将富余人员筛选出来,同时也为过渡到全员合同制奠定基础。

在分配上要拉开档次,充分贯彻按劳分配原则。已经实行"工效挂钩"的两个厂,在不突破工资总额的前提下,可以自主确定内部分配形式,而将原有的工资等级作为档案工资。可以是岗位技能工资,也可以是全额计件工资,或按利润含量计算工资。要使分配具有激励和导向的作用,具体说要做到三个倾斜:一是按岗位,向高技术和苦、脏、险倾斜;二是按技能,向技术水平高的倾斜;三是按实绩,向产、质量高的倾斜。以此促使大家努力工作、学习技术、提高效率。参照事业工资的企业,在拉开分配档次上可以从三方面考虑:一是基本工资随岗位而定;二是将奖金的全部和工资的30%捆在一起,与业务人员的业务量、营业员的销售额等挂钩,能升能降;或者从中拿出一部分搞岗位津贴、内部浮动工资;三是对未受聘(组合)上岗者,采取内部待业,只发生活费的办法。关于这些企业是否脱开结构工资搞工效挂钩,或在结构工资基础上实行新增效益工资等问题,可另作专题探讨。

<h2 style="text-align:center">三</h2>

对出版社等事业单位深化"两制"改革的设想是,以聘任制为中心,定岗定责、加强考核,将个人收入与岗位及贡献挂钩。

实行聘任制,不失为搞活事业单位用人机制的一种好办法。这些年我系统在专业技术人员中实行聘任,有一定成效,但要加以深化。根据我系统事业单位实际,我认为一是要扩大聘任制的实施范围,即由专业人员扩大到中层干部以下的各类人员;二是完善聘任制度,在聘任过程中敢于动真格,才能见真效。具体说要抓好以下环节:①定岗定责,根据单位的实际需要和可能,设置不同类别、系列和层次的岗位,并制定相应的岗位职责、上岗要求;②聘任上岗,引进竞争机制,在双向选择的基础上择优聘任,并签订聘约,明确责、权、利;③强化考核,一方面考核要加强,把它作为对员工的一种素质评价和成就评价,其结果应与报偿(包括经济收入和职位升降)密切联系;一方面考核本身要完善。我系统1991年度专业人员考核已基本完成,要在此基础上对考核的程序和指标进行调整,使其更具可操作性,并在鼓励提高出书质量、提高效益方面更具导向作用。

根据出版社设岗和考核情况,在专业人员中既可"高职低聘",也可适当搞"低职高聘"。"低职高聘"的具体做法是,对已经具备担任高一级专业职务水平和能力、考核成绩优秀的专业人员,出版社行政领导可根据工作需要,突破上级下达的专业职务指标限额,聘任其担任高一级专业职务,并给予相应的待遇(工资补差部分可从奖金等渠道开支)。这种高聘只在单位内部有效。对高聘后能胜任工作的,在有指标空额时优先推荐评审。

事业单位在分配上应做到,个人收入与岗位挂钩、与考核情况挂钩,拉开档次。具体做法与前面提到的参照事业工资的企业类似,即:一是实行在什么岗位拿什么工资,做到工资随岗位能上能下(包括行政职务工资和专业职务工资)。二是用活奖金,仍以奖金形式,根据考核情况拉大差距,重奖重扣;或以内部浮动工资形式,按岗位和贡献情况升降;也可两个办法并用。三是对未受聘上岗而内部待业的,采取只发生活费的办法,促其创造条件上岗或者流动。作为自负盈亏、企业化管理的单位,出版社也可对"工效挂钩"、实行考绩工资等分配形式进行比较研究,以期在分配上有更大的灵活度和自主权。

四

局社机关在深化"两制"改革上要做的工作也很多,概言之就是要转变职能、理顺关系、明确职责、加强考核。

关于对下属单位的管理。在用人问题上,主要抓领导班子建设。要在实行社长负责制的基础上,加强对领导干部的"目标责任"管理,即对各单位领导制订任期目标责任,内容包括任期内本单位社会效益、经济效益、队伍建设所应达到的水平等等,作为管理、考核、任免干部的主要依据。在一般人员的调配上,抓宏观的管理、服务工作,要帮助下属单位建立健全正常的工作制度,在此基础上把调动权进一步下放。尤其是企业,有权直接调进调出人员,只需报局社备案而不需上报审批。在分配问题上,局社主要抓宏观调控,如大的分配政策的制订、工资计划的切块等。在具体分配问题上,给单位以更大自主权。

关于机关处室。应围绕转变职能、加强行政管理、加强内部联合,对处室设置、工作职责进行调整理顺。就机关总体职能来说,有的应强化,有的可弱化,并需要理顺政企关系;就处室分工而言,要解决工作职责上交叉、重复和过轻过重问题。因而有必要调整处室设置,该撤并的撤并,该增加的增加;与此同时,对各处室内部岗位、编制进行重新核定。通过这一工作,从体制上解决转变职能和提高效率的问题。

关于机关工作人员。应有明确的岗位和职责要求,加强考核工作。对从事行政管理的人员,确定相应的行政序列岗位(行政职务),明确其职责;对从事专业技术工作的人员,确定相应的专业序列岗位(专业技术职务),明确其职责。然后,对他们进行分责、分岗考核,并将考核结果与职务升降、经济收入等挂钩。对经考核不适于在机关工作的,要采取措施,可以调离机关,也可以内部待岗,促其流动。在分配上,因局社机关经济性质与出版社相类,故可采用前述出版社的办法。

五

随着"两制"改革的深化,各单位都可能出现富余人员。只要筛选的过程是公正的,这并不是坏现象。这种就业和职位竞争,本身就有很强的激励作用。但也的确带来一个安置问题。从目前情况看,把他们全都推向社会是行不通的,因为还缺乏完善的社会保障体系和保证他们参加公平竞争、重新就业的机制,对社会安定也可能造成不利影响。从出版系统实际看,还是以本单位消化为主,总社调剂为辅,允许和鼓励流动。

要立足于单位内部消化,途径主要有三:一是组织起来,开发新的生产、经营门类,政策上适当给予优惠;二是单位内部部门之间余缺调剂,特别是通过清退计划外临时工加以解决;三是实行内部待岗待业,或进行转岗培训。这样做的好处是,既使他们生活有着落,又在内部形成劳动力"蓄水池",使在岗人员也有压力感。

总社调剂,主要是通过总社来沟通各单位之间人员流通的渠道。在出版社是富余的,在书店或工厂也许能用得上。有可能的话,总社范围内定一个点,把富余人员集中起来,开发新的生产经营项目。

对富余人员中要求调出的,或要求辞职自谋出路的,应予以鼓励、支持;对符合条件可以提前退休、退养的,也应准许;对个别不服从安排、违反纪律的,可予以辞退。

六

"两制"改革的根本目的在于充分调动广大群众的积极性,因而群众的支持、参与和认同是成功的关键。改革实际上是经济关系的重新调整,"两制"改革与群众的切身利益关系尤为密切,任何一项大的措施出台都可能引起思想震动。为了搞好"两制"改革,必须充分尊重和依靠群众。一方面,要做积极的思想工作,让群众看到改革的根本目的是发展生产,提高人民生活水平,代表着广大人民群众的总体利益;另一方面,在具体的改革过程中,要发扬民主、走群众路线,从改革方案的设计、出台到实施,都要充分听取群众意见,接受群众监督,使新机制尽可能公正、合理,得到绝大多数人的拥护。

还应看到,我们的"两制"改革是在社会主义条件下进行的,必须体现社会主义的原则。就出版系统来说,"两制"改革和其他方面的改革一样,都应紧紧围绕多出好书、为人民群众提供更多更好的精神食粮这个中心。在考虑用人问题时,要把竞争、择优与加强队伍建设、提高整体素质结合起来。特别是要坚持干部标准,让德才兼备、政绩明显的人到领导和管理岗位上来。在优化组合中,要防止"亲化组合"现象。注意政策措施的导向作用,着重治"懒"、治"猾",而对老弱病残,给予适当的优惠。这些,对于保证"两制"改革沿着正确的方向前进,是至关重要的。

只要我们能进一步解放思想,积极探索,勇于实践,就能够把"两制"改革引向深入,建立起"岗位与能力一致,报酬与贡献一致"的激励机制,从而更好地发挥干部职工的工作积极性和创造力,推进整个出版改革的发展。

(原载《出版研究》1992 年第 3 期)

出版行业岗位培训的实践与思考

1995 年 12 月,新闻出版署等四个部委联合下发了《关于在出版行业开展岗位培训实施持证上岗制度的规定》,我省出版行业岗位培训工作随即全面启动。至 1996 年 12 月,共举办全省图书出版社编辑室主任、期刊社主编、书刊印刷企业厂长(经理)、市(地)县新华书店经理等各类岗位培训班 7 期,参加培训人员 260 余人。经过一年多的实践,我们对岗位培训这一人才培养的重要方式有了进一步的认识,由此也引发了对新形势下完善和推进这项工作的一些思考。

一、思想重视:开展岗位培训工作的前提

党的十一届三中全会以来,我省出版事业迅速发展,出版物数量增加、质量提高,社会效益和经济效益同步增长,呈现出一派繁荣景象。与此相应,出版队伍也不断壮大,并且形成了学历较高、年龄较轻、专业结构较为合理的出版人才群体。但是,有两个事实是不容忽视的:一是从出版队伍的构成看,有不少人是在事业发展过程中由其他行业转入,或从学校毕业分配进来,他们对出版工作有关方针政策和专业知识,有一个认识和掌握的过程;二是从出版工作面临的形势看,要实现出版业从规模数量扩张为主到质量效益提高为主的阶段性转移,出版从业人员的思想观念、管理水平、专业能力都亟待提高和加强。因此可以这样说,出版业要进一步繁荣和发展,必须努力提高队伍素质。而出版行业岗位培训,就是对从事出版工作的管理和专业人员,按岗位需要进行的以提高政治素质和履行岗位职责必备的工作能力、业务知识为目的的定向培训。它具有目标明确、工学统一、操作简便等特点,是一种投入

少、见效快的人才培养方式。它在提高人员素质上的效应已为一年来的实践充分证明。

这是对岗位培训工作重要性的一个基本估价。事实说明,只有思想上重视这项工作,真正认识和了解其重要意义,才可能取得好的效果。这种重视,不但岗位培训的组织者应当有,被培训者更需具备。被培训者作为岗位培训工作的主体,他们思想上的自觉性是至关重要的。由于岗位培训是自上而下组织实施的,被培训者最初往往缺乏主动性,有的甚至还有抵触情绪。有的学员是带着来轻松一下的想法,有的怀着混张上岗证书的心理,还有的则是领导指派、迫于无奈而来。随着课程的展开,他们逐渐意识到自己知识和能力等方面的不足,开阔了眼界,拓展了思路,对岗位培训重要性的认识也开始到位。每期培训班下来都有这样的现象,越到后面学员们越重视和珍惜培训机会。到培训结束时,大家都会发出同一种感慨:磨刀不误砍柴工。

正是有了思想重视这一前提,才使每一期岗位培训班都能顺利开展,并取得显著成效。

二、科学安排:实现岗位培训目标的关键

这里所说的科学安排,主要指对岗位培训的内容和方法,根据新闻出版署的要求,结合我省出版行业实际,进行科学合理的配置和筹划。我们开展的岗位培训,其教学内容和方法基本上按照署里下发的教学大纲的规定,同时也从不同岗位的实际情况出发作了必要的调整。岗位培训内容主要分三大块:一是党的出版方针政策,二是出版管理方面的法规制度,三是出版业务知识和经营管理能力。应该说,这些都是履行岗位职责所必须具备的基本的知识和能力。但是,这三块所涉及的具体内容是十分丰富的,不可能在短短的20多天时间里面面俱到地讲授一遍。于是,只能采取点面结合的方法,根据各个岗位的不同特点,有详有略,有精有疏,既有深度又有广度。比如,根据这些年来某些印刷企业承印出版物过程中把关不严,厂长(经理)法规意识淡薄的情况,在书报刊印刷企业厂长(经理)岗位培训教学内容上,重点放在出版印制方面的法律及有关管理制度。在期刊社主编培训内容设置上,针对许多期刊社经营状况不佳而主编们又往往缺乏这方面知识的情况,设专题介绍和研讨刊物经营管理问题。由于内容切合工作实际,有较强的针对性,因而有效地调动了学员的学习积极性,成为学以致用的关键所在。

在教学方法上,除了通常运用的老师课堂讲授、专题讲座之外,还采取了学员自己上台讲课、组织现场教学活动等方法,并加大分组交流研讨、考察的分量。由于不少学员实际上就是本专业的专门家,因此请他们授课的效果是显而易见的。如在讲到企业改革时,请刚刚完成企业股份合作制改革的印刷厂厂长介绍改制情况;讲到期刊经营管理时,请经营效益较好的期刊社主编谈经验和体会。通过多种形式的教学活动,使学员之间互相启发、共同提高。

经过一年的实践,我们对岗位培训的教学内容和方法的选择,提出这样一个想法:由于岗位培训具有时间紧、工学结合密切等特点,决定了其最大使命是开阔视野、理清思路、激起学员在工作中不断认识和探索的兴趣,因此它的内容和方法都应该是启发式的。

三、措施到位:顺利完成岗位培训任务的保证

由于岗位培训工作涉及面很宽,牵涉到出版行业的编、印、发各环节主要岗位,因而必须有合理、完善的措施加以保证,才能顺利实施。

一是完善的组织保证。岗位培训工作需要一个完备的组织体系来贯彻实施。为此,省新闻出版局建立了以分管领导为组长的岗位培训工作领导小组,负责全省出版行业岗位培训的领导、规划、协调。局人事教育处作为职能部门,具体负责此项工作有计划、按步骤地贯彻实施。图书、报刊、印刷、发行等相关处室及单位积极参与,密切配合,确保配套的行政措施的落实。出版、期刊、印刷、发行协会充分利用自身的专业特长和网络优势,承担培训任务,在岗位培训工作中发挥了重要作用。实践证明,这种统一领导、分工负责的组织方式是比较完善有效的。

二是严密的配套措施。按照署里的要求,岗位培训与持证上岗是相辅而行的,自1998年起将在出版行业9个主要岗位实行持证上岗。我们充分利用这一政策,把它作为推进岗位培训工作的重要措施。在发往各出版单位的文件中明确规定,把执行岗位培训和持证上岗制度的情况列为出版单位年检考核的内容之一,凡在规定期限未达到要求的出版单位,其年检将不予通过。局里还建立了培训档案,下一步将把培训情况与人才的选拔、培养、使用结合起来。通过各种严密的配套措施,保证岗位培训所涉及的单位和个人对此项

工作的重视和参与。

三是合理的管理办法。这主要体现在考勤和考试两个方面。在考勤上，坚持每次上课都要点名；规定不管什么原因，只要缺课2天以上就不发给培训合格证书。在考试上，既有闭卷也有开卷，并把论文作为准予结业的必要条件。这些措施和制度的执行，有效地促使学员集中精力认真学习，也体现了办班的严肃性，保证了教学工作的正常开展。

四、探索创新：推进岗位培训工作完善和发展的动力

经过一年的努力，我省出版行业岗位培训工作已取得了显著的成效，对提高出版队伍素质、推进出版繁荣和管理，起到了积极作用。但由于整个岗位培训工作尚处于起步阶段，缺乏经验，也暴露出许多问题和不足之处。只有不断探索创新，岗位培训工作才能进一步完善和发展，在队伍建设和实现阶段性转移方面发挥更大的作用。

岗位培训在实践中应进一步完善的地方有：

一是加强培训的针对性。由于学员自身素质及所在岗位专业情况差异很大，按照统一的教学计划施教就缺少针对性。从文化程度来讲，参加印刷企业厂长（经理）班的学员中，最高是大学本科，最低只有初小水平；就专业情况而言，出版社编辑室主任班中，有搞社科的，也有搞自科的，有文编也有美编。因而有必要考虑到共性与个性两个方面，合理安排教学班，使岗位培训更具针对性。

二是完善岗位培训支撑服务体系。首先是师资队伍建设，给施教者创造条件，支持他们去参加更高层次的培训，或进行学术交流，以及时了解出版动态，熟悉国内外先进经验和出版管理方法。其次是针对教学活动中提出的重点、难点问题，由专家组成课题组进行研究和攻关，推进教学向更高水平发展。第三是教材要进一步规范和完善，可成立教材编写组，结合我省出版工作实际，写出高质量的培训教材。

三是建立岗位培训跟踪反馈机制。没有培训的主体——被培训者从工作实践中返回的信息，我们的探索可能会陷入盲目。可以在培训管理部门或承办单位建立跟踪反馈机制，定期向结业学员调查，并用科学方法综合分析与评估，对培训工作提出合理化建议。在实际操作中，这种跟踪调查与课题

研究可放在一起进行。

在不断完善的同时,岗位培训工作还应随着形势的发展而发展,主要包括:

一是培训内容与形式的现代化。目前的岗位培训教学内容与建立一支跨世纪现代化出版队伍的要求还是有差距的,囿于传统出版模式,缺乏管理智能化及业务操作自动化的训练。因而需引进熟悉高科技和现代管理的师资。同时,要改善硬件设备,使学员能够学习和了解信息处理技术。在方法和形式上跳出课堂灌输的框子,更多地开展现场教学和模拟教学。在课堂讲授中,要求老师在案例分析上下功夫,真正达到启发思考、激发兴趣的教学目的。

二是培训方式的业余化与长期化。针对目前岗位培训中时间短、学习内容难以全面和深入的缺点,可以向业余化发展。在教学大纲完善和教材问题解决后,分阶段实施。每个阶段确定几门课程,分散自学后,再集中面授、研讨和考试。这样既可以弥补培训时间过短的缺陷,又能使学员不断更新知识,养成良好的学习习惯。用更长远的目光看,岗位培训本质上是一种继续教育,必须走向长期化,并与其他教育形式相辅相成,伴随人的整个工作历程。

三是培训范围的拓展和延伸。岗位培训的范围目前还比较狭窄,对象也相当有限,不利于全面提高出版队伍素质,也难以实现培训的"规模效益"。随着这项工作的深入发展,一方面应将出版行业9个主要岗位的培训扩展到64个甚至更多岗位的全面培训;另一方面应将培训工作在被培训者所在单位或部门延伸下去,形成连锁式教学反应,把培训效果普及开来。此外还有市(地)出版行业培训机构的设立,待条件成熟后也应考虑。

以上是我们一年多来岗位培训的实践情况及引出的思考。党的十四届六中全会对出版工作提出了新的更高的要求,新形势下加强出版队伍建设更显得重要和迫切。作为出版队伍建设中的一项骨干工程,岗位培训工作浩大而繁重,需要在今后的实践中不断调整、完善和发展。我们要不辞辛劳,继续探索,走出一条有特色的出版行业岗位培训路子来。

(原载《浙江省出版论文选》第三集,浙江人民出版社1997年)

出版单位改制与人力资源管理

——在全国出版单位人力资源开发与管理
高级专题研修班上的讲课材料

这次研修班是在全国文化体制改革深入推进、出版单位转企改制进入实质性阶段的背景下举办的,非常重要也非常及时。浙江省是全国文化体制改革综合试点省,浙江出版集团从 2003 年开始实施转企改制工作,我作为这项工作的参与者,又从事过多年人力资源管理,有些认识和体会,与大家进行交流。由于一直在浙江出版系统工作,对全国的情况了解不够,我的一些观点和看法难免有局限性,仅供大家参考。

一、出版改革历程的回顾

党的十一届三中全会以来,出版改革大致经历了三个阶段。与之相对应,出版单位的人力资源管理也大致可以分为三个阶段。

(一)第一阶段:1978 年—1992 年,即党的十一届三中全会召开到邓小平同志南巡讲话。

1978 年 12 月,党的十一届三中全会召开,标志着我国进入了改革开放和社会主义现代化建设的历史新时期。伴随着经济体制改革,出版改革也开始起步。

改革开放的初期,即 1978 年至 1985 年,出版业出现了"井喷式的超常规发展"。原因主要来自两个方面:一方面,党和政府十分重视出版工作。1978 年国务院先后批转了 7 个关于加强出版工作方面的文件,1983 年 6 月中共中央、国务院作出了《关于加强出版工作的决定》,有力地促进了出版事业的发展。另一方面,经过多年压抑形成的严重"书荒",为出版业高速增长提供了机遇。而从 1986 年开始,随着"书荒"的过去,出版业高速增长的势头不复存在,进入调整和徘徊期。

这一阶段,出版领域的改革主要有以下进展:

——恢复和新建出版社,全国出版社格局基本形成。

为了加强出版工作、满足广大人民群众的精神文化需求,根据党和政府的要求,大量出版社恢复和建立起来。到 1989 年 7 月,全国共有出版社 536 家,其中 454 家是 1978 年以后新建或恢复的。延续至今的全国出版社格局大致形成。

——调整地方出版社工作方针,地方出版开始崛起。

1979 年 12 月,国家出版局召开"长沙会议",提出了"立足本省,面向全国"的地方出版社工作方针。在此方针的指导下,地方出版社不再受限于原有的"地方化、通俗化、群众化"要求,开始突破地域限制走向全国,并且完成了从一家综合社到多家专业社的结构布局(如浙江省由 1 家浙江人民出版社裂变为 8 家专业出版社)。1989 年全国 536 家社中有 308 家是地方社。

——借鉴经济体制改革的经验,在出版社推行承包经营责任制。

农村和企业承包责任制的推行和成功,影响和推动着出版改革。从 20 世纪 80 年代中期开始,一些地方在出版单位推行以承包经营责任制为主要内容的改革,以调动经营者的积极性,解决"统得过死"和吃"大锅饭"等体制弊端,出版社也开始从生产型向生产经营型转变。如在浙江省出版总社系统,1983 年开始试行出版社责任制,1986 年试行社长负责制,1988 年实行出版社承包经营(所得税承包)。

在这个阶段,由于出版社机构性质属于事业单位,而当时事业单位在用人和分配上基本是按照行政机关的管理模式,因而受到了诸多限制。

用人上,一是编制的限制,不能根据业务发展和工作需要确定岗位职数和人员规模,必须按照核定的编制数进行控制;二是身份的限制,非干部编制和机关事业身份人员一般不能调入或录用;三是观念的限制,除非有特殊原因(如犯严重错误),难以做到人员能进能出和职务能上能下,没有正常的人员流动和淘汰机制。

分配上,按照机关事业单位的统一标准,根据职务级别和职称高低(1985

年职称改革后)而不是工作业绩确定薪酬,平均主义和"大锅饭"现象十分严重。到了后半段,有的出版社开始有少量的奖金或编辑费,略微拉开了分配差距。

从人力资源管理的角度,出版单位人力资源管理处于第一阶段,即"单纯的人事管理"阶段。所谓"单纯的人事管理",就是人事部门根据国家的有关政策和上级的有关规定,对员工进行事务性的管理,诸如按上级下达的指标或编制安排录用大中专毕业生、军转人员及其他人员,按统一的工资标准发放工资和补贴,以及办理离退休手续等。

这种情况在计划经济体制下是无法避免的。

(二)第二阶段:1992 年—2002 年,即邓小平同志南巡讲话到党的十六大。

1992 年邓小平同志南巡讲话的发表和党的十四大的召开,标志着我国改革开放和现代化建设进入了一个新的阶段。深化改革、扩大开放、发展社会主义市场经济,为出版改革注入了新的活力。小平同志的南巡讲话,极大地鼓舞了出版工作者的改革热情,出版界掀起了一场通过深化改革,进一步解放生产力的大讨论。在新一轮思想解放的推动下,浙江出版界形成了以下共识:一是进行用人和分配制度改革,调动干部职工的积极性,提高劳动生产率;二是加快出版的现代化,提高管理的水平和效率;三是积极向外开拓,走外向型发展的路子;四是积极创造条件,逐步组建出版集团。

这一阶段,出版业在改革中迅速发展,实力不断增强。图书的出版品种、销售收入快速增长,一批大型书城相继建成。与此同时,出版社作为市场主体的意识逐步增强,书业进入市场化初级阶段。这些变化也推动着出版改革逐步深化。

在这个阶段,出版改革主要围绕以下几个重点进行了探索:

——深化出版单位的内部改革,建立健全竞争和激励机制。

1995 年 9 月,张胜友出任作家出版社社长,开始了作家社的内部机制改革。《纽约时报》称其为"引发中国出版业革命第一人"。在此前后,许多出版社都在对原有的内部机制进行这样或那样的改革,改革的重点几乎都在用人和分配上,目的是建立竞争和激励机制,努力增强出版社的生机和活力。

——培育和规范图书市场,初步建立起国有、民营相结合的出版市场体系,为进一步繁荣出版业打下基础。

"神州第一书城"广州购书中心 1994 年 11 月开业,"亚洲最大书城"北京图书大厦 1998 年 5 月开业。图书发行网点也大量出现,2002 年全国有图书销售网点 71824 处,其中新华书店的网点 13189 处,一个以国有书店为主体、多种销售渠道并存、遍布城乡的出版发行网络开始形成。

——出版管理部门加大了自身的改革力度,转变职能、提高效率,加强对出版的宏观管理。

——集团化建设初见成效,全国有 10 家出版集团、5 家发行集团相继成立。2000 年 12 月,浙江省新闻出版局与浙江省出版总社分设,实现了政事分开,浙江出版联合集团在出版总社的基础上正式挂牌成立。

在这个阶段,出版社仍然是事业单位,但明确为是"自收自支"、"企业化管理"的事业单位。为了改革内部机制,增强出版社的生机和活力,许多企业的用人和分配制度被借鉴和引进。

在用人上,人员的身份限制(干部和工人、事业和企业)被逐步打破,出版社可以根据需要在更大范围内选择所需人才;出版社内部开始试行聘用制,双向选择和能上能下逐渐推开;个别未聘人员实行了内部待岗或退养。

在分配上,出版社内部薪酬体系的改革普遍推行,个人收入与工作业绩挂钩为越来越多的人所接受。部分出版单位开始将企业实行的工效挂钩引入,较好地处理了国家、单位和个人的利益分配,为内部分配制度改革提供了较好的外部条件。如浙江省出版总社经省人事厅、财政厅同意,从 1995 年开始对所属出版社实行了工效挂钩。

但事业单位的管理模式仍然未能彻底打破,事业编制管理和事业工资模式普遍存在于各出版社。许多出版社的内部机制改革是"带着枷锁的舞蹈"。

从人力资源管理的角度看,一些出版单位的人力资源管理开始转入第二阶段,即"单纯的人力资源管理"阶段。人力资源的概念出现,就是开始将人力当作资源,强调以"工作"为核心,人对工作具有适应性,人事(人力资源)部门开始使用招聘、培训、轮岗等手段,尽力使员工的工作接近单位的要求,同时也通过薪酬与考核体系设计,调动员工的工作积极性。但这一阶段还没有将人力当作战略资源,也没有将"人"的发展与出版社的发展有机地联系起来。

案例:浙江少年儿童出版社内部机制改革。

浙少社从 1998 年开始内部机制的改革。

改革的内在原因:一是因为教材调整,出版社失去了原有的计划内教材教辅,急需调整出书结构,形成新的经济支柱,因此通过建立有效的激励机制,调动员工的积极性,多出"双效"图书,提高两个效益;二是为了解决内部矛盾和问题,形成规范有效的管理制度和公平合理的竞争激励机制。

改革的主要内容:一是用人上,实行按需设岗、竞争上岗、双向选择、全员聘用、定期考核、动态管理。二是分配上,遵循效率优先、兼顾公平的原则,上不封顶下保底,出工拿工资、出效拿奖金。三是选题管理和重点书运作上,打破编辑室的限制,同一条起跑线、同一个竞赛规则,让更多的选题创意涌现出来。

改革的成效与不足:这一改革虽然并不彻底和完善,但比原来的"大锅饭"和"铁饭碗"还是有了很大的进步,因而有效促进了出版社各项工作的开展,明显增加了出版社的两个效益,形成了颇受业界关注的"浙少现象"。浙少社能够连续多年在全国少儿图书市场占有率保持第一,社会效益和经济效益持续上升,与这一改革是分不开的。但毕竟是在事业单位模式下的改革,受到的制约很多,比如人员能进不能出,分配上还不能彻底告别"大锅饭"等等。

(三)第三阶段:2002 年至今,即党的十六大召开以来。

2002 年召开的党的十六大,确定了新世纪、新阶段党和国家的奋斗目标和行动纲领。十六大以后,我国文化体制改革的目的、意义、主要任务和实施重点更加明确,文化体制改革的步伐明显加快。

——文化体制改革的理论更加深化,思路更加清晰,方向更加明确,方法更加细致,步骤更加具体。

从文化体制改革的角度讲,十六大第一次将文化分成文化事业和文化产业,强调要积极发展文化事业和文化产业,提出要抓紧制定文化体制改革的总体方案。改革的目标、任务和原则是把深化改革同调整结构和促进发展结合起来,理顺政府和文化企事业单位的关系,加强文化法制建设,加强宏观管理,深化文化企事业单位内部改革,逐步建立有利于调动文化工作者积极性,推动文化创新,多出精品、多出人才的文化管理体制和运行机制。

2003 年党的十六届三中全会通过的《完善社会主义市场经济体制若干问题的决定》，分别提出了文化事业和文化产业的改革方向和目标：公益性文化事业单位要深化劳动人事、收入分配和社会保障制度改革，加大国家投入，增强活力，改善服务；经营性文化单位要创新体制，转换机制，面向市场，壮大实力。

2004 年党的十六届四中全会通过的《关于加强党的执政能力建设的决定》，提出了"深化文化体制改革，解放和发展文化生产力"的重要命题。强调文化体制改革要以体制机制创新为重点，增强微观活力，健全文化市场体系，依法加强管理，促进文化事业全面繁荣和文化产业快速发展，增强我国文化的总体实力。

——在文化体制改革理论不断深化的同时，改革的实践也有了很大的突破。

2003 年 6 月在北京召开了全国文化体制改革试点工作会议，按照十六大对深化文化体制改革的要求，专门研究布置文化体制改革试点工作。2003 年 12 月国务院办公厅《关于印发文化体制改革试点中支持文化产业发展和经营性文化事业单位转制为企业的两个规定的通知》（国办发［2003］105 号文件），以及有关省份关于文化单位改革、事业单位改制的一系列相关文件，为文化体制改革提供了重要的政策依据。以出版单位转企改制为主要内容的出版体制改革工作开始积极、稳妥地向前推进。

随着出版单位事转企工作的完成，出版社现代企业制度开始建立和完善，从人力资源管理的角度，这一阶段应该逐步进入第三阶段，即人力资源管理与企业战略结合起来，人力资源开发与管理以"人"为本，寻求"人"与"工作"相互适应的契合点，将"人"的发展与企业的发展有机联系起来，人力资源管理被整合到企业的战略、运营等流程中去，承担起新的责任。

二、出版单位事转企改制的实践与认识

（一）浙江出版单位事转企改制情况

浙江的事转企工作开展得比较早，2001 年就颁布了《浙江省人民政府关于深化事业单位改革意见》，在全国首个公布事业单位改制方案。2003 年全国文化体制改革试点工作会议之后，浙江作为文化体制改革综合试点省，出版单位改制工作正式启动。省里首先确定在集团所属的浙江少年儿童出版社进行试点工作。我当时任浙少社社长,于 2003 年 6 月拿出了试点工作方案。后因中央有要求,先在科技和美术类出版社试点,故改由浙江科技出版社和浙江电子音像出版社进行改制试点。浙江省新华书店集团作为全国文化体制改革试点单位,也开始了改制工作。

两个出版社的试点工作自 2003 年下半年启动,到 2004 年底完成事转企改制工作。

2005 年集团所属第二批 7 家出版单位开始事转企改制,包括美术社、文艺社、少儿社、教育社、古籍社、摄影社和期刊出版中心,到当年底全部完成。

2006 年,出版集团总部也完成了事转企改制。

2007 年,浙江人民出版社事转企工作正式启动,目前正在进行当中。

至 2007 年 6 月,集团所属 8 家图书出版社、1 家电子音像出版社、1 家期刊出版中心,以及集团总部,共 11 家事业单位,除浙江人民出版社正在进行之外,其他 10 家单位均已完成转企改制。

(二)事转企的基本内容和工作步骤

1. 国有资产的授权经营

这是明确产权关系,实现所有权与经营权分离的重要一环,也是出版单位改制的重要前提。同时也将原来集团与各出版社的关系由行政隶属关系变为资产管理关系。

2. 清产核资和资产处置

(1)产权界定:原出版社资产均为国有资产,经清产核资和资产评估,界定出版社实际所占有的国有资产,明确经营责任。

(2)资产评估:确定评估基准日,由具有相应资质的中介机构对出版社的国有资产进行评估,评估结果以省财政厅批复为准。

(3)资产核销与剥离:在资产评估的基础上经报批剥离不良资产,处理历史遗留问题,提留和支付按政策应付的改制成本。

(4)债权债务处理:原出版社的债权债务由改制后的新公司承继。

(5)股本设置与国有股权的管理:经省政府国有资产授权的出版集团为出版社国有资产唯一出资人,拥有其全部股权,并负责国有股权的管理。

3. 人员分流安置

(1)改制时符合提前退休条件的原事业身份在岗职工,在本人自愿、单位批准的前提下,可办理提前退休,保留本人事业身份及待遇。

(2)在改制中本人不愿重新签订劳动合同、拟自谋职业的在编职工,经本人申请、单位同意,按政策给予经济补偿后解除聘用(劳动)关系。

(3)改制中留下的原事业身份在编在岗职工,在改制后按照企业需求重新定岗定编的前提下,通过双向选择实行岗位合同聘用,与改制后的单位按照《劳动法》的有关规定签订劳动合同,建立新型劳动关系。

(4)改制后在双向选择聘任上岗中未能受聘上岗的原事业身份在编在岗职工,根据实际情况由本单位安排临时性工作或学习培训,6个月后再提供一次竞聘上岗的机会,如仍然不能受聘上岗,按企业用工制度办理。

(5)已经实行新型劳动关系的劳动合同制职工,在本次改制中身份不发生变化,按企业用工制度办理。

4. 社会保险的衔接

(1)已退休(含提前退休)的人员,原按国家和省规定的事业单位退休费标准不变,今后社保机构按企业标准增加的养老金低于按事业增加的退休费标准,在原资产提留中予以补足。

(2)改制前参加工作,本次改制后转换身份的正式职工,今后退休时按照企业的办法计发基本养老金。同时,根据其在事业单位的工龄给予一次性补贴,转入本人基本养老保险账户。

(3)原劳动合同制职工和改制后参加工作(调入)的职工,执行企业职工基本养老、医疗保险制度。

(4)改制前已退休人员享受省退休人员的基本医疗保险待遇,并按政策提取补充医疗费。

(5)在本次改制中转换身份的职工,改制后参加省职工基本医疗保险,统一执行省企业职工基本医疗保险政策。

(6)离休人员按省里的规定提取离休费、医疗保障费等费用。

(7)离退休人员抚恤金、丧葬费,精简退休职工、计划外长期临时工、供养直系亲属生活补贴等,按现行规定和标准提取。

5. 建立法人治理结构

新公司的法人治理结构:改制后的出版社根据新的《公司法》为法人独资的有限责任公司,设执行董事1名,由出资人委派;执行董事兼社长,为出版社法定代表人;设社务委员会,由社长、副社长组成,社长主持,作为出版社集体决策机构;设编辑委员会,作为出版选题工作议事机构;根据企业实际设立内设机构和制定管理制度。

6. 企业法人登记

根据《公司法》和出版管理的有关规定,通过事转企改制,在明晰国有资产权限的基础上,依法组建由集团为唯一出资人的法人独资有限责任公司,制定企业《章程》,进行企业法人注册登记,同时注销事业法人。

改制后的公司名称、注册资本及出资方式(略)。

浙江的出版单位事转企工作,做得比较彻底、规范,实现了三个改变:改变单位性质、改变人员身份、改变单位运行机制,不留幻想,没有退路。

(三)事转企改制给出版单位带来的主要变化

1. 重塑市场主体

文化体制改革涉及方方面面,但重点是进行体制和机制创新,搞活微观主体。首先要培育市场主体,独立的市场主体是市场经济的基础,也是文化产业发展的基础,而文化企业是最主要的文化的市场主体。目前培育市场主体的主要途径有二:一是国有文化单位转企改制,二是放宽文化市场准入条件,鼓励非公有制文化企业发展。在出版业,由于政策的限制,要培育市场主体目前只有通过出版社转企改制。原来的出版社是事业单位,不具备真正意义上的市场主体地位,也不可能真正进入市场参与竞争。而"事业单位,企业化管理",从逻辑上是说不通的,在实践中也越来越行不通。出版社经过转企改制,建立现代企业制度,才能真正成为独立的市场主体,拥有明确和独立的法人财产权并受法律的有效保护,能够根据市场的变化自主决策,同时对自己的决策和行为承担民事责任。

2. 调动出版工作者的积极性和创造力

出版社改制为企业后,在经营管理和内部机制上具有很大的自主权,可以根据企业的发展战略和市场竞争的需要来设计自己的组织结构、管理模式、运营机制;可以按照企业生产经营的需要来确定人员规模、引进有用人才、淘汰不合格人员和冗员;可以以激励性为导向,建立适合企业自身特点的、具有竞争性和可承受性的薪酬体系。可以说,出版社体制改革为内部机制改革带来了更大的空间,而机制改革的核心就是要最大限度地调动广大出版工作者的积极性和创造力。做企业就是在做人的文章,人力资源用好了,企业发展才有了可靠的保证。当然,目前的改制为出版社人力资源的开发和管理提供了可能性,但能否真正做好这篇文章,还有许多工作要做。

3. 放下包袱,轻装前进

国家对事业单位转企改制出台了不少的优惠政策,为出版社改制以后能够更好地生存发展和参与市场竞争提供了有利的条件。主要的优惠政策有:一是核销不良资产,特别是大量的库存积压图书被剥离,呆坏账被核销,使出版社的资产质量有了很大的提高,也减少了因提成差价带来的利润损失(如浙少社改制中剥离了1500万码洋的不良库存,有的社剥离库存达3000多万);二是提留改制成本,将已经离退休和改制中提前退休人员的费用,从国有净资产中提留出来,等于提前支付了改制后企业的部分成本,为企业今后的生存发展减轻了压力;三是所得税返还,大大增加了出版社的资金流,这在目前书业现金流普遍短缺的情况下尤为重要,提高了出版社的抗风险能力。

(四)事转企后需重点解决的问题

转企改制,是文化体制改革的重要内容,但不是全部内容。按照中央对文化体制改革的要求,除了微观主体改革之外,还应包括行政管理体系、文化市场体系和文化法治建设。目前,出版体制改革不够协调配套、出版社改制"单兵突进"的情况还是存在,长久下去势必影响改制的效果和出版社的积极性。同样的,事转企并实行公司制,是建立现代企业制度的重要内容,但不是全部内容。中央对国企改制的要求是产权清晰、权责明确、政企分开、管理科学。从已改制出版单位的情况看,离这个要求还有较大的差距。出版社要在企业体制下真正获得新的生机,还需重点解决以下问题。

1. 良好的制度环境和生态环境

企业经营需要良好的外部环境,外部环境的重点是制度和生态。就制度环境而言,要理顺政府与文化企业的关系,建设和完善宏观管理体系,解决管得过多、统得过死的问题,特别是审批制度的改革,要公开、公平、简化,为出版企业创造一个公开、平等的制度和政策平台。要建设和规范文化市场体系,解决盗版猖獗、诚信缺失等当前图书市场存在的突出问题,为出版企业提供一个良好的市场环境。

2. 内部机制的改革与创新

应该说,出版改制为出版单位内部机制改革提供了很好的条件和机会,但改制并不能代替内部机制改革。改完制了，成为一个国有企业，许多国企的通病会在出版社出现，许多机关事业单位的痕迹会在出版社残留，仍然会严重阻碍出版社的发展，甚至将出版社拖垮。因此要通过内部机制的改革与创新，建立真正符合企业要求的组织结构和运营模式。同时还有个转变观念的问题，只有别人把你当企业了，你自己也把自己当企业了，才是真的企业。

3. 多种改制模式的选择与探索

目前转制改企的出版社基本是国有独资的模式，对原有的事业模式而言这是一大进步，但从现代企业制度的建立和完善的角度，还有需要进一步推进的必要。一方面，要建立和完善股东会、董事会、监事会和经营班子各负其责、协调运转、有效制衡的法人治理结构；另一方面，在政策允许的框架内，在有条件的出版单位，进行投资主体多元化、上市、期权等方面的探索，如多元投资主体的有限责任公司、股份有限公司等，充分发挥现代企业制度的优势和活力。用好用足"现代企业制度的三个原则"（有限责任原则：企业独立核算、自负盈亏，出资人承担有限责任；多元投资原则：有多个投资人，便于相互监督、相互扶持；内动力原则：工资体现的是雇工关系，还可以有股权、分红的激励）。

三、出版单位改制后的人力资源管理

出版社转企改制以后，如何建立起既符合市场经济要求又适应出版工作特点的人力资源管理体系，是个十分重要也非常紧迫的课题。要抓住改制的有利时机，根据建立现代企业制度的要求，积极进行内部机制改革，尤其是探索建立符合出版企业特点的人力资源管理体系，为实现企业的发展战略提供重要保证。

（一）人力资源管理的地位和作用

随着图书市场变化的加快、出版行业竞争的加剧，出版社的经营压力越来越大。每一个负责任的出版社经营者，必须在对当前企业状况的把握和对未来环境变化的预测基础上，形成自己出版社发展方向的规划，也就是企业的发展战略。人力资源作为企业中最重要也最有能动性的资源，在实施企业战略过程中，既是贯穿始终又对每个环节的控制起到决定作用的，因而其地位和作用将越来越显现出来。

1. 通过人力资源管理,为企业创造价值

出版社建立人力资源管理体系,就是要为员工提供一个有利于自身价值发挥的良好环境,给员工提供必要的资源,制定科学有效的激励机制来调动员工的积极性,在对员工能力、绩效进行公正评价的基础上给予相应的物质和精神的激励,编辑人员多策划好选题、发行人员多销售图书、管理人员工作水平和效率提高,他们的自我价值得以实现,出版社的两个效益也随之提高。正如十六大报告所说,"放手让一切劳动、知识、技术、管理和资本的活力竞相迸发,让一切创造社会财富的源泉充分涌流"。

2. 通过人力资源管理,形成企业竞争优势

出版的竞争越来越表现为人才的竞争,尤其是"领军人物"的竞争。一个有竞争力的出版社,必须有很好的人力资源管理体系,能够吸引人才、留住人才、最大限度地发挥人才的积极性和创造力。要根据出版社的发展战略和经营目标,进行人才规划和引进、培养,把人才放在最合适的位置上,实现人力资源与组织战略的匹配,形成出版社在市场竞争中的竞争优势。对人才要用其所长、避其所短,要看主流、不求全责备。

出版社在选人用人上要防止所谓的"彼得定律"。美国管理学家彼得,经过对许多个组织中不能胜任的案例分析归纳,得出这样的结论:"在一个等级制度中,每一个员工趋向于上升到他所不能胜任的地位。""每一个员工由于在原有职位上工作表现好,就被提升到更高的职位,直至到一个他并不胜任的位置为止。"这样提升的结果,使得企业中绝大部分职位由不胜任的人担任。它制造了两个受害者,一个是企业,一个是曾经优秀的员工。这样的例子在我们的出版单位、在我们的身边不断会出现。如何规避这种"魔鬼的预言"?作为人力资源管理部门,就是发现每个人的优势,并把他们安排在适合的岗位上,把他们的优势转化成业绩,使他们成为此类岗位上的超级人才。其实,提升不应该是对过去工作的肯定,而只能以是否有进一步发展的潜力为唯一标准。

3. 通过人力资源管理,实现企业可持续发展

这里有两方面的含义:

一方面,出版社的发展与员工的职业能力是相互依赖的,要通过人力资源管理的规划和政策、培训和进修,来鼓励和促进员工不断提高职业能力,以适应不断变化的新形势,实现企业的可持续发展。特别是在当今以网络和信息为代表的科学技术高度发展的情况下,出版的技术手段、产品形态等都在快速变化,员工的知识和技能急需进行更新,否则很可能在竞争中被淘汰。

另一方面,通过建立完善的人力资源管理体系,形成吸引、使用、激励和培养所需人才的长效机制,以"机制"确保出版单位人才常有、基业常青。避免因过度依赖某一个或少数几个人才,为企业长远发展带来的隐患。根据管理学原理,企业"依赖"的进化规律是:第一步,依赖"家长"——创业者;第二步,依赖客户;第三步,依赖人才;第四步,依赖机制。仅仅依赖人才是不够的,甚至是危险的,人才会折旧、会老化,人才会流动、会流失,人才有优势、有劣势,人才能创造、也能破坏。机制才可靠,好制度让懒人变勤快,坏制度让勤快人变懒,要建设吸引、留住、培养、造就人才,并让人才共生、共荣的机制。

(二)人力资源管理应遵循的原则

1. 适应市场经济的要求

作为企业,作为真正的市场主体,出版社人力资源管理要按照企业应遵循的法律法规,以及市场经济的基本要求,要遵守《公司法》《劳动法》《工会法》等的相关法律规定,要用市场的办法来配置和管理人力资源。换句话说,一是不能违法,二是不能违背市场规律。比如董事会的组成、员工的聘用、工会的组建等,都有相关的法律规定。人力资源也是通过市场来配置的,要符合市场的规律,用市场的手段,人力成本过高或过低都不利于市场竞争。

2. 符合出版工作的规律

出版社作为文化企业,有自身特殊的规律,对人力资源的管理也有特殊的要求。出版社人才特别是编辑人才,要能够把握正确的出版导向,要具有创新的思想力和文化力。因此,在人才配置和绩效评估中,需特别强化这方面的要求,特别注重开发和培育创新人才,激活创新的智力资本,推出创新的出版产品。

3. 为实现企业目标提供保证

繁荣发展社会主义先进文化和实现国有资产保值增值,是出版社改制后要实现的双重目标。在实际的出版经营工作中,既不能因为强调文化建设而不顾经济效益,也不能片面追求经济效益而忽略了自己的文化责任。出版单位的人力资源管理,就是要为实现这样的企业战略和经营目标提供支撑。

（三）改制后出版社人力资源管理状况——以浙少社为例

1. 组织结构

根据精简高效的原则，一是减少了管理和生产辅助部门的机构数量，将原来的办公室与总编办合并，作为出版社行政和业务管理的中枢部门；而编辑部门和营销部门，根据生产和经营的需要设置，不作特别的限制。二是压缩行政和生产辅助岗位数量，将这些岗位的数量控制在全社岗位的25%之内；编辑和营销部门的岗位数也不作限制，但增人不增资。三是严格限制管理人员职数，除了市场营销部之外，各个部门只设主任，不设副职。这种组织结构，既很好地提高了办事效率，又有效地降低了成本费用。

2. 人员选用

按照企业用工制度的规定，实行了全员聘用合同制。先是通过竞争上岗，选择各部门主任；再经过双向选择，进行各部门人员的合理配置。所有员工与社长签订规范的劳动合同，明确双方的责权利。劳动合同的期限根据岗位和工作表现，在协商一致的基础上确定。劳动合同交有关部门进行鉴证，以体现规范和严肃。落聘人员尽量在社内予以安排，确实不适合出版社工作的，符合条件的可以内部退养，否则不再续约。同时所有人才的引进，都采用向社会公开招聘的方式，进行必要的考试和考核工作，保证用人质量，改善人才结构。

3. 薪酬体系

遵循按劳分配、效率优先、兼顾公平和可持续发展的要求，制定了"三个原则、两种模式"。

三个原则：①工效挂钩的原则，处理好国家、企业和职工之间的利益关系，同时保证出版社内部分配体系与集团对出版社的考核体系衔接；②激励调节的原则，将个人收入与岗位和绩效直接挂钩，保证分配制度能够起到激励的作用，并使劳动力成本逐步与社会接轨；③公开、公正和可操作原则，力求薪酬体系在体现企业意志的同时也获得大多数职工的认可，并且简便、易算、可操作。

两种模式：①岗位绩效工资，由岗位、工龄、绩效三部分组成，三者中的前两项，也就是固定部分，生产和经营岗位为占40%、行政和辅助岗位占70%，同时真正做到"岗变薪变"；②协议工资，由岗位基本工资和1至3个月奖金构成,是按照自愿和平等的原则,根据国家的政策法规,参照社会和行业同等劳动力的平均水平,由企业与员工协商确定的工资模式。

这只是初步的探索,与建立现代出版人力资源管理体系的要求相比,还有很大的距离。但与以前的机制比,还是有明显的进步的,主要表现在:①机构设置更符合企业运作的要求;②解决了人员只进不出的问题(至少在制度安排上);③分配上让行政与编辑营销脱钩,并让新进人员与市场接轨。

(四)出版企业建立现代人力资源管理体系

1. 确立人力资源是第一资源的理念

随着知识经济时代的到来,资本对经济发展的作用在逐步减小,而智力的因素在不断扩大。尤其在出版行业,是文化产业、内容产业、创意产业,出版企业作为智力型企业,人的因素更为突出,人力资源已经成为第一资源。有了人才,就可以获得作者资源、市场资源,也可以得到资本支持。一个出版社是否具有竞争力,能否实现两个效益,关键在于这个出版社是否选择和配置了必要的人才,并且最大限度地发挥了人的潜能。而这些正是出版企业人力资源管理需要重点推动的工作。

2. 建立与现代企业制度相适应的人力资源管理体系

制度因素是体现人力资源管理方式和水平的最为重要的因素。随着转企改制的完成,出版单位要尽快建立与现代企业制度相适应的人力资源管理体系。这个体系应当包括以下内容。

——组织结构。分析出版社目前组织结构的优势和劣势,设计开发能够适应战略需要的组织结构模式,如事业部、编辑部、分社、项目组等组织形式,以及应对新形势新要求而设置的新机构,如对外合作推广部、动漫图书部、数字出版部等。

——工作任务。组织结构确定后,不同层次和岗位的工作任务就可以分解落实,这实际上是企业战略目标分解和责权利匹配的过程。反过来说,工作任务的完成就能够实现出版社整体战略。管理是一种分配,要把权力、责任和利益分成等边三角形。很多国有企业出现困境,就是这三者关系没能处理好。

——人员选用。不同的工作任务需要选用与之适应的人员,要为每一个岗位找到最合适的人,为每一个人找到最合适的岗位,寻求"人"与"工作"相互适应的契合点,将"人"的发展与企业的发展有机联系起来。

——绩效评估。根据不同岗位不同类别建立科学、合理的绩效评估标准,指标体系要与出版社发展战略一致,评估指标能量化则尽量量化,既要重视个人业绩又要重视团队业绩,评估结果与人员的选拔使用等结合。管理只对绩效负责,在实际运作中就是要功劳,不要苦劳。

——报酬体系。综合考虑下列因素:内部公平性、外部竞争性、与绩效的相关性、激励性、可承受性、合法性、可操作性、灵活性和适应性。在类别上,出版社高层管理人员实现与年度经营业绩相关的年薪制;编辑和营销人员实行与所开发的图书项目效益或所实现的销售收入相关的岗位绩效工资,或者是提成工资;校对人员实行计件工资;行政管理人员实行岗位工资;生产辅助人员实行协议工资;急需人员实行特聘工资。

3. 强化人力资源管理部门在经营战略上的职能作用

市场经济体系的形成,完全颠覆了过去的人力资源管理体系行政执行的职能。过去出版社的人事部门仅仅是按照国家人事政策和上级主管部门的人事工作制度,对职工进行事务性的管理,其管理的形式和目的是"控制人",而现代企业中人力资源工作有了崭新的内涵,人力资源部门需要发挥的作用越来越重要,它不仅仅是执行部门,更是经营战略的决策部门,既要参与战略的形成过程,也要参与战略的执行过程。为了更好地担负起新的重要的任务,人力资源管理部门要加强自身建设,每一位同志都要努力学习,真正参与到出版战略制定、组织再造和运营计划中,以更好地发挥人力资源部门的作用,更好地实现我们每一位同志的自身价值。

结束的话

1. 既要积极,又要稳妥

无论转企改制,还是人力资源管理,既要充分认识改革的重要性和必要性,做到与时俱进、有所作为,又要充分认识改革的艰巨性和复杂性,按照实事求是的原则,不求一步到位,但求步步深入。

2. 没有最好,只有最合适

对一个出版单位来说,没有一个改革方案或者制度体系,可以称得上是最好的,我们要选择的是现阶段对本单位最适合的。转企改制和人力资源管理,要做到因地制宜、分类指导、以点带面、统筹兼顾。

3. 改革是动力,发展是目标

改革是为了推动发展,推进出版社两个效益的提高和可持续发展,不要作秀,不要图虚名、搞花架子,要追求实际效果,用多出好书、提高效益来检验改革的成效。

以上为个人观点,不当之处敬请指正。

（2007 年 6 月 24 日）

沟通策略在出版社转企改制中的应用

2005 年对浙江少年儿童出版社来说是一个十分特殊的年份。这一年,根据中央和省里关于文化体制改革的要求,出版社将进行转企改制,即实行"两个转变"——单位性质由原来的"事业"转为"企业",个人身份由原来的"事业职员"转为"企业职工"。转企改制工作在当年的年初启动,要求年底完成。这项被称为"动真格"的、"不留后路"的改革,在出版社内部激起了极大的反响,一时间员工们议论纷纷,管理层面临很大压力。

文化体制改革的目标明确、意义重大,就是为了让经营性文化单位成为真正的市场主体,按照市场和企业的规则做强做大,从而促进我国文化产业的发展。但是对于许多员工来说,这并不是一件乐于接受的事,尤其是工龄较长的员工,因为这种转变意味着今后的职业压力会大大增加,即从过去事业单位的"铁饭碗"到企业单位的"泥饭碗";同时企业和事业单位之间退休和医疗待遇的差异很大,实际利益可能会受到一定损失。

我当时担任这家出版社的社长。作为一把手,我的工作目标十分明确,就是要按照上级的要求,顺利完成事转企改制任务,并确保改制以后的出版社能够健康稳定发展。为了达成这一目标,我和社班子的成员一起,运用了一系列的沟通策略,让广大员工能够理解、支持和参与改制,并让绝大多数业务骨干安心留下来工作。我们主要采取了以下方法:

首先是召开出版社领导班子会议,在管理层进行沟通,统一思想认识、制订工作方案。班子形成一致的意见,要在"以人为本"的前提下,努力完成改制任务。在维护员工利益、解决后顾之忧方面,我们做了如下安排:一是凡国家和省里规定的有利于员工的政策,如已经离退休(包括改制中提前退休)的人员终身享受事业退休待遇、自谋职业者给予经济补偿金,以及社保衔接上的优惠政策等,都要贯彻执行,并且在标准上就高不就低;二是尽量解决改制后留下来员工的后顾之忧,如为他们购买补充养老保险,以弥补退休以后企事业单位之间的养老金差异;三是在员工去留选择上,包括是否提前退休、是否自谋职业,充分尊重其个人意愿,不搞"一刀切"。

接着又召开中层负责人会议。中层干部在一个单位里,既是承上启下的主要环节,又是信息沟通的重要渠道,而且改制也涉及他们自己的切身利益。因此有必要先让他们学习文件、搞清政策、提高认识,进而在群众中做全面、准确的宣传和解释,成为推动改制顺利进行的中坚力量;同时也听取他们对改制工作的意见和建议,及时提醒和帮助社里调整工作方针和策略。

在班子和中层干部思想统一的基础上,召开了全体员工大会,进行宣传和动员,目的是使广大员工对改制提高认识、打消顾虑、增强信心。我的讲话主要把握三点,一是讲清楚中央和省里推动改制工作的目的和意义,改制对促进文化产业发展、促进出版单位发展的积极作用,提高大家对改制的认识;二是讲清楚改制的各项政策,包括中央和省里的政策、集团和社里的政策,尽量打消大家对改制可能会损害自身利益的担忧;三是讲清楚改制后出版社发展的目标和前景,增强大家对改制的信心。

全社员工大会后,我和其他社领导分别到各自分管的部门,听取不同层次、不同岗位、不同年龄员工的意见和建议。根据收集的意见和建议,对于重点对象,以座谈会和一对一的形式进行深入沟通。一是召开离退休老同志座谈会,说明转企改制是中央的要求,对他们的利益不会造成影响,希望得到他们的理解和支持。二是召开符合提前退休条件的资深员工座谈会,对提前退休和留下来的相关政策和待遇进行逐一解释和分析,并表示在去留问题上会尊重他们的个人选择。三是由我自己出面,分别找重点业务骨干个别谈话,了解他们的思想状况,晓之以理、动之以情,希望他们留下来为改制以后的出版社服务。如市场营销部主任是位女同志,当时年龄已53岁,符合提前退休条件。考虑到她的经营能力、工作状态以及在全国同行中的影响力,我先后三次找她谈,并为她解决了留下来后可延聘到60岁的相关手续问题,终于使她放弃了提前退休的想法,继续努力工作,为出版社持续发展做出贡献。

经过多渠道、多形式的沟通,广大员工对转企改制的认识有了很大提高,对改制的顾虑有所消除,对改制后企业发展的前景有了更清晰的了解。这一年的 10 月,出版社转企改制方案在全社员工大会上高票通过。年底,出版社在完成了清产核资、人员安置、社保衔接等一系列规范程序后,在工商行政管理部门正式登记为有限责任公司,全体员工与社里签订劳动合同,转企改制任务顺利完成。

由于出版社改制工作开展得顺利、平稳,主要业务骨干安心留下来继续服务,广大员工的积极性和创造力得到新的激发,这 3 年多来,出版社保持着良好的发展势头,社会效益和经济效益不断提高,市场竞争能力不断增强,在全国少儿类图书市场的占有率连续保持第一,还被国家新闻出版总署评为首届中国出版政府奖先进出版单位。

回顾和总结这段历程,更加觉得沟通对一个机构或每个个人达成目标、完成使命之重要。事转企改制这一重要而艰巨的任务之所以能够较为平稳顺利地完成,与当时沟通策略的成功应用不无关系。通过学习管理沟通课程,结合"沟通的策略模型",我认为有四点是值得肯定的。一是目标明确,就是要通过沟通让广大员工理解、支持和参与改制,以保证改制顺利推进;二是信息通畅,充分利用多种渠道、多种形式,把改制的意义、作用、政策等信息,全面、准确、及时地传达给员工,尤其是传达给重点的改制"利益攸关者";三是注重倾听,这样既可以了解员工的真实想法,以便调整我们的策略,也表达了对员工的尊重;四是"以人为本",就是要理解员工的想法,尊重员工的意愿,尽可能解决员工的后顾之忧,使他们真心诚意地理解和参与改制。

(2009 年 8 月)

对人才管理的新认识

——学习《战略人才管理》心得报告

对于我来说，清华 EMBA 的各门课程中，《战略人才管理》是很关注也很用心的一门。其原因主要有三：一是我曾主持省新闻出版局（出版总社）人事教育处工作近 9 年，算是资深的人事工作者；二是我在任出版社社长的 10 年里，通过对用人和分配制度改革，促进社会效益和经济效益快速提高，使该社在全国同行中处于领先地位，算是有过人才管理成功的经验；三是我目前在集团的分管工作中有人力资源管理这一块，需要在人才管理方面更新知识、开拓视野、进一步提高业务能力。

这四天《战略人才管理》的课程学习让我获益匪浅。李瑞华教授以深厚的理论功底和丰富的实践经验，对战略人才管理进行深入浅出地讲授和案例分析，让我受益匪浅，既使我原有的人事工作、人力资源管理的经验和积累得到总结与升华，更使我学到了关于人才资产管理方面的许多新理念、新方法。这对于改进自己的思维方式，提高自己的管理能力，都是十分重要的。以下着重谈三个方面的学习心得。

一、确立"人才资产"新理念

"人才资产"的新理念，是本次课程对自己最具启发的内容之一。之前我们将人才管理定位为"资源"或"资本"管理，这相较于原来的"人事"管理无疑是重大进步。因为人才"资源"或"资本"的管理，较好体现了人才的有用性、稀缺性和价值创造。但同时也容易造成人才资产的拥有者和使用者的对立，双方都希望以最少的付出获得最大的价值。而"人才资产"的提出，很好地解决了这个矛盾,可以实现双方的共赢。因为人才作为资产,既可以创造价值,也可以实现自身的保值增值。

以"资产"来定位人才管理,也使我们更为清晰地认识到,人才对于组织的重要性。我们知道,企业的资产是由有形资产和无形资产两部分组成的。随着21世纪新经济时代的到来,以人才为核心的无形资产对企业的发展越来越重要。进一步分析可以发现,"人"作为最重要的资产,实质上是"对的人",更确切地说是"对的 ABC"(心态、行为和能力)。

既然人才可以当作资产来管理,那么资产管理的方法就可以用在人才管理上。这对于企业来说,具有十分重要的现实意义。也就是说,企业可以用自己驾轻就熟的资产管理的办法,来进行人才的管理,实现人才整体绩效与潜能的最大化。于是,包括资产取得、资产运用、资产增值、资产组合、资产处置及资产的风险管理,都成了人才管理的基本要素。人才管理的科学性和操作性都得以大大增强。

出版产业属于文化产业、创意产业,人才资产所占的比重、所起的作用更加突出。一个优秀的编辑,可以策划出一流的选题、积聚起一流的作者,进而推出一流的产品、创造一流的品牌和业绩。而一个优秀的社长,更可以团结带领一大批优秀的编辑和营销人才,为出版社在市场竞争中开疆拓土,不断提高社会效益和经济效益,始终立于不败之地。在出版业面临全球化、数字化、市场化和多元化的新背景下,谁掌握了人才,谁就能在竞争中立于不败之地。因此,更需要运用资产管理的思维和方法进行人才管理,努力实现人才绩效和潜能的最大化。

二、重新认识"人才"

过去我们对"人才"的定义,看起来客观、公正,其实是片面、僵化的。比如人事部门通常把具有大专以上学历,或者初级以上专业技术职称者,归入人才行列。只要达到这个标准,不管他的实际水平如何,业务能力高低,工作业绩大小,都可以享受人才的待遇。由此造成的结果是,一些不会做事或不愿做事的所谓"人才",占据了重要岗位,得到了不该得到的利益。而真正的"对的人"、"对的 ABC",却得不到应有的重用和激励。这对人才管理来说,无疑具有重大的消极作用,抑制了企业人才整体绩效和潜能的最大化。

真正的人才,应该是符合企业需求的,具有独特性和稀缺性,能够起到关键的作用。企业在选人、用人、育人上,都要以此为标准,使自己的人才,不但要"知之",还要"好之",更要"乐之"。就像微软案例里的那些年轻人一样,具有创新创造的能力,认同微软的文化,能够自觉自发地为企业工作,达到"乐以忘忧,不知老之将至"的境界。

我在出版社工作时,社里有一位编辑部主任是著名的作家。作为作家,他的创作成就是有目共睹的,获奖作品很多;但作为编辑部主任,则难以做到全身心地投入到编辑工作中去,也影响了所在部门绩效的提升。于是,在转企改制中他离开出版社去了作家协会,那才是他更好地发挥人才作用的地方。在出版单位职业化要求越来越高的今天,他的选择无疑是很正确的。像这样的"萝卜"与"坑"对不上号的情况,在出版界并不鲜见。一些出版社领导认为作家编辑可以提高出版社知名度,有的还为作家编辑制定特殊政策,比如可以不用正常上班、不需参加绩效考核等等。其实这是对"人才"的错误认识所导致的。对出版社而言,作家编辑首先应该是编辑,只有为出版社贡献绩效、发挥潜能,才可以称为人才。而为他们制定特殊的政策,那更有悖公平公正的原则,会伤害大多数人才的积极性,不利于整体绩效和潜能最大化。

还有一位营销部主任,是从校对岗位转行做营销的,年龄也偏大了。但是经过自己的刻苦努力,她对市场营销工作已经从"知之"、"好之",到了"乐之"的境界,事业心强、业务熟悉、业绩突出,是一位不可多得的营销人才。在转企改制中,她本可以提前退休,享受事业单位养老金。考虑到出版社这样的人才非常难得,我做了大量工作,以事业、情感和待遇留人,终于把她留了下来,至今还在发挥着重要作用。

三、善用 PDA 和 UAC

在人才管理的各个方面,包括高绩效团队和高绩效文化建构、激励与凝聚人心、吸引并留住人才、人才的运用与绩效管理,以及人才的培育等,用好PDA 和 UAC 都是至关重要的。PDA 是一种思维方式,UAC 则是沟通的三个重要步骤。作为企业的管理者,在人才管理的各方面、各环节,都要把 P(目的)、D(期望的效果)、A(行动与实际效果)想清楚,在此基础上认真做好沟通的三步曲,即 U(理解)、A(共识)、C(承诺)。只有这样才能达到企业预期的目的。

比如绩效管理,这是最重要和最有力的管理工具,同时也是难度最大的管理工作。绩效管理必须有明确的 PDA 和认真的 UAC,否则会有副作用和后遗症。绩效管理的目的是"整体组织绩效与潜能最大化",围绕着这个目的,要协调与整合各组织和个人的目标,设计绩效标准和衡量方法,开展考核和反馈,并进行后果管理。在 PDA 基础上,做好 UAC,即让员工(当事人)参与,使相关各方对绩效管理的目的、方法、后果等,能够充分理解和达成共识,并作出实质性的承诺。李瑞华教授以他在台积电担任人力资源副总经理的经验告诉我们,对清楚的目标达成理解、共识和承诺,这是绩效管理成功的一半。

在出版企业绩效管理中,如何用好 PDA 和 UAC? 一方面要专注于 PDA,绩效管理的目的是使人才整体绩效和潜能最大化,进而提高出版社两个效益,然后来做系统设计,包括绩效标准、衡量方法、考核和反馈、个人发展、后果管理等。另一方面要努力实践 UAC,与员工加强沟通,让大家认识到绩效管理也是个人的责任,主管与部属是伙伴关系,把个人、团队、组织的目标整合起来,个人的学习和发展计划与组织的学习和发展计划结合起来,相互理解、形成共识、作出承诺。真正做好这两个方面的工作,出版企业的绩效图就会向右移,就能建设成高绩效企业和高绩效文化。

(2010 年 6 月 26 日)

明确主体地位，增强五种意识

——在全省出版单位新编辑培训班上的讲课材料

作为出版工作者，作为一名编辑，我觉得有两句话必须记住："文化是目的，经济是手段"（刘杲先生），阐明了出版活动的本质特点；"一不亏心，二不亏本"（叶至善先生），体现了出版企业的经营理念。人才培养也好，出版创新也好，都要围绕这个特点和理念。

所谓"大道至简"、"为所当为"，不论出版形态如何丰富、图书市场如何变幻，出版工作的许多基本规律、编辑人员的基本要求是不会改变的。

一、正确认识编辑的地位和作用

图书是人类文化的总汇。世界上各个国家、民族，在不同历史阶段的经济、政治、科技、社会等发展状况，大都反映在图书上。无论中外，历史上的各种书籍，大多要依靠编辑工作者的收集、整理、删并、考订等工作，然后才得以传播和保存。

在我国，编辑工作源远流长。汉语"编辑"是个多义词，既可作为动词指编辑活动，又可作为名词指编辑人员。"编辑"一词还是发展变化的，古代的编辑活动是与文献资料的选编校勘相联系的，是一种成书方式，"收集材料，整理成书"（《辞源》修订版）。出版业出现后，编辑又与出版相联系，指出版的一个环节和出版业的一项专业工作，"组织、审读、挑选和加工作品的工作。是传播媒介工作的中心环节"（《辞海》1999 年版）。二者有联系也有区别。它们共同的活动内容和特征：选择、整理已有的文化成果向社会传播。

孔子（前 551—前 479）既是一位伟大的思想家、教育家，也是一位杰出的编辑家。孔子"删诗书",就是说他编定了《诗经》、《尚书》、《春秋》。"删"就是编辑整理的意思,包括收集、排比、删削、编次、考订、增改等等工作,是一项创造性很强的工作。孔子自己是"述而不作",讲了那么多年学也没有留下系统的著述,只有后几代学生把他的一些语言编辑整理,成为千古流传的不朽之作《论语》。人类的文化传播,社会的文明进步,离不开先哲们所做的这些编辑工作,真可谓"天不生仲尼,万古如长夜"。

随着现代信息技术和网络技术的快速发展,用来记录和传播人们语言、思想和形象的载体越来越多,技术手段越来越先进。尤其是近十年来,网络出版、电子图书、手机阅读、即时印刷、网上销售、数字图书馆等,已经或正在深刻改变着文化传播方式和人们的阅读习惯。面对这样的情况,我们这些从事图书编辑这一传统职业的人该怎么办?

正如新闻出版署原副署长、中国编辑学会名誉会长刘杲说的,"一切文化传播都离不开编辑活动。编辑活动对作者的价值取向和公众的价值取向进行协调,是文化产品生产者和消费者之间不可缺少的中间环节"。只要有文化传播,就要有编辑工作;只要有文化产品的生产和消费,就离不开编辑活动。进一步说,信息和网络技术越发达,信息量就越大,信息传播就越便捷,就越需要专业的编辑人员来进行必要的选择和加工。

综观历史,面对现实和未来,编辑地位和作用可以概括为:

(一)文化传播的主体。

编辑工作的基本规律:编辑人员以传播文化为目的,对作品进行选择和加工。在这里,编辑人员是主体,作品是客体,传播文化是目的,选择和加工是手段。

作者是文化产品的生产者,在文化产品的创作生产中居于主导地位。但任何作品,只有通过向公众传播才能实现其价值,包括文化价值和商业价值。选择和加工作品,则是编辑居于主导地位,体现编辑的价值判断和文化素养。

编辑选择是编辑人员发挥主观能动作用,对资源、主题、作者等进行的选择,强调的是选优和选新。编辑选择要在判断作品的文化和商业价值的基础上,正确处理社会效益和经济效益的关系。编辑加工是在依法维护作者权益的前提下,使作品的内容更加完善、形式更加完美,更加符合出版的标准和规范。编辑加工可以增加作品价值,包括文化和商业价值。

创作生产,作者是主体;传播,编辑是主体。

(二)作者与读者的纽带。

我们常说,作者是衣食父母,读者是上帝,我们离不开这两者。反过来说,作者和读者也离不开我们编辑。读者要通过我们的劳动,来获得健康有益的文化产品;作者也要通过我们的努力,使作品得以出版传播。我们是作者和读者之间的桥梁和纽带。

一方面,编辑是读者需求的知情者,也是市场规律的把握者。通过发挥这样的优势,让作者的创作更加贴近读者需求、适应市场变化,从而更好地实现其社会效益和经济效益。——作者的价值实现

另一方面,编辑熟悉作者资源和文化资源,掌握出版工作的规律。通过编辑的选择和加工,使读者获得真正优秀的作品,得到知识和愉悦,推动文化建设和社会进步。——读者的价值实现

通过编辑的纽带作用,达到读者的价值实现、作者的价值实现。与此同时,编辑也实现了自身的价值。

(三)出版工作的核心。

在编辑、印制、发行的出版构成中,编辑处于核心位置;在精神产品生产、物质产品生产、产品流通的出版过程中,编辑处于开端的地位。

没有编辑,出版物的印制和发行就无从谈起。出版社要生存和发展,主要取决于是否拥有高质量的、富有竞争力的出版物。而高质量和富有竞争力的出版物,主要依靠编辑人员持续努力和不断创新来获得。编辑工作的质量水平,直接影响、制约甚至决定复制和发行的效果。"编辑部是出版社的发动机,它给全社各部门提供动力,编辑部提供的稿件质量好坏、畅销与否,直接影响出版社的命运"(联合国教科文组织官员耐尔)。

这样说并不意味着要忽视其他两个环节。在市场经济条件下,出版工作中的印制和发行等环节,对出版物的质量、成本和销售起着越来越重要的作用。正如业内一位专家指出,出版过程就像一条锁链,所有环节都做足、做到位,也不能保证一定会成功,但如果在某个环节上发生断裂,那是绝对不会成功的。

二、做一个合格的编辑

关于编辑人员应该具备怎样的素质,如何成为一个合格的编辑,许多关

于编辑出版工作的教程、期刊上,都有全面和系统的论述,大同小异,值得大家认真研读。

图书具有双重属性,它既是传播和积累知识、文化,产生一定社会舆论导向作用的精神产品,又是能在投入产出中为出版者带来经济效益或经营风险的物质产品。生产图书产品,既要遵循精神文明建设的特殊规律,也要遵循市场经济的普遍规律,两者不可偏废。

出版社作为文化企业,具有双重责任:一方面要参与文化建设,承担文化责任。这既是国家和社会的要求,也应是一家成熟出版社的自觉追求。"出版社并不因为它经营管理的才能而出名,而是因为它所出的书而出名。出版史是出版了杰出的书的杰出出版社的历史"(普林斯顿大学出版社社长小赫伯特·贝利)。另一方面要通过经营管理,实现资产的保值增值。这是出版社生存发展的需要。"经营管理好的出版社能够更成功地多出好书,而出版了很多好书的出版社却会由于经营管理不善而倒闭"(同上)。

因此,对编辑人员的要求也是双重的,既有文化建设方面的,也有经营管理方面的。根据前面对编辑工作的地位和作用的分析,结合自己在出版单位三十年的实践和观察,我认为增强以下五种意识,对做好编辑工作十分重要。

(一)责任意识

责任意识是做好编辑工作的基础,这是由编辑工作作为文化传播活动的基本性质决定的,也是党和政府对编辑出版工作的重要要求。每一个编辑人员都要以高度的责任感,做好各项工作,既对我们的服务对象负责,也对自己负责。本田公司著名的"三喜欢"经营理念:做企业要做到员工、用户、商家都喜欢;套用一下,做编辑也要做到读者、作者、自己"三喜欢"。

1. 对读者负责。编辑出版是面向公众的传播活动,是对读者阅读需求的适应和引导。要通过我们认真负责的选择和加工,为读者提供优秀的精神产品。首先,内容应该是健康有益的,是可以为读者带来价值的,至少是无害的,切实防止损害国家和公众利益、误导读者的内容出现;其次,编校质量要符合标准,尤其是科技、文教、少儿类读物;第三,形式上尽可能做到让读者喜闻乐见。读者是我们的"上帝",只有对读者怀着高度负责的精神,我们的出版物才可能赢得读者、赢得市场。

在对读者负责方面,鲁迅、邹韬奋都为我们树立了典范。鲁迅先生主编过多个文学刊物,也编译过不少外国作品,他认为,编辑首先是对读者负责,"只要于读者有益,于作者还对得起,此外都是可以不管的"。韬奋先生办《生活周刊》和生活书店,都以为大众服务为宗旨。

2. 对作者负责。作者是我们的"衣食父母",没有作者的直接生产,编辑将一事无成。对作者负责,一是要保证出版物的质量,包括编校质量、装帧设计质量、印制质量,让作者的作品尽可能完美地呈现;二是进行积极有效地宣传推广,让读者知道和喜欢作者及作品,让作者得到更大的社会影响和经济利益;三是为作者提供优质的服务,包括组稿和加工阶段的交流讨论、出版后及时足额支付稿酬、著作权的委托代理,以及日常的关心照顾等等。

3. 对自己负责。我们既然选择了这个职业,就要尊重和热爱它,按照它的规律办事,并立志干出一番事业来。要有创造的激情,你的创意可能催生一部畅销书、长销书,甚至名著;同时要有脚踏实地、一丝不苟的工作作风,如履薄冰、战战兢兢,防止各种差错,尤其是政治、民族、宗教等方面出问题。当我们回首往事时,多些成就感,少些遗憾。

(二)创新意识

编辑的创新意识,是出版行业的特征所要求的。"思想僵化一定没有出路。新闻出版行业是一个典型的创造性行业,从内容生产到传播手段,从甲骨文到互联网,不断发展变化,什么时候能够离开创新?"(柳斌杰)创新是出版发展的动力,也是赢得市场的关键。创新有时候很简单,别人没想到或没做到的,你想到、做到了,就是创新。大到"欧元"、"包产到户",小到"司马光砸缸"。

文化产业,按联合国教科文组织的定义,是创作、生产、销售内容的产业。美国称"版权产业"、日本称"内容产业"、英国称"创意产业"。文化产业的核心要素:内容、科技、资本、服务。"内容引发社会需求,科技改变产品形态,资本影响产业规模,服务决定市场成败"。内容的要求:原创性、差异性、不可替代性。出版产业作为文化产业的重要组成部分,完全符合这样的特性和要求。出版社定位应该是内容服务商。要做到原创、差异和不可替代,关键在创新。编辑的创新意识,应当体现在编辑工作的方方面面,尤其要注意做好以下几点。

1. 选题创新,每一本书都应该是独特的

——理念或立意创新。以新的理念和意识、新的编辑角度来策划选题,

做出来的书一定是有独创性的。如：《大败局》从知名企业家失败的案例切入是一种创新。

——内容创新。强调内容的原创性，更贴近时代发展，贴近当今读者的生活和思想感情。如杨红樱的原创少儿图书，杨当过老师、做过少儿刊物的编辑，对当今的孩子很了解，孩子们可以在她的作品中找到自己的影子，那里面的故事就好像发生在他们的身边。

——形式创新。既有装帧、封面、版式的创新，也有编辑方式和出版形态的创新。《儿童版唐诗三百首》，很多出版社都做过，但浙少社的最受欢迎，就是有创新，尤其是封面、版式、整体设计都有新意，做到了图文的完美融合。《世界文学名著连环画》的面世，被称为国内出版史上的一个创举，其新颖的形式引起了一波连环画阅读热潮，"用生动的图画，精炼的文字改编，把世界文学国度中的经典呈现给读者，融文学性、艺术性、知识性于一体。该书是可以经久不衰，传之永久的"。

2. 结构创新，形成产品组合

——宽度：产品的类别数；

——深度：每类的品种数；

——长度：全部产品的品种数；

——相关度：各类别产品的相关程度。

由于图书产品具有品种多、单品种印量小的特点，在市场竞争日益激烈的今天，编辑在策划选题时更应该在产品组合上下功夫，形成自己的板块优势和规模优势。事实上，这些年拉动图书市场销售的主要是品种规模和畅销书两大力量。

3. 营销创新，让读者知道并喜欢你的书

——由被动等待到主动出击。1998年《学习的革命》"疯狂营销"，设定的目标是100天销售1000万册，实际是2天销售36万册，已算奇迹。更重要的是使"科利华"成为国内知名企业与品牌，并使无形资产增长许多倍。

——由偶尔为之到常态化。要求重要图书都有营销配合，重要节假日都有活动安排，一般图书有书评书介。

——由单一的宣传推广到多形式的交流沟通。比如《图书市场资讯》，手机群发系统，网络等，搭建起方便快捷的出版社与经销商、出版社与目标读者信息沟通的桥梁。

编辑要参与营销创新。我们说选题策划不等同于人们常说的"点子",那种以为只提出一个书名就是选题策划是不对的。就一本图书而言,它的选题策划至少包括了这样几个方面:一是编辑在选题申报论证阶段提出的选题构想,包括选题的框架结构、编排体例和作者选定等(虚拟形态的策划);二是选题成形中图书书装形态以及印制成本等(实物形态的策划);三是图书成形前后宣传诉求点,以及成形后的发行营销(宣传营销的策划)。

(三)市场意识

出版物社会效益和经济效益的实现,都离不开市场。决定一个选题做还是不做,通常基于三条判断原则:一是文化价值(意义、影响力),二是市场需求(销路、盈亏),三是实现可能性。其中的市场需求,随着图书市场竞争加剧和出版单位改制,越来越成为大家关心的问题。编辑的市场意识,离不开以下几个方面。

1. 注重市场调查。成功的选题策划来自对市场深入的了解和预测。市场调查的目的,主要就是搞清消费者的需求。世界上没有卖不出去的产品,只有消费者不需要的产品。所谓"需求",既有消费者的现实需求,也有消费者的潜在需求,前者如何去适应——消费者的需求引导生产者,后者如何去开发——生产者的产品引导消费者。消费者既有个人,也有组织。调查的方法有读者需求调查,学校、图书馆、政府需求调查,零售市场调查,批发市场调查,图书交易会调查,市场分析机构调查等等。通过调查,了解和掌握总体和细分市场情况,主要畅销和常销品种分析,本版书与同类书比较,市场发展的趋势以及读者阅读取向、审美趣味的变化等。关键是多观察、勤思考,去粗取精、去伪存真,在偶然中发现必然,由细微处找到趋势,对宏观、中观、微观的市场作分析,对当下、近期、中长期的市场作判断。这是合格编辑的基本功。

2. 注重成本核算。在经济学中,需求是消费者在某一时期内,在某一价格时愿意而且能够购买的某种商品的数量。所以,需求是购买愿望与购买能力的统一。控制成本,一方面可以降低书价,进而扩大销售、提高市场占有率;另一方面,在书价不变的情况下,可以增加利润、提高收益。增强编辑的成本意识,有助于出版社更好地走向市场,参与竞争。图书的直接成本主要由三大要素构成:纸张费用、排版和印制费用、稿费和编校费用。要努力学习相关的业务知识，在保证图书质量和阅读功能的前提下，尽可能降低成本，让读者买得起，让出版社有利润，实现好两个效益。

3. 注重销售渠道。近年来，市场图书的销售渠道和销售结构发生了很大变化，销售趋势上出现了大城市不如中小城市、地面店不如网络店、店内不如店外等现象。编辑要把握趋势，适应变化，根据渠道特点开发相应产品。

——"走上去"，网络渠道；

——"走下去"，农村市场（小连锁、农家书屋等）；

——"走开去"，专有渠道（政府采购、图书馆配置、企业订制等）；

——"走出去"，国外境外市场。

党和政府对中国文化"走出去"给予了高度关注和支持。对出版社而言，实现图书"走出去"，不仅是社会责任，也是商业机会。用好两种资源、开发两个市场，也对编辑人员提出了新的更高的要求。首先要有更广阔的视野，了解国际市场的需求和国外读者的阅读习惯，策划出适应两个市场的选题。还要有更强的组稿、加工和装帧设计能力，制作出更加精致、美观的图书。同时要了解"走出去"的渠道和方法，有版权贸易谈判的能力和技巧。

（四）规则意识

编辑工作既是一项思想文化工作，也是一项经济工作，必须遵循与此相关的各种法律法规和政策制度。否则，就会引起不必要的麻烦、纠纷，甚至法律问题。这方面有很多的案例，值得我们每个编辑人员认真记取。

1.《著作权法》、《合同法》等：作者和出版社各自的权利保护。

——保护作者的合法权益。"走进博物馆系列"，原计划出版六种，实际出版两种，就是因为许多图片的著作权问题无法解决，不敢做下去。

——保护出版社合法权益。出版社在与作者签约时，要尽可能获得包括数字版权、海外版权等授权，尽可能签《委托创作合同》，掌握更多的出版资源，积累更多无形资产。

——有矛盾纠纷尽可能协商解决。

2.《出版管理条例》、《图书质量保障体系》等：内容管理、书号管理、三审三校和流程管理。

——禁载内容是高压线。严格按照《出版管理条例》的各项要求，尤其要严守25、26条所确定的"底线"。

——防止买卖书号、一号多书。鼓励和支持与民营机构合作,但是在合作过程中一定要守法、合规,防止此类情况出现。

——严格按照规定的程序和机制运作。三审三校必须贯彻落实,因为它既是出版规则也是出版规律,要努力养成遵守规则、尊重规律的良好职业习惯。

3.《商标法》、《广告法》和《反不正当竞争法》等:图书书名、设计、宣传营销可能遇到的法律问题。

——书名要注意规避法律风险。确定书名时,要注意是否涉及注册商标。

——图书宣传要注意把握分寸。不要随意使用"最"、"第一"等词。

——销售活动要控制奖品金额。有奖销售最高奖不能超过5000元。

(五)协作意识

编辑工作是跟各种各样的人打交道的工作。编辑在策划、组稿、加工、设计、校对、印制、宣传、销售各阶段,要面对形形色色的人,如果对人没兴趣,或者不能很好地协调处理关系,是很难做好的。

日本讲谈社"现代新书"的总编辑鹫尾贤也,集35年编辑工作实践经验,写了一本《编辑力——从创意、策划到人际关系》的书,开篇就谈到对编辑人员的要求,"编辑需要完整独立的人格和适应性"。具体地说,在选题策划、组稿催稿、加工付印和宣传促销流程中,编辑要学会扮演不同角色,善于与各种各样的人打交道;要有旺盛的好奇心,把自己的视野尽可能拉开;要做一个策划者,从无到有的创意人;要有商业意识,让读者喜欢你的书;要有乐在工作、为社会服务的志向。

1. 编辑工作以"人和"为贵。和谐的人际关系,可以帮助我们获得更大成功。

——社内,保持和谐、融洽的工作关系。处理好一、二、三审关系,处理好与编务、设计、校对、印制、发行等人员关系,处理好上下、左右之间的关系,可以提高质量、加快进程、增加发行。

——社外,建立网络,熟悉人脉关系。处理好与作者、画家、媒体、经销商、研究者的关系,掌握更多的行业和专业信息,获得更多的出版资源和市场资源。

2. 团结协作、诚实守信是编辑的职业道德。《中国出版工作者职业道德准则》，要求我们发扬团结协作精神，诚实守信，重合同，守信誉，提倡公平竞争，反对利用不正当手段损害同行利益。

3. 和谐人际关系的建立，靠的是真诚、友善和包容。

——真诚。以诚相待是协调一切人际关系的基础。虚情假意是人际关系的大敌，不可能持久。

——友善。友好善良的态度能取得事半功倍的效果。要与人为善，要放下身段，要学会道歉，要学会感激。

——包容。包容是自信、气度、涵养的体现，也是一种人生的大智慧。有容乃大。没有包容，难成大器。

结束语：编辑出版工作是有关文化传播、文化积累、文化交流的重要工作，值得我们尊重和热爱；出版业正面临着重要的发展机遇，呼唤大批出版人才，希望大家勤奋努力，通过一个个选题、一本本图书，充分展示自己的聪明才智，尽快成长为各自领域的业务骨干、出版专家。

（2013 年 9 月 11 日）

少读工委，那些难以忘却的人和事

我刚到浙少社上任不久，就听说有少读工委这个机构，在全国专业少儿社中有极强的凝聚力和号召力。那时我是社长，陶文杰是社长助理，我和他都是新官上任，急切地想着干出一番事业来。于是，我们商量进北京一趟，拜见几位对出版社发展有重要影响的领导、专家以及媒体朋友，希望得到他们的支持和关注。北京之行的第一站就定在少读工委。

1997年4月上旬，社班子新老交替满三个月，我们便来到北京。这天上午，我和陶文杰打了一辆"面的"，迎着漫天飞舞的杨花，来到位于东四十二条的中少社。少读工委主任、中少社社长海飞放下手头的工作，耐心细致地介绍少读工委正在做的几件大事，谈了中少社出书和管理概况，还说起他个人的一些经历。这次拜会，让我对少读工委有了大致的了解，学习了海飞社长的出版理念和管理方法，真可谓获益良多、不虚此行。我也为有少读工委这么个"娘家"，心里觉得踏实了许多。

此后的十年时间里，少读工委给了我个人以及浙少社许多的指导和帮助，同时我也有幸参与了少读工委的不少工作，现在回想起来，往事历历在目，让人难以忘却。

共商改革大计

在我的印象中，1998年7月在贵州召开的全国少儿社长会议，是对中国少儿出版界影响重大的一次会议，也是我到浙少社后参加的由少读工委组织的首个重要活动。会议从黄果树一路开到红枫湖，与会社长们围绕着"出版改革"这个议题，展开了热烈的探讨和交流。发言者慷慨激昂的模样，至今记忆犹新。

当时的出版行业，可以算是计划经济的"最后一个堡垒"。由于出版单位的意识形态属性，对能否引进市场经济机制争议是很大的。许多出版社守着计划内的教材教辅，小日子过得还不错，"大锅饭"、"铁饭碗"是普遍现象。与此同时，业内的有识之士也深切认识到，随着改革开放的不断深入，这个行业老的那套做法已经靠不住了，必须进行改革才有出路。个别少儿社已经先行一步，在劳动用工、干部人事和工资分配等三项制度改革上，开始了小心翼翼的探索；更多的少儿社则处于观望之中，不想冒可能成为"先烈"的风险。少读工委将出版改革作为这次会议的主要议题，确实是切中要害的，引起了与会者强烈的共鸣也就不难理解了。

会议特邀时任《中国新闻出版报》副总编辑孙月沐，向社长们介绍新闻出版署的机构改革情况，以及正在试点的几家报业集团组建动态，为我们带来了行业改革的最新鲜信息，引起了大家的极大兴趣。多家少儿社的社长争相发言，交流各自对出版社用人和分配制度改革的看法和做法。其中安少社刘建伟社长的发言，给我的印象特别深。刘是性情中人，说话直截了当。他说，来参加这个会议之前社里刚实行竞争上岗，不知道最终效果如何，心里没底，压力很大，希望在会上得到大家的指点。那时他上任不久，还在一年见习期里，是"提着自己的乌纱帽"搞改革。

贵州会议对全国少儿社的内部机制改革，起到了积极的推动作用，对浙少社也同样如此。那时我到社里已有一年半。一年前的1997年上半年，在调查研究、听取各方意见的基础上，我们已经完成了内部组织机构调整，将图书编辑室由原来的三个增加到五个，新增了文学编辑室和综合编辑室，为选题规模的扩大和选题结构的优化提供组织保障。而内部三项制度改革，包括部门主任竞争上岗、部门与员工双向选择，以及分配制度改革，因为涉及每一个员工的切身利益，必须慎重对待、精心谋划，让广大员工真心实意地拥护和支持。当时我已经拟定了初步方案，并经社委会原则通过，正准备在全社展开讨论、征询意见。贵州回来后，在全社暑期学习期间，我将会议的精神向全体员工做了报告，反响出乎意料的强烈，大家都有一种时不我待的紧迫感。在这样的氛围下，三项制度改革方案顺利通过，人们的积极性和创造力极大激发，浙少社由此进入改革发展的新阶段。

召开首届幼儿读物会议

在少读工委这个大家庭里,浙少社原本只是一个普通的成员单位,2002年起有幸进入主任单位的行列,从而发挥了更大作用。这年的10月,第十七届全国少儿社社长年会在上海召开,当时正逢上少社的两大喜事:建社50周年和新办公楼"怡德大厦"落成。周舜培社长作为东道主,为年会做了精心筹划,尤其是把会议地点安排在西郊宾馆,让来自全国各地的社长们领略了大上海美丽宁静的另一面。在这次年会上,我荣幸地被增补为少读工委副主任,原因主要是浙少社近几年的快速发展,在业内的影响日渐增强。

担任副主任后,按照2003年在昆明召开的主任会议所作分工,我和中少总社图书中心总监赵恒峰共同负责低幼读物研究会,中少总社低幼编辑部主任高荷美担任研究会秘书长。低幼读物是少儿图书中十分重要的板块,几乎所有专业少儿社都设有相应的编辑部门,并将这个板块作为两个效益的基础,非专业社尤其是民营公司也最早从这里开始涉足少儿出版领域。低幼读物研究会是少读工委新设立的机构,没有什么工作基础,好在我们三个人做事都很负责,浙少社又有较为丰富的办会经验,经过认真细致的筹备,全国幼儿读物研究会首届会议于2004年秋天在杭州顺利召开。

正是丹桂飘香的季节,西子湖畔的三台山庄,来自全国各地少儿出版社的四十多位低幼读物编辑济济一堂,就国内外幼儿读物创作、出版的现状和今后的发展趋势,以及专业社如何发挥自身优势、增强竞争能力等议题,相互交流,各抒己见。会议还邀请了儿童文学评论家、图书市场研究专家,对幼儿文学创作及少儿图书市场状况进行分析和解读。北京开卷图书市场研究所首席研究员蒋晞亮的一番话,让我深受启发。他认为国内少儿读物占图书零售市场的份额不足10%,与欧美国家通常的15%—20%份额比较起来看,我国少儿读物市场还有广阔的成长空间。这些年来少儿图书市场份额不断增长,2012年达到了15.08%,事实证明他的判断是正确的。

这次会议,因为有赵恒峰、高荷美两位老师的鼎力相助,有与会专家和各位代表的热心参与,开得十分成功,无论是业务研讨还是会务安排,都给参会者留下了深刻印象,受到了好评。这也算是浙少社和我个人为少读工委尽了一份职责。

化解发布会风波

三辰卡通公司是国内著名的文化企业集团，拥有"蓝猫"、"三辰影库"等著名的文化品牌资源，生产的动画片产量曾经占全国动画片总产量的70%，并开始涉足图书领域，重点开发少儿及动漫类图书，筹划建立以图书和VCD为核心的全国连锁专卖体系。从2004年的五六月开始，三辰公司主动与多家少儿社接触，寻求开展不同形式的合作，合作内容包括：租型、品牌的联合开发、股份认购等。最初三辰公司提出建立"10+1联盟"（10家少儿社与三辰公司），推进过程中又调整为"1+1战略联盟"（少读工委与三辰公司）。其实这是一种很松散的合作，各少儿社在"战略联盟"的大框架下自主决定是否合作、怎么合作。

但是在合作计划的谈判过程中，各少儿社意见不一、分歧颇大，成为一个时期内少儿出版界议论的焦点。由于是一种全新的尝试，大部分少儿社对此普遍保持既密切关注又谨慎施行的理性态度。我当时的看法是，双方如果能成功合作，可以整合资源和市场两方面的优势，发挥专业少儿社和新兴渠道两个积极性，共同推进少儿出版产业的改革和发展。同时我也有点担心，三辰公司是否有这样的整合能力，能否形成可靠的盈利模式。因为只是框架协议，可以给各社提供一个合作机会，又没有什么实际的法律约束力，因而我觉得"1+1"的模式应该会被大家认可。至于浙少社是否加入，还要等框架协议确定后再好好论证。

少读工委对此十分慎重。这年的8月下旬，全国少儿订货会在山西太原举行，订货会之前召开的社长年会上，我受海飞主任委托，介绍了少读工委与三辰公司"1+1战略联盟"谈判情况及协议内容（在"1+1"框架内，各社自主与三辰公司谈判、签约、合作），提请社长们讨论。三辰公司已经为此做了大量工作，跑了多家少儿社，得到了肯定的答复，本以为可以顺利签下这个框架协议的，因而信心满满地请来包括中央电视台在内的多家媒体，布置好了新闻发布会，等着社长年会通过后立即对外公布。没想到社长会议上，仍有一些反对的声音，主要针对的是"1+1"这个概念，认为一家民营企业怎么能与拥有35家成员社的少读工委相提并论。海飞主任是一位特别尊重社长们想法的当家人，他希望我想出一个变通办法，能让大家接受，免得发布会流产，因为记者们已经等着,如果协议不能签署,对少读工委和三辰公司都将造成不良影响。此时离发布会预定时间只有大约十分钟了,我拿了张纸条急速写下一行字:"少读工委与三辰公司强力合作,打造少儿读物销售新平台"。这个表述回避了"1+1"的提法,同时将合作重点聚焦在"销售新平台"上,得到了海飞主任的认可,社长会议及三辰公司也一致予以肯定。发布会如期召开,双方签订了修改后的合作框架协议,我代表少读工委作了解释性发言。一场风波由此化解。

"健康口袋本在行动"

"健康口袋本在行动"是我在少读工委做的一项重要工作。事情还得从2005年3月说起,当时少读工委在长沙召开第十四次主任会议暨CBBY理事会会议,会上涉及我的有两件事,一是让我兼任CBBY副主任,二是将我在少读工委的分工,由原来负责低幼读物研究会,调整为负责出版发行研究会。

对于CBBY我在此前已经有所接触,2000年我曾作为CBBY代表团成员,与接力社李元君、明天社刘海栖、福建少儿社黄建斌诸位社长,在海飞团长带领下,前往哥伦比亚参加第27届IBBY大会,成功申办了2006年第30届大会在中国召开。这次让我兼副主任,主要是发动更多力量来参与筹办第30届IBBY大会。出版发行研究会的任务相对比较重,尤其要办好一年一度的全国少儿订货会,这是一项社会影响和经济效益都十分明显的活动,许多非专业少儿社千方百计想加入进来,最后也没能如愿。与我一起担任该研究会主任的是上少社社长王一方、海燕社社长郑荣,两位都是出版界资深人士,既懂业务又懂管理。我们三人通力合作,成功举办了多届全国少儿订货会,并将订货会功能逐步扩大和丰富。

2005年开始实施的"健康口袋本"出版工程,是由中宣部出版局、新闻出版总署图书司联合少读工委共同发起的。当时的背景是,许多含有凶杀、色情等不健康内容的口袋本,正在中小学生中逐步蔓延,严重影响了少年儿童的身心健康,引起了家长和老师的忧虑。为了改变这种状况,按照中央领导的要求,必须迅速组织出版一批内容积极健康的口袋本,并尽快占领市场。这年的9月3日正逢北京国际图书博览会,中宣部出版局张小影局长主持召开10家少儿社社长座谈会,部署"健康口袋本"出版发行工作,要求与会各社在 2006 年初的北京订货会期间,推出首批 300 种"健康口袋本"图书,将给予书号和营销方面的支持。

我承担着双重的任务。一方面作为浙少社社长,要完成本社的口袋本出版任务。好在我们关注口袋本有一段时间了,已经有所准备,回到社里后立即组织编辑部门着手"健康口袋本"选题策划和出版工作,在很短时间里就推出了"花衣裳"、"小学生安全手册"等数十种"健康口袋本"。另一方面作为少读工委负责出版发行的副主任,要具体落实口袋本的发行事项,协调各新华书店、民营书店以及网络书店参与此项活动,让"健康口袋本"走进读者、占领市场。

2006 年 4 月 23 日,正好是世界阅读日,在北京地坛公园,由中宣部出版局、新闻出版总署图书司主办,少读工委承办的"健康口袋本在行动"活动正式启动。湖南少儿社社长彭兆平作为 10 家少儿社的代表首先发言,接着作家代表郁雨君以及书店、老师、学生的代表纷纷发言,张小影局长最后作了总结。我受少读工委海飞主任的委托,主持了这个活动。会后,中央电视台"焦点访谈"栏目对"健康口袋本在行动"活动作了专门报道,引起很好的反响,为少儿出版发行工作赢得了声誉。

少读工委与浙少社

在少儿社工作的十年时间里,我深切地感受到少读工委对于推进少儿出版社改革、少儿出版业繁荣以及中国少儿出版"走出去",所做出的特别贡献。可以说,没有少读工委的努力,就难有今天少儿出版业改革发展的良好局面。作为社长,我更深切地感受到少读工委给予浙少社的诸多支持和帮助。

先说说出版改革方面。前面已经提到了由少读工委组织、在贵州召开的全国少儿社长年会,那次会议对包括浙少社在内的各少儿社内部机制改革,起到了助推器的作用,可以说是点燃了少儿社改革之火。由于浙少社在改革上力度比较大、措施比较实、效果也比较明显,在以后的全国性会议上,少读工委,以及兄弟少儿社的领导,都给予了积极的肯定,并多次要我发言介绍。还有许多少儿社来浙少社学习和了解改革情况,前后不下十家。这些肯定和赞许,是对浙少社的极大鼓励和支持,尤其在改革过程中遇到迷茫和非议的时候,显得格外的珍贵。正是因为那次改革以及之后的不断完善,使浙少社获得了不竭的动力,实现了多年的快速发展。

再说说出版繁荣方面。少读工委组织的年度全国少儿订货会,为浙少社提供了一个极好的平台,有效促进了出版和销售。我们的许多重点书和畅销书是踩着这个节点、借着这个平台推出的,我们在全国少儿图书市场的领先地位是借助这个平台逐步建立和最终形成的,我们的一些营销思路和活动也是在这个平台上推出后获得大家认可的。记得2004年在山东济南举办的全国少儿订货会,当时浙少社已经登上了全国少儿图书市场占有率第一的位置,最畅销的100种少儿书中有30种以上出自浙少社。为了宣示出版社的市场领先地位,也为了争取经销商,我自己拟了两句话作为参加订货会的宣传口号:"选择浙少就是选择畅销","每当你眨一下眼睛,就有一本浙少书销出",也算是在这个舞台上牛了一把。

最后说说学习借鉴方面。在少读工委这个大家庭里,每个社都可以了解最新的少儿出版信息,学到各种有益的经验。出于对少儿出版的重视,中宣部、新闻出版总署和中国版协的领导们对于少读工委给予了特别多的关心。尤其是于友先主席,从少儿编辑做起一直成为新闻出版界最高领导,对少儿出版有特别深的感情,到版协工作后经常参加少读工委的活动,他的思想和情怀让我们感佩。全国少儿社社长中真可谓藏龙卧虎,从他们那里可以学到许多有益的东西。除了前面提到过的各位社长,通过少读工委的平台我还认识了川少社张京社长、安少社刘玉英社长、二十一世纪社张秋林社长、接力社白冰总编等一批少儿出版领军人物,以及兢兢业业为少读工委各成员单位提供支持和服务的马卫东、尚万春诸位老师,见识了他们的真诚、睿智和激情……这些都让我和我的同仁们获益匪浅。

时光荏苒,离开浙少社转眼已六年有余。因为有十年少儿出版工作的经历,加之到集团后仍然分管出版业务和浙少社,这些年我对少读工委的动态还是保持着很大的关注,与少儿出版界的老朋友们也有不时的联系。今年7月少读工委进行了换届,李学谦社长担任新一届主任。我与他接触不算多,记得2006年他刚到中少总社履新不久,曾跟我说要来浙少"学习取经",这让我有点诚惶诚恐。之后因为我到集团工作,他的工作实在太忙,一直未能成行,更多的是在媒体上见到他。他丰富的阅历、沉稳的性格、务实的作风,中少总社在他带领下改革发展取得的新业绩，都给我留下了十分深刻的印象。我也期待着新一届少读工委会一如既往地引领全国少儿出版社，推动中国少儿出版业进一步的繁荣发展。

（2013 年 10 月）

六、访　　谈

在竞争中求发展

近年来,少儿图书市场出现了一些新动向。一方面,少儿图书的市场需求出现了稳中有升的迹象;另一方面,竞争不断加剧。一句话:机遇与挑战并存。但就地方少儿出版社而言,挑战大于机遇。面对新的竞争形势,浙江少年儿童出版社是如何应对的? 近日,笔者采访了该社社长兼总编陈纯跃。

调整结构,塑造品牌

陈纯跃说:"打个不太恰当的比方,调整结构是要把船造得更牢固,而塑造品牌则是要把帆做得更大。只有船坚帆满,出版社才能在市场经济的大海中乘风破浪、不断前进。"

在结构布局中,该社提出了"整体推进、重点突破"的战略。所谓"整体推进",就是在少儿出版的一些主要领域和主要的细分市场,都要有所作为,而不是"把所有鸡蛋放在一个篮子里"。所谓"重点突破",就是要选择一个或几个市场份额较大或者处于市场成长期的领域,培育优势,努力创新,争取占领制高点。这一结构战略实施是成功的。据北京开卷图书市场研究所2001年12月的统计数据,在全国少儿图书12个按图书类别划分的细分市场中,浙少社在10个类别中进入前10位,其中在6个门类中进入前3位(包括少儿艺术、少儿文学、少儿科普、低幼启蒙等)。

陈社长说,结构调整固然重要,但当前出版社的竞争已由品种竞争转化为品牌竞争。品牌竞争包含着出版物(产品)品牌和出版社品牌这两层意义的竞争。

据介绍,浙少社已形成多个品牌图书系列。如低幼读物中以《儿童版唐诗三百首》为代表的"儿童诵读三百首系列",原创文学作品"中国幽默儿童文学创作丛书"、"红帆船系列",注音读物"十八个系列"等。这些书因为定位准、质量高,成为同类书中的佼佼者。

在刚刚结束的北京订货会上,该社又被评为全国"讲信誉、重服务"出版社,表明了书店对浙少社整体品牌的认同。浙少社这几年版权贸易快速发展。2001年引进34种,输出44种,这是个不错的业绩。"海外出版社愿意买你的版权、愿意把版权卖给你,也是品牌在起作用。"陈社长说。

关注市场,强化营销

关注市场动态,加强市场营销,这也是浙少社取得斐然成绩的一招。

据介绍,浙少社采取了多种形式进行图书市场的调研工作。如委托专业咨询公司,为出版社提供月度、年度全国少儿图书零售综合数据报告,了解全国少儿图书市场状况,本社及一些主要少儿社市场占有情况。该社的计算机与多家书店联网,及时掌握本版书和部分外版少儿书的销售动态。出版社的编辑经常跑书店、批销中心,对市场情况进行调研;发行人员也及时将图书营销的信息反馈给有关编辑。此外,该社还请书店的同志上门来介绍市场情况。这种有的放矢的做法使他们少走许多弯路。

陈社长认为,关注市场、参与市场竞争,还要有开展卓有成效的市场营销的本领。这方面该社也作了一些尝试。如去年四五月间,开展了"管家琪系列图书"营销活动,安排台湾作家管家琪在内地七个城市八大书店进行新书发布、巡回演讲、签名售书活动。这个活动效果较好,2万套30万册销售一空,当月就上了全国少儿书排行榜。台湾《中国时报》前不久发表文章,认为管家琪是台湾儿童文学作家中"登陆"最成功的,她的成功就是因为浙少社"行销策略得当"。

改革机制,形成动力

长期以来,出版社受计划经济体制的影响,存在"大锅饭"和"铁饭碗"现象。改革开放之后,尽管这种状况有所变化,但还远不能适应市场经济条件下出版业发展的要求。浙少社作了积极的尝试。用人上,实行按需设岗、竞争上岗、双向选择、全员聘用、定期考核、动态管理;分配上,遵循"效率优先、兼顾公平"的原则,将个人收入与工作绩效紧密挂钩,出工拿工资、出效拿奖金,上不封顶下保底。尽管这样的改革还谈不上完善和彻底,但对于原来的机制已是一大进步,因而激发了全社员工的热情,促进了两个效益的不断提高。该社的改革措施,得到了全国少儿出版界的普遍好评,先后有十几家少儿社前来学习和交流。

2001 年,浙少社主要经营指标增幅均达 20%以上;有 50 种图书在各级各类评奖中获奖;出版的两种期刊均被列入"中国期刊方阵";出版社被评为全国"讲信誉、重服务"出版社,全国新闻出版系统优秀"青少年维权岗"。

(本文为《光明日报》通讯员剑啸对作者的采访稿,
原载《光明日报》2002 年 2 月 6 日)

人才:出版社腾飞的羽翼

在前不久刚刚结束的全国少儿读物订货会上,浙江少儿出版社的订货码洋名列各社之首;今年 6 月以来,该社在全国少儿图书零售市场的占有率一直位居第一。这个社曾被评为全国优秀出版社,近年来又连续荣获全国"讲信誉、重服务"出版社等称号。在出书方面,仅今年以来就有 6 套书、一种期刊获得全国优秀儿童文学奖、冰心奖等全国性奖项,其中"真好丛书"、"红帆船校园美文丛书"、《中国军事博物馆》分别被国家和省有关部门列为迎接党的十六大的重点图书。然而,就在几年前,浙少社还在为出版社的利润支柱——教辅被砍掉、内部关系诸多不顺而迷惘。那么,是什么力量使浙少社能够在如此激烈的竞争中位居全国同行前列,令业界关注?

浙少社社长陈纯跃说:"是人才,人才最重要。"

记者:据了解,您上任之初,浙少社正面临着不少困难和问题。当时并没有出版社管理经历的您,是怎么挑起这副担子的?

陈纯跃:当时,社里面临两大难题:列入计划的教辅被砍掉,而一般图书又阵容不整,使得经济效益大幅下滑;内部有诸多矛盾需化解,诸多关系需理顺。但是我也看到,经过十几年的发展,浙少社在出书和经营上已打下了较好的基础,特别是有一支素质较好的编辑和营销队伍。我想,事在人为,这"人"当然不是我个人,而是全社同志。只要班子团结,思路正确,方法得当,能够把大家的积极性、创造力充分发挥出来,就可以把工作做好的。

记者:在调动人的积极性、创造力方面,社里有哪些措施?

陈纯跃:作为出版社的领导,有许多重要的职能,但最为重要的职能是用好人才。这就要求我们,一方面应树立正确的人才观念,即始终把人才看作对出版社发展起决定性作用的因素，充分尊重、理解和信任人才，做到真诚相待；另一方面，要创造一个好的工作环境，建立一种科学、合理的用人机制，搭建一个能让员工充分施展自身才华、在公平竞争中脱颖而出的平台。

记者：如何创造好的工作环境和搭建人才激励机制平台？

陈纯跃：首先是做深入细致的调查研究，当时我们找了包括所有室主任、资深编辑和部分离退休老同志谈心，把蕴藏在大家心里的智慧、想法挖掘出来，为领导班子的用人决策提供了依据，也体现了对他们的尊重和信任。其次是对内部机构进行重组，建立员工间的新型关系。将图书编辑室由 3 个增加到 5 个、期刊编辑室由 1 个增加到 2 个。这对调整出书结构也起了很好的作用。再次是改革用人和分配制度，用人上实行岗位聘用、竞争上岗、双向选择、定期考核、动态管理，通过实践识才、选才、用才；分配上将个人收入与工作绩效紧密挂钩，让贡献大的同志获得相应的经济利益。

记者：近年来，浙少社有多位知名编辑和营销人才，在业内有一定影响力，社里在人才的培养方面有哪些举措？人才的引进方面又做了哪些工作？

陈纯跃：在人才培养上，社里鼓励大家参加相关的专业知识培训和必要的学历教育，更重要的是要求大家在实践中不断学习和提高，所谓"实践出真知"。经过这些年实际工作的锻炼，特别是市场经济的洗礼，我社员工编辑策划和市场营销方面的意识和能力都有了很大提高，其中不少同志成为全省乃至全国同行中有影响的知名编辑和营销专家。在人才引进上，我们有计划地从高校、文化单位分配和调入一批高素质年轻同志。现在的编辑人员中，40%是近五年来引进的，既解决了新老交替问题，又改善了队伍的年龄和知识结构，为进一步发展提供了人才的保证。

记者：业内对浙少社的出书风格有这样的评价，浙少社的书做得非常精细、非常有创造力，在少儿书的多个细分领域都达到了全国一流水平，这是浙少社在市场竞争中立于不败的直接原因。这种出书风格与人才的合理使用有关吗？

陈纯跃：在列入计划的教辅读物被砍掉以后，我们不得不开始走市场。为了扩大一般图书的阵容、减少出书风险，我们采取了"整体推进、重点突破"的策略，把儿童文学、科普百科、低幼读物、文教读物及引进版图书作为重点，精心打造，形成多元产品结构。这种策略和结构的形成与我社的人才布局、使用情况密不可分。此外，将图书做精做细可能还与我社的整体氛围有关，就是实实在在做人、认认真真做事，不尚空谈、不图虚名，让好书说话、让市场评判。

记者：几年前，您曾提出要把"一个好的出版态势、一种好的出版机制、一支好的出版队伍"带入21世纪。现在已进入了新世纪，您觉得这个任务完成了吗？还有什么新的打算？

陈纯跃：当时我和班子提出这个目标，主要是激励自己以这三个方面为着力点，有所作为、有所突破，推动出版社各项工作向前发展。经过几年努力，三个方面都取得了一定成效。进入新世纪，我们面临着新的形势和任务，不敢有丝毫的懈怠，还是要团结和依靠全社同志，继续做好这几个方面的工作，多出好书、多出人才，走健康、持续发展的路子。

（本文为《中国新闻出版报》记者范占英对作者的访谈录，
原载《中国新闻出版报》2002年11月8日）

繁荣背后的隐忧

　　时值华东六省少儿出版社订货会即将召开(2004年3月1日)之际,笔者采访了此次订货会的主办单位浙江少儿出版社的社长、总编陈纯跃。陈社长温文尔雅、文质彬彬、平易近人、风趣健谈,其精辟独到的见解、稳步进取的开创精神、连珠也似的妙语实在令人佩服不已。

　　本刊记者(以下简称"记"):近年来少儿图书市场一派繁荣,这和大量出版实体纷纷介入少儿图书有关。据我的观察,专业少儿社一统天下的格局被打破,代之以专业少儿社、非专业少儿社、民营或外资的文化公司争食少儿图书市场的格局,我认为这是一个好现象。在这个繁荣现象的背后,您有什么发现和思考?

　　陈纯跃(以下简称"陈"):是的。近年来,少儿出版领域出现了前所未有的繁荣,主要表现在:品种更加丰富,能够满足少年儿童多样化的阅读需求;市场销售逐年上升,图书的社会和经济价值得到更好的实现;涌现出一大批内容质量好、装帧形式新、富有创意的精品和畅销图书。

　　但是不能不看到,少儿出版在一片繁荣的背后,也存在着许多隐忧。

　　隐忧之一是出版社普遍存在的浮躁心态和短期行为。专业少儿社在市场竞争和经济指标的驱动下,不得不加快图书产品的生产周期,给图书质量留下隐患。而一些非专业社和书商,本来就没打算在少儿领域精耕细作,又缺乏必要的专业人才,通常是采取"短平快"的操作方式。由此造成目前市场上大量编辑含量不高和低层次重复的少儿书。近年来少儿出版的模仿跟风,也是由此引发。一些出版社和书商,自己创新能力不足,或者不愿下力气开发新产品,总是盯着其他出版社特别是专业少儿社,一旦发现有好销的书马上模仿跟风。浙少社这方面就吃了不少亏,从《半小时妈妈》到《儿童版唐诗三百首》再到《影响中国孩子的 100 个经典童话》,只要一好销就会遭到模仿。其实这种做法既损害了别人,也不利于自身的发展,抑制了出版创新。

记:您所说的跟风和浮躁,恐怕是近年来出版业较普遍的现象,面对专业分工的打破和有利可图的市场,不是所有人都把持得住的。特别是不少工作室,因为没有合法出版的身份,没有自建品牌的可能,只能见利就上,打一枪换一个地方,成为跟风和浮躁产生的重要根源。隐忧之二呢?

陈:隐忧之二是图书市场不规范,尤其是盗版现象屡禁不止,在少儿图书领域有蔓延之势。刚刚过去的 2003 年,浙少社被盗版的图书遍布全国的东西南北,不仅有"冒险小虎队"这样的著名畅销书,连原创的"冰心儿童文学新作奖获奖作品集"等也惨遭黑手。对出版社来说,盗版就像一颗毒瘤,你不把它割除,它就会把你的血吸干。为了维护自身的合法权益、与盗版行为做坚决的斗争,我社已聘请了两位常年法律顾问,并开始了相关的调查取证工作。我们的态度是,不管是生产还是销售浙少版的盗版图书,我们都将运用法律武器给以严厉打击。无论困难多大、成本多高,这件事一定要做。这是对自己负责,也是对我们的读者、作者和销售商负责。同时我们希望有关部门在反盗版上更加有所作为,使图书市场规范有序。

隐忧之三是业内各个市场主体之间的不平等竞争。一方面是不同专业、不同规模、不同主管部门或地域的出版社,在专业分工、书号分配、特殊选题的审批等会有不同的待遇,所获得的社会资源有很大的差异,造成不公平;另一方面是出版社与分销商之间,由于特定的供求关系以及实力相差悬殊,存在着交易上的不平等。尤其是各地纷纷组建发行集团,推行连锁经营,一旦形成事实上的地方壁垒和区域垄断之后,这种情况还会更趋严重。这样的不平等竞争,有悖于市场经济规律,不利于出版业发展,中小规模的出版社可能会受到更多的损害。

记:您说的这些问题,切入到中国出版改革的深处,随着各地出版、发行集团的纷纷建立,我们似乎没有看到全国统一的大市场的形成,反而事与愿违地强化了市场壁垒,实在值得业界反思。至于您表示要与盗版斗到底,让我看到一个出版人的悲壮情怀。我想,浙少社的书频频遭遇盗版,从一个侧面也反映了你们的书的市场价值。

陈：我们社的书得到市场认可和读者欢迎，创造了良好的社会效益和经济效益。就拿 2003 年来说吧，尽管遭遇了"非典"，我们仍然取得了不错的发展业绩。

全年我们共出版图书 879 种，其中初版图书 300 种、重版图书 579 种；有十几种图书和期刊分别获得全国优秀少儿读物一等奖、全国"蒲公英奖"少儿读物一等奖、冰心儿童图书奖大奖、国家期刊奖百种重点期刊等全国性奖项。社会效益不断提高的同时，经济效益也持续增长。在前几年各项经济指标大幅增长的基础上，2003 年图书发货码洋增长 22.7%，图书销售码洋增长 14%，利润总额增长 15.44%。

2003 年浙少版图书在全国少儿类图书市场的占有率也有进一步的提高。根据北京开卷图书市场研究所《中国图书零售市场综合年报（2004）》，浙少社在全国各出版社零售市场总体排名，从 2002 年的第 18 位上升到 2003 年的第 16 位；在全国各出版社少儿类图书零售市场的排名，从 2002 年的第 2 位上升到 2003 年的第 1 位。

与此同时，浙少版图书在全国少儿类畅销书和常销书排名中也占据了绝对优势。在 2003 年最畅销的 100 种少儿类图书中，有 49 种是浙少社的，占了上榜图书的近一半；在少儿类"常青树"图书（指从 1999 年至 2003 年连续 5 年综合排名在前 5000 名的图书）共 36 种中，有 18 种是浙少社的，也占上榜图书的一半。

记：这样看来，你们的出版阵容相当强大，产品品种也非常多，那你们的产品结构是怎样的？

陈：在产品开发方面，我们力求形成较强的出版阵容和图书集群，产生规模效应。但规模必须建立在良好的产品结构的基础上。从横向看，我们的图书在文学、低幼、百科等几大板块，从纵向看，又可分为原创、引进和经典三大块，每个板块都有自己的品牌图书。比如在原创图书有"儿童诵读三百首系列"、"中国幽默儿童文学创作丛书"、"冰心儿童文学新作奖获奖作品集"等，引进图书有"冒险小虎队"、"樱桃小丸子"、"诺弟"等。经典文学读物有"世界少年文学经典文库"等。这样一来，我们的思路就很清晰了。

产品开发是一方面，市场营销是同样重要的另一方面，坚持"两个轮子"一起转，才能创造良好的效益。近年来，我们对市场营销部门的机构、职能和人员配备作了很大的调整和加强,营销理念、营销手段有所创新,营销活动接连不断,对组织图书市场、推动本版图书销售起了关键的作用。

记:一个企业的竞争力来自于它的产品、品牌和盈利能力,而产品是第一要素。说到浙少社近来的市场表现,不能不说你们的"冒险小虎队"。运作畅销书是出版社的梦,所以很多人认为它可遇不可求,"冒险小虎队"的成功,是"遇"还是"求"?

陈:"冒险小虎队"的成功,是全社上下共同努力的结果,它体现了浙少社综合运行能力已经走上一个崭新的台阶。它的成功首先取决于编辑的识鉴能力,是我们的编辑从北京国际图书博览会的茫茫书海中发现并选择这套书,由此引发了冒险题材和带工具阅读的出版潮流;它的成功还取决于发行部门的市场营销能力,是他们将这样一套在国内没有知名度、在国外也没有多少可供利用的营销资源的图书,通过独具创意的营销方式和手段,将它培育成为近年来国内最畅销的少儿读物;它的成功还体现了我们印制部门的技术攻关能力,是他们解决了出版过程中最关键的"解密卡"技术难题,制作效果超过台湾版,不亚于德国原版。一种图书的畅销,是综合因素相互作用的结果。

记:成功的企业都会有自己的文化追求,对于出版社这样的生产文化产品的"企业"来说,文化追求应当上升到责任的高度。但遗憾的是,有的出版社投资做地产、搞金融,也有的出版社出了不少很难销售的所谓品牌书,当然,也有些出版社选择存钱生息。浙少社在这方面是怎么考虑的?

陈:一个成熟的出版社一定会有自己的文化追求。自觉地承担起文化建设的任务,这既是出版社应尽的社会责任,也是出版社自身发展所要求的。图书具有双重属性,它既是传播和积累知识、文化,产生一定的社会舆论导向作用的精神产品,又是能在投入、产出中为生产者带来经济效益或经营风险的物质产品。不少出版社往往在无意中将这两种属性分开,具体到产品开发上,就存在着一部分书用来走市场赚钱,一部分书用来走评奖赚吆喝的现象,而那些赚吆喝的书,就被当作出版社的文化追求了。我觉得这是一种片面的理解。

作为一家专业少儿社,浙少社所追求的是以自己的出版理念、营销理念去体现文化追求,以自己的出版行为来参与中国儿童文化的建设,出版有文化内涵的书,出版有市场价值的书,并在此过程中发展壮大自己。比如,与"冰心奖"评委会合作的"冰心儿童文学新作奖获奖作品集"每年推出一本,已连续出了十年,发现和培养了大量文学新人,越来越受到关注和欢迎;在国内儿童诗创作和出版备受冷落之时,我们推出了"红帆船诗丛"(6种),并与中国作协儿童文学委员会共同主办签名赠书、诗歌朗诵、创作研讨等系列活动,以此来推进儿童诗复苏;孩子呼唤儿童文学作品要有幽默感,我们就将"中国幽默儿童文学创作丛书"作为跨越两个五年规划的重点图书,希望能够影响儿童文学创作的思想和方式,让孩子们读到更多清新、愉快的文字,培养孩子们乐观、向上的生活态度。如果说《儿童版唐诗三百首》发行超过100万册,是经典读物通过形式创新大获成功的范例,"冒险小虎队"的一张小小的"解密卡",则引领了多媒体时代成长起来的一代儿童"互动式阅读"的潮流。

　　浙少社正是本着这样的文化使命感和文化创新的精神,积极参与了中国儿童文化的建设,为广大少年儿童提供了丰富的精神食粮。

(本文为《出版广角》记者何杏华对作者的访谈录,

原载《出版广角》2004年第4期)

寻找改制平衡点

浙江是全国文化体制改革综合试点省,浙江少年儿童出版社作为其中的文化单位之一,"转企"的前期工作正在紧锣密鼓地进行着:清产核资、人员摸底、改制方案制定……

当记者打电话询问改制进程的时候,浙江少年儿童出版社社长陈纯跃正在考虑改制中如何尽可能地保障离退休人员的既得利益,同时又使留下来的员工减少养老上的后顾之忧等问题。这样的想法似乎显得有些保守。企业的特点之一就是将职员的养老问题在比较大的程度上转移给社会。浙少社的改革方式明显还留有事业单位的痕迹,出版社依然承担了较多的员工养老责任。

"改革的步子应该一步一步走,动作不宜太大。"陈纯跃解释说。

事实上,浙少社所找的折中办法是事业单位和企业单位养老措施的"平衡点"。在这个点上,新制度得以体现,并成为发展的方向;旧制度仍有保留,以给改革的承受者们适应的过程。任何一次改革都不可能完全脱离旧有制度而进行,因此,每一次改革所迈出的步伐也都是旧制度与新制度中间的一个平衡点。

从1998年第一次内部机制改革开始,浙江少年儿童出版社先后进行了两次大的内部机制改革和若干次小的完善工作。几乎每一次变革,他们都踩准了一个平衡点。这让浙江少年儿童出版社总是能在平稳中谋得发展。从业绩上看,他们的全国少儿类图书市场占有率从原来的10名开外,直线上升到今天的第一名,而且与第二名相差悬殊。与之相对应,浙江少年儿童出版社的利润也从1996年的200多万元升至2004年的1800多万元,员工年总收入则随之翻了几番。但出版社的整体局势一成不变地保持了"稳中求变"。

在出版业改制工作逐步铺开的关节点上,这种能够保持稳中求变的办法无疑是值得关注和研究的。

化解矛盾之举

要谈浙江少年儿童出版社的改革,还得从 1998 年说起,那次改革奠定了以后历次改革和调整的基调和方向。

1998 年,刚刚走马上任一年多的陈纯跃,在经过相当长时间的调查研究,并与每一位中层干部以及部分老同志的单独谈话之后,开始了第一次少儿社的改革。这对刚从当时的省新闻出版局人事教育处处长调到出版社一线的陈纯跃来说并不是一件容易事。毕竟,他已经在局机关呆了七八年,没有从事过具体出版社管理工作。

改革的目标当然是建立有效的内部激励机制,充分调动广大员工的积极性和创造力,在岗位上人尽其才,在分配上多劳多得。但具体采取怎样的措施才能既实现自己的目标,又不引发更多矛盾,这让陈纯跃百思不得其解。

就在陈纯跃迷茫的时候,作家出版社社长张胜友被请到浙江作报告。那次报告给陈纯跃启发极大。后来,浙江少年儿童出版社在人事改革中的"竞争上岗、双向选择"以及薪酬制度改革中的"按效益计提奖金"等做法都有模仿作家社改革的痕迹。当然,在编辑人员经济效益实行"零指标"、产生利润后的计奖比例等具体环节,浙江少年儿童出版社制定了自己的政策,而且他们还根据自身情况创造性地制定了落聘员工的内部退养政策等措施。

"我们参考作家社的地方,在分配体制改革上多一些,人事改革上少一些。"陈纯跃总结说。

当时,作家出版社 1995 年的改革是出版界最成功的案例。改革一年之后,作家社码洋增长 14 倍,一跃成为出版界大鳄。

事实上,作家出版社和浙江少年儿童出版社面临的问题有很多类似之处。1997 年陈纯跃到任时,虽然浙江少年儿童出版社的经济状况远远好于作家社改革前的水平,但其利润已经大幅下滑。1996 年,浙江少年儿童出版社的利润是 200 多万元,同一指标在历史上曾经达到过七八百万。

雪上加霜的是,原本"旱涝保收"的计划内教辅图书的份额也即将失去,浙江少年儿童出版社将"被迫"彻底走上市场。能否转换机制、适应市场的要求,关系到浙江少年儿童出版社所有人的饭碗。这也是最近几年来我国所有少儿社都先后面临的问题。

更让陈纯跃挠头的是,当时的浙江少年儿童出版社内部矛盾丛生、人际关系复杂,已经到了几乎是难以调和的地步。要在这种情况下改革成功,只有强调近乎完美的公平、公正,才能得到最大多数的支持。这就是化解内部矛盾的平衡点。

出于保证公平、公正的考虑,陈纯跃决定:打通五个编辑室的选题分工。编辑室打通之后,虽然在名称上,还是保持知识编辑室、低幼编辑室、文学编辑室等,但实际上各个编辑可以任选选题,完全不受所在编辑室名称的限制。

而在此之前,知识、低幼、文学等各个领域的市场规模在客观上的确存在差异。"当时,搞文学的编辑抱怨,因为那时候的儿童文学不像现在这么火,市场大环境不景气,盈利难度大。当时的低幼读物最好卖,但是低幼读物编辑也抱怨,因为文学读物更容易得奖。"陈纯跃说。

当改革完成之后,所有人都站在了同一条起跑线上。对这项改革措施,"也许还是有反对的声音,但是至少在公开的场合我没有听到过。"陈纯跃说。

最有意思的是,距离这次改革已经8年过去了,仔细分析各个编辑室的主要选题,"原来做文学现在还在做文学,原来做低幼的现在还在做低幼。"陈纯跃笑着说,"因为他们对自己专业领域更熟悉,而且作者资源也更丰富。现在,他们都做得很好。"

其实很多改革的举措,目的都只是让人们的心理更加平衡。

不仅如此,这项改革还明显改善了人际关系。实行双向选择后,人员可以在各个部门之间自由流动。趋利避害的本性自然使原来矛盾尖锐的双方流动到一个矛盾相对较小的地方,这就使原本郁积已久的不少人事矛盾随着人员的自然流动而化解开来。如果没有这次岗位和人员的调整,想要通过"调动"来直接解决人事矛盾问题,几乎是不可能的:没有足够的理由,就无法让任何人离开他原来的职位。而这次改革恰好提供了一个这样的理由。

这种"一石二鸟"的结果,恐怕只有在浙江这块特殊的土地上才能实现。在当代中国,几乎所有的人都承认浙江有着特殊的文化氛围。浙江人很"现实",他们对"利"的看法并不像中国北方地区那样或多或少有些"鄙视"。一个东北人可能为了在人事斗争中争个高下，而玉石俱焚，但在浙江人眼中"利"和"义"是可以相融相生的。虽然也会有激烈的人际矛盾，但是如果化解矛盾能够带来利益的话，浙江人还是很愿意化干戈为玉帛的。

兼顾能人与凡人

这种文化氛围虽然一方面推动了人事变革顺利完成，但也让直接与利益挂钩的分配制度变革变得更加敏感。

按企业的标准衡量，能力强的人薪水高，能力弱的人薪水低，没能力的人被开除出局，这都是无可厚非的。但从"大锅饭"的事业体制脱胎而来的浙江少年儿童出版社不可能一次性实现这一目标。他们必须在"论资排辈，按工龄发钱"与"按劳取酬，多劳多得"之间寻求平衡。能人与凡人之间的薪水差距一定要拉开，但又不能拉得太大。

参考作家社的改革方案，浙江少年儿童出版社也制定了一套算式，每个人都可以根据这套算式把自己的薪水算出来。当然，不同岗位，算式不同。

对一线的编辑和营销人员，浙江少年儿童出版社实行了岗位工资加绩效工资的做法。

岗位工资，顾名思义，也就是在什么岗位工作按什么标准领工资。岗位不同工资不同。但是，只要上班就有工资。绩效工资则要根据每个人的具体工作效益而定。

对于行政人员的薪水，陈纯跃的态度比较保守。他认为，编辑、营销人员有风险，一本书做不好收入就可能受到很大影响。但是行政人员则相对平稳得多，所以他们的收入平均保持在一线编辑和销售人员平均薪水的70%左右。

在改革已经深入的今天，回头看看就会发现，当时的改革力度并不大。

与许多出版社不同，当时浙江少年儿童出版社的编辑人员是"零指标"。也就是说，只要有效益就有提成，不是在完成一定效益指标的基础上，超额部分才能提成。同时，编辑人员提取额度是出版毛利润的7%，这一数字也低于当时作家出版社的8%，当时甚至有出版社的提成比例达到了12%。这两项政策实际上限制了员工产生收入差距的速度和拉开差距的程度。

由于岗位工资的存在，员工的薪水实际上是"上不封顶，但下有保底"。

即使是这样，还是有人被触动了敏感的神经。

当时，甚至有个别人不平衡，匿名告状告到了省里，乃至北京。在一次会议上，陈纯跃说："告状可以。我也有缺点和错误。但是告状也要有个底线，不能无中生有！"今天回忆起这段往事，他说："对告状的人，我表示理解，我触动了他们的既得利益。"

但对于大多数人来说，这个差距是可以接受的，而且最关键的是每个人相对于自己而言，收入都有所提升，这让员工们很满足。

改革开始前，陈纯跃最担心两个问题。一是分配制度如何做到同一条起跑线、同一个游戏规则，二就是双向选择后落聘的员工如何安置。

对于落聘的员工来说，可能他们的工作态度和能力确实存在问题，但因此而一下子失去工作则可能超出承受范围，如果得不到妥善处理，会激化矛盾。"落聘"员工与"在岗"员工到底应该保持多大的收入差距，给予"落聘"员工怎样的待遇才算合理，这一难题实际上也就是这项改革的平衡点所在。

在传统体制下，浙江少年儿童出版社"光办公室的司机就有三个"。陈纯跃告诉记者，"当时，我在《人民日报》上看到一篇报导，写的是一个煤炭采掘队一共有 12 个人，其中 4 个挖煤的，8 个搞行政管理的。我就想，这 4 个挖煤的心里是什么滋味？"陈纯跃叙述的语气颇为幽默，说完之后忍不住自己也哈哈大笑起来。

这则并不起眼的报导坚定了陈纯跃岗位调整的决心。"必须把力量集中到能直接产生效益的部门上来。"陈纯跃所谓"直接产生效益的部门"指的是编辑和经营部门。

在一系列的合并重组和双向选择之后，一位司机以及一位编辑被"分流"了下来。

为了这两个人，陈纯跃专门找了相关部门负责人，争取找到合适的职位，把他们留下来。在这些努力都落空之后，陈纯跃承诺这两个人"绝不推向社会"。他制定了优厚的"内部退养"政策，明确规定内部退养人员年收入不低于两万。这个数字比浙江少年儿童出版社的在岗职工少了很多，但高于杭州市当时在岗人员的平均收入。

陈纯跃对拉大收入差距的限制以及内部退养人员的"宽容"政策并没有造成收入平均化或者人员的臃肿。恰恰相反，2003 年，浙江少年儿童出版社收入最高的编辑"年薪"已经达到了 30 万;而在 2003 年的改革之后,浙江少年儿童出版社的"行政人员加上生产辅助人员,只占全社总人数的 25%。"陈纯跃介绍说。这里的"行政和生产辅助人员"包括办公室、财务、校对和印制等部门的员工。这在我国出版社中,不能不算是"精简"的。

陈纯跃"曲折"地实现了自己的既定目标。

改革也就是不断寻求平衡的过程

纵观浙江少年儿童出版社所有改革中踩准的每一个"平衡点",虽然表现形式不同,但最后的落脚点似乎都体现了一个"利"字。打通 5 个编辑部之所以能化解内部矛盾,实质上是因为它打破了原有的利益格局,拆散了原有的利益共同体,并同时树立了新的利益矛盾——不劳动或劳动效果不明显将影响经济收入。而分配制度改革及内部退养政策的制定更是直接体现了在分配上拉开差距的同时,对"度"的恰当把握。对改与不改两种态度,陈纯跃同样采取了让数据说话的办法,着力选拔和任用能人,尽快实现盈利增长,而不是单纯通过思想工作形成态度转变。

事实上,浙江少年儿童出版社改革平衡点的寻找也就是在各项改革措施中如何把握利益分配的"度"的问题。

但在浙江之外的地区,其改革平衡点却未必会落脚在"利"字上。毕竟,自古以来,浙江就有着独特的商业文化。曾经有人专门对此做了总结。他们认为,浙江人有务实的取向,从不作空洞的玄学讨论,也不管刮东南西北风,自始至终追求"经世致用",用则要求效益的最大化,所以才有浙江人为了生存和发展,不惜千辛万苦,千方百计,越过千山万水去开拓和奋斗。自古浙江就有重商的传统,他们保持了商人的价值判断,认定了市场是衣食父母,利润是终极目标。在物质和道义的关系上,浙江人摒弃了"君子喻以义,小人喻以利"的重义轻利观念,把物质看成是道德思想的载体,要"以利和义",而不是"以义抑利",把通过辛勤劳动拥有物质财富也看成是一件光荣的、有意义的事情。

这些都让以"利"为根本平衡点的改革顺应了当地民风。同时,浙江人有着极强的"通世变"的观念,用今天的话来说,就是要以应变来求得现实的竞争力。再加上,浙江是经济发达地区,民营经济广泛存在,这也让当地人的思想更为开放,更容易接受改革。

改革如此,改制也是如此。

就连全国的出版体制改革也无法脱离这一规律。我国现在进行的出版社"转企改制"本身,就是政府找到的一个"平衡点"。出版业"转企"工作的最终目标是建立投资主体多元化的现代企业制度,但目前我们正在进行的改制只是将出版机构变成了国家独资的有限责任公司。

事实上,改革本身就是原来的体制已经不能保持平衡而必须变更的结果。改革的过程也就是一个不断寻求平衡的过程。而平衡点的位置应该在现状与目标的线段之间。

对于这次转企改制完成之后,下一个平衡点将在哪里,陈纯跃还没有确切的想法,但是对于改制的最终目标,他有一个美好的理想。

陈纯跃记得,有一年香港联合集团来访。当香港同仁看到这套人事、薪酬管理体系之后,颇为惊诧。他们没想到大陆出版社的管理体系居然要搞得这么复杂。在香港,出版社与编辑协商好年薪就可以了。虽然年终会有奖金,但是所占比例很小。

"我们的管理成本太高了。"陈纯跃说。

他对浙江少年儿童出版社现行的机制并不满意。"我们现在不得不用一套非常复杂的算式计算每个人的薪水。但是人的实际能力和贡献很难用这个来考量。也许经济效益可以用数字算出来,但是社会效益呢?"陈纯跃说。

但他同时也认为,在现行体制下这种方式还是有效的,目标只能一步一步地逼近。出版业是涉及意识形态的特殊领域,所以其改革就更要谨慎。

从一个平衡点,到下一个平衡点,这样的发展路径可能看上去有些"绕远",但两点之间,直线未必最短。

（本文为《出版人》杂志记者何文静对作者的采访稿,

原载《出版人》2005 年第 8 期）

打造儿童文学领域的品牌

浙江少年儿童出版社被中宣部和新闻出版总署命名为优秀出版社,业内称其为:中国少儿出版界的领头羊。该社在全国少儿图书零售市场的占有率连续数年名列第一,又是国内畅销书综合榜上少儿图书类的第一名。全国少儿图书畅销书有 36 种,浙江少儿社占了 18 种。在引进国外少儿图书的销售量方面,该社也列为全国第一。"六一"儿童节前夕,本报记者采访了浙江少儿出版社社长陈纯跃。

记:众所周知,少儿读物面临着缺乏品牌名著的挑战,而贵社在儿童文学领域的品牌建设是富有成效的,不论是原创、引进还是经典作品出版,都有系列化的品牌读物。"中国幽默儿童文学创作丛书"是国内原创儿童文学的一面旗帜,已出版三十几种。"冰心儿童文学新作获奖作品集"每年推出一本,已连续出了 12 年,发现和培养了大量文学新人,越来越受到关注和欢迎。同是一本《唐诗三百首》,你们的发行量能达到百万册,高居中国少儿古典读物类第一位。请问你们是怎样培育自己的品牌的?

陈:在品牌的培育中我们特别注重创新。《唐诗三百首》是一个传统优秀品牌,但是,随着时代的发展,我们从图文配合到版式、材料上都有创新。比如免费赠送相应的多媒体阅读光盘,让小孩子在多媒体上欣赏古典诗词;改变原有古典风格的封面,代之以一种清新、现代风格的封面。内容选取更为经典,图画也更加精美,因而受到广大小读者的欢迎。此书获得成功之后,我们又进行了系列开发,先后出版了《宋词三百首》、《儿歌三百首》、《童谣三百首》等九个品种,形成了近年来畅销全国的著名品牌"儿童诵读三百系列"。

记:近年来贵社对原创读物尤其是原创儿童文学读物的出版,给予了高度的关注。比如"红帆船系列",为繁荣儿童诗歌和散文创作作出了重要贡献。能否谈谈你们的创意?

陈:"红帆船诗丛"是一套由著名儿童文学作家金波主编的儿童诗集(6种)。诗歌对青少年进行情感培养和文学熏陶的作用十分重要,特别是在素质教育的背景下,许多家长、老师和学生有这样的需求,我们有责任来推动儿童诗的复苏和原创儿童文学的繁荣。出版后,我社与中国作协儿童文学委员会等单位共同举办赠书、诗歌朗诵、儿童诗创作研讨等系列活动,引起了热烈反响,被专家和媒体称为"红帆船现象"。这套书先后荣获第七届"五个一工程"奖、第四届全国优秀少儿图书奖一等奖等多个国家级大奖。

记:一个出版社的竞争力来自于它的作品、品牌和盈利能力,而作品是第一要素。说到浙少社近来的市场表现,不能不提及你们的"冒险小虎队"。运作畅销书是出版社的梦,所以很多人认为它可遇不可求,"冒险小虎队"的成功,是"遇"还是"求"?

陈:引进的文学类图书中,最成功的是"冒险小虎队"。自 2001 年上市至今共实现了 800 万册的销售业绩。它是世界著名冒险小说大师、奥地利作家托马斯·布热齐纳创作的。"冒险小虎队"登上"2004 年中国第一少儿畅销书"的宝座,它体现了我们社综合运作能力已经走上一个崭新的台阶。它的成功首先取决于编辑的识鉴能力,或者叫国际视野。他们从北京国际图书博览会的茫茫书海中发现并选择了这套书,由此引发了冒险题材和"解密卡"阅读(读至关键处须用解密卡方能读出,引发孩子的兴趣)的出版潮流。

记:你们出于什么想法推出"世界少年文学经典文库"?

陈:让阅读经典的过程变得轻松和愉快,是我社出版"世界少年文学经典文库"的初衷。少年儿童阅读一定数量的经典名著,可以启迪心智、陶冶情操,这已经成为教育部门和家长们的共识。可是,由于当今中小学生课业负担沉重,孩子们没有足够的时间广泛阅读。而且这些文学、文化名著由于包含的信息量大、篇幅长、内容难懂,也会让小读者将阅读名著当作一件苦差事。

记:成功的出版社都会有自己的文化追求,对于出版社这样的生产文化产品的单位来说,文化追求应当上升到责任的高度。浙少社在这方面是怎么考虑的?

陈：一个成熟的出版社一定会有自己的文化追求。自觉地承担起文化建设的任务，这既是出版社应尽的社会责任，也是出版社自身发展所要求的。图书具有双重属性：它既是传播和积累知识、文化，产生一定的社会舆论导向作用的精神产品；又是能在投入、产出中为生产者带来经济效益或经营风险的物质产品。作为一家专业少儿社，我们所追求的是以自己的出版理念、营销理念去体现文化追求，以自己的出版行为来参与中国儿童文化的建设，出版有文化内涵的书，出版有市场价值的书，并在此过程中发展壮大自己。

（本文为《人民日报·海外版》记者孟晓云对作者的访谈录，

原载《人民日报·海外版》2005 年 6 月 3 日）

心纯系书情　行跃耕书林

商报封面人物入选辞：三十年躬耕书林。陈纯跃担任浙江少儿出版社社长期间，大胆改革，勇于创新，坚守文化情怀，善用商业智慧，组织策划和出版了多个在全国乃至海外有重大影响的图书项目，带领该社成长为少儿出版的领军力量。在出版集团平台上，续写出版人生的精彩华章。

"未能抛得杭州去，一半勾留是此湖。"唐代诗人白居易曾以《春题湖上》抒发对西湖美景的眷恋，而陈纯跃的生活怕是要让他艳羡不已——"西湖边一个半径不足 300 米的圈子里，我生于斯、长于斯、工作于斯、安家于斯……我成不了诗人，因为缺少思乡的情怀。"在西子湖畔的出版大厦里，浙江出版联合集团副总裁陈纯跃如是调侃自己"本土化"的人生经历，言语间流露出他标志性的随和、谦逊和儒雅。

1981 年底，告别了五年军旅生活的陈纯跃，回到家乡杭州。最初被分配到浙江人民出版社当校对，然后在社办期刊《社会·家庭》做编辑；1988 年起担任省新闻出版局（总社）人事教育处副处长、处长；1996 年底被任命为浙江少年儿童出版社社长；2007 年初出任浙江出版联合集团副总裁。

面对这份简单的履历表，陈纯跃自我评价"是个随遇而安的人，没什么大的目标和追求，到哪里就把哪里的活干好"。就是这样一个"不强求"的人，先后组织出版了多个在全国乃至海外有重大影响的图书项目，带领浙少社成为行业知名品牌，入选"全国百佳出版工作者"、中宣部"四个一批"人才，享受国务院政府特殊津贴。

总结三十余年的出版工作，陈纯跃用三句话来概括：做出版，既要有文化情怀,也要有商业智慧;做管理,既要有硬管理,也要有软管理;做人,既别把自己太当回事,也别把自己太不当回事。

做管理,既要有硬管理,也要有软管理

到浙少社上任伊始,陈纯跃就碰上了两只"拦路虎":一是列入计划的教辅被砍掉,一般图书阵容不整;二是内部有诸多矛盾需化解,诸多关系需理顺。

之前9年的人事工作积累,此时派上了用场,陈纯跃和新班子没有急着抡上"三板斧",而是花了大半年时间搞调研,他找来所有的室主任、资深编辑和部分离退休老同志谈心,寻找解开乱麻的那根"线头"。

1997年,陈纯跃主持的浙少社机构和机制改革,让习惯了在传统轨道上运行的出版人颇感意外:一是对内部机构进行重组,调整编辑部门设置,为完善出版结构,也为建立员工间的新型关系、启用有能力的员工创造了条件;二是改革用人制度,按需设岗、竞争上岗、双向选择、定期考核、动态管理,让富有激情和能力的人到相应岗位上来;三是改革分配制度,将个人收入与绩效挂钩,出工拿工资、出效拿奖金,上不封顶下保底。

一石激起千层浪,全社开始在一个新的制度框架下运行,原有的"大锅饭"被打破,极大地激发了全社员工的工作热情;原有的矛盾逐步化解,让好书说话、让市场评判成了唯一标准;出版态势迅速向好,更为浙少社后来的良性循环埋下了伏笔。这次改革走在了浙江出版界和全国少儿出版界的前头,先后有十几家少儿社慕名前来学习交流。

与此同时,他提出了"整体推进、重点突破"的选题结构思路,即涉足少儿出版各主要板块的同时,选择一个或几个市场份额较大、处于市场成长期的板块,培育优势,争取占领制高点。为保证这一目标的实现,浙少社着力充实编辑队伍,同时对一般图书给予更多扶持,特别是对原创的文学、知识和低幼类读物,在选题申报、经费补贴、评奖等方面尽量多支持;还利用国际出版资源,不断强化优势领域。

这些前瞻性的引导政策很快显现成效,浙少社一般图书的阵容大大增强,结构更加合理,可供书、常销书品种不断增多,涌现出《儿童版唐诗三百首》、"冒险小虎队"等单册销售上百万册或丛书销售上千万册的"超级畅销书"。

在陈纯跃看来,所谓硬管理,就是搭建起出版社的基本制度构架,有章可

循、有章必循。在此前提下,软管理也必须跟上,那就是要有人文关怀,要有企业文化。"在分配制度改革中的'上不封顶下保底'政策就是如此,即使是个别落聘实行内部退养的员工也要保证他们的基本生活。只有这样,改革才能减少阻力,制度才能顺利实施"。更多的人文关怀体现在"让每一个员工在企业里成长"——从选题到出书再到营销,浙少社非常尊重部门和业务一线人员的意见,"这样才能把大家的积极性和创造力从骨子里激发出来,心甘情愿地做事情"。早在很多年前,浙少社的员工过生日时,都会收到社里送的贺卡和蛋糕,让员工有家的感觉。

正是类似的大处着眼、细节入手,陈纯跃的软管理日益营造了全社"实实在在做人、认认真真做事"的企业文化。同时用企业文化、价值观和氛围来感染、凝聚和激励员工,让每个人都感到温暖、被尊重、有奔头。

做出版,既要有文化情怀,也要有商业智慧

采访中,陈纯跃提及最多的词就是"创新"——"出版创新最重要的是内容创新,尤其是原创作品的推出。不跟风、不模仿,多出精品、繁荣创作,不仅是出版社应尽的社会责任,也是出版社自身发展的需要。""创新"的背后,正是他所坚守的文化情怀——为文化的积累、传播、传承踏踏实实做一些事。

1998 年,正是国内儿童诗创作和出版受到冷落之时,浙少社推出的一套由著名儿童文学作家金波主编的儿童诗集"红帆船诗丛"却引起了广泛的关注。这个由当时新组建的文学编辑室提出的选题,还在设计阶段便引起了陈纯跃的重视,"诗歌对于青少年情感培养、文学熏陶具有重要作用,作为一家专业少儿社,我们有责任推动儿童诗的复苏和原创儿童文学的繁荣"。这套书出版后,先后获得"五个一工程"奖等多个大奖,为浙少社树起了"红帆船"这一原创儿童文学的系列品牌。

即使是做公版书,陈纯跃也强调要有创新精神和文化情怀。1997 年浙少社推出的以《儿童版唐诗三百首》为代表的"儿童诵读三百系列",引领了国内少儿出版"24 开本阅读时尚",1999 年、2000 年连续两年登上全国少儿畅销书榜首。是什么因素创造了一个老选题的销售神话?答案还是创新——选目上注重儿童阅读特点,加了拼音和注释以方便阅读和理解,并在绘画风格、开本规格、装帧效果、封面设计等方面大胆突破,受到了小读者的推崇,就连

出版同样读物的同行也心悦诚服。

面对方兴未艾的少儿出版市场,陈纯跃做出了清醒的判断,"出版社的竞争已由品种竞争转化为品牌竞争,要在延伸原有品牌的基础上,努力培育新的品牌"。基于此,浙少社接连出手系列化的品牌读物——"中国幽默儿童文学创作丛书"聚积并培养了国内一批实力派原创儿童文学作家;"经典快读、必读"口袋书系列(50 种),引领了国内"健康口袋本"阅读时尚;"世界少年文学经典文库"(50 种),遴选著名翻译家、知名插画家精心创作,成为同类图书中的权威版本;"冒险小虎队"系列(40 种),不仅创下了中国少儿图书销售册数的"吉尼斯纪录",还在国内少儿图书市场掀起了"互动式阅读"潮流;"绘本中国故事"(12 种)获得国家级图书奖,版权输出到美国和欧洲;《幼儿智力世界》在全国少儿期刊中首创以版权贸易的方式引进国外优秀儿童刊物的内容,进行改刊和品牌建设……

浙商素以"舍得、和气、共赢、低调、敢闯"闻名天下,这些特质也潜移默化地融进了陈纯跃的文化情怀中,凝成了他的商业智慧。早在新世纪初,浙少社便领风气之先,打出了"市场营销牌",在全国少儿出版社中率先搭建了两个信息平台:一是创办了《浙少社图书市场资讯》,无论对市场营销还是选题开发,都起了很好的作用;二是开通了短信群发系统,推介该社的新书资讯。随着 B2C 网站的兴起,该社又率先在淘宝网上办起了网上书店。

陈纯跃还把营销活动提升到塑造出版社品牌、为读者和书店服务的高度,如台湾作家管家琪在全国八大书店的新书发布和巡回演讲活动,在全国七个城市进行的"纪念安徒生诞生 200 周年系列活动",在五十余家书店举办的"健康阅读、快乐成长"阅读推广活动,以及一系列的著名作家进校园活动等,让浙少社的品牌影响力和竞争力备受业界瞩目。

做人,既别把自己太当回事,也别把自己太不当回事

"别太把自己当回事。"陈纯跃笑着说。在他看来,作为一个社长,最重要的职责是用人和定政策,一方面要树立正确的人才观念,始终把人才看作出版社发展决定性的因素,充分尊重、理解和信任;另一方面,要创造一个好的工作环境,建立一种科学、合理的用人机制,搭建一个能让人才充分施展自己的才华、在公平竞争中脱颖而出的平台。他认为,企业发展到一定规模和阶

段，必须依靠制度的力量和文化的力量，确保团队积极向上，确保基业长青。他时常告诫自己和周围的人，出版是一项集体合作的工作，要珍惜和用好团队的力量、平台的优势。令他欣慰和自豪的是，浙少社在他离开后的这几年，仍然保持着持续发展的势头，自 2003 年登上全国少儿图书零售市场第一的位置后，如今正朝着"十连冠"迈进。

"也别太不把自己当回事。毕竟当社长就代表着一个社的形象、品牌，需要展示你的自尊和自信，需要面对业内和读者发出自己的声音，该说的要说、该做的要做。"所以浙少社总是少儿出版界里的"活跃分子"，无论是重大主题出版活动，还是重要的市场营销活动，或者探讨行业改革发展，总是离不开浙少社的身影；陈纯跃也被行业媒体记者赞为"最受欢迎、最配合"的采访对象之一。

2007 年担任集团副总裁后，陈纯跃躬耕出版多年积淀的心得，又得以在一个新的更大平台上施展。在集团党委的领导下，在出版业务方面，他着力抓出版管理，确保图书导向正确、运作规范；以重点项目为引领，加强精品出版和品牌建设，组织重大项目、主题出版的规划和实施；以少儿、经管、文学等六大产品线为抓手，强化市场图书开发，改进集团版图书的规模和结构；牵头调研和制定了重点出版物和产品线建设方面的管理制度和扶持政策，集团每年以 1000 万元资助精品图书出版。在营销业务方面，按照集团的"发行带动战略"，通过制定考核激励政策、深化社店合作、完善常备常销书目以及开展读书活动，依托省店做好本版图书省内市场的销售；建立集团"全国战略客户"平台，推动集团版出版物走向全国市场；加强营销管理，控制经营风险，建立和完善了管理考核制度等。在人力资源方面，协助主要领导加强直属单位班子建设，为集团发展打下了坚实的干部基础；通过青年领军人才和首席编辑等建设，形成高素质的专业人才队伍；开展多种形式的业务培训，提高全体员工的知识水平和业务能力；建立和完善集团的考核激励机制，充分调动广大员工的积极性和创造力。

实实在在做人，认认真真做事，不尚空谈，不图虚名，这就是本色的陈纯跃。

（本文为《中国图书商报》记者金霞对作者的采访稿，
原载《中国图书商报》2012 年 10 月 30 日）

后 记

1981年底，告别了五年军旅生活的我，从当时的福建前线回到家乡杭州，放下枪杆子拿起笔杆子，成为一名出版工作者。三十多年来，先后在浙江人民出版社、浙江省新闻出版局（出版总社）、浙江少年儿童出版社和浙江出版联合集团等单位，从事图书校对、期刊编辑、人教处处长、出版社社长（兼总编）、集团副总裁等工作。

因为工作和学习的需要，我拉拉杂杂写过一些出版业务方面的短文。这次收集整理的稿子，写作的时间跨度二十五年，有为业内报纸和刊物写的，有为各种发言和讲课写的，也有为自己拿学位写的，还有几篇是媒体朋友对我的采访稿，其中的事实和观点有点意思，故一并收入。自认为水平有限、质量不高，应景式的、内容重复交叉的都有，实在不太拿得出手。好在有一点值得肯定——这些文字从特定的角度，比较真实地记录了出版业这些年来改革和发展的历程，以及一位出版人在此过程中的所思所想、所作所为。这多少让自己感到安慰。

我一直认为自己是幸运的，因为赶上了改革开放的大好时期，亲历了出版业数字化、全球化、多元化、市场化的洗礼，参与了出版单位市场竞争、转企改制、转型升级的探索和实践，见证了中国出版的繁荣和发展。自己也在这个过程中不断成长、成熟，成为一位资深出版人。作为出版人，我觉得有两句话必须记住："文化是目的，经济是手段"（刘杲先生），阐明了出版活动的本质特点；"一不亏心，二不亏本"（叶至善先生），体现了出版单位的经营理念。所谓"大道至简"、"为所当为"，不论出版形态如何丰富、图书市场如何变幻，基本的规律是不会改变的，回归常识、回归原点才是出版的正道。

　　感谢文库的策划者和实施者给了我这么个机会，让我对自己几十年出版工作的实践和思考进行一次梳理；感谢现在及过往的同事们，与我一起在这个领域里耕耘和探索；更感谢这个改革开放的时代，为出版工作者提供了创新和创造的机会。

　　假如这些文字对他人还有一点点用处，那将是我莫大的荣幸。

2013 年 10 月 6 日于杭州